Die gängigsten Meinungen über Börse und Aktienkultur werden als das entlarvt, was sie sind: Illusionen, die unsere Köpfe vernebeln. Anschaulich und verständlich beschreibt Klimenta zunächst, wie die Börse und die Finanzmärkte funktionieren, um dann zu einer ebenso scharfzüngigen wie scharfsichtigen Analyse anzusetzen. Er verbindet konstruktive Kritik an den Gesetzen der Börsenwelt mit technischen Tipps zur Fehlervermeidung und bietet so einen transparenten Einblick in die Erkenntnissse, die sonst nur erfahrene Spezialisten haben können. Dabei liefert er neueste Daten und stellt realistische Alternativen zur Diskussion. Gerade Kleinanleger können für die Zukunft viel daraus lernen.

Harald Klimenta, geboren 1968, ist promovierter Physiker und studierte ebenfalls Volkswirtschaftslehre. Er ist Ko-Autor des Taschenbuch-Bestsellers ›Die zehn Globalisierungslügen. Alternativen zur Allmacht des Marktes‹ (dtv 1998). Gegenwärtig arbeitet er für Attac Deutschland, vor allem im Bereich sozialer Sicherungssysteme.

Harald Klimenta

Was Börsen-Gurus verschweigen

12 Illusionen über die Finanzwelt

Deutscher Taschenbuch Verlag

Aktualisierte Neuausgabe August 2002
Deutscher Taschenbuch Verlag GmbH & Co. KG, München
www.dtv.de

© 2001 Deutsche Verlags-Anstalt GmbH, Stuttgart München
(Erstveröffentlichung unter dem Titel ›Die 12 Aktien-Irrtümer.
Was Börsen-Gurus verschweigen‹)

Umschlagkonzept
Balk & Brumshagen
Umschlaggestaltung unter Verwendung einer Fotografie
von © The Image Bank/Michael Mellard, Inc.

Typografie und Satz
schack verlagsherstellung, Dortmund
Gesetzt aus der Scala und ScalaSans

Druck und Bindung
Druckerei C.H. Beck, Nördlingen

Gedruckt auf säurefreiem, chlorfrei gebleichtem Papier

Printed in Germany • ISBN 3-423-36282-0

Inhaltsverzeichnis

9 Einleitung

19 Über den Aufbau der Finanzmärkte

21 Banken – Mehr als nur Kapitalsammelstellen
Die Erfindung der Zentralbanken oder: Wie kommt das Geld in die Welt? –Bedenkliche Geschäftspraktiken im Bankenbereich

31 Second-Hand-Märkte: Börsen
Wie kommen Aktien an die Börse? – Die verschiedenen Börsensegmente

37 Devisenmärkte: Von Fehl- zu Fehlentwicklung
Goldstandard oder Inflationsbekämpfung? – Flexible Wechselkurse und die Explosion der Devisenumsätze

44 Derivatmärkte: Große Summen – Große Gefahren?
Die Aufgaben von Derivaten – Hedge-Fonds und Krisenausbreitung

57 Die 12 Aktien-Illusionen

58 Illusion 1
»Ob Aktien überbewertet sind, kann man nicht sagen«
Was bestimmt den Preis der Aktien? – Die Dividendenrendite – Der kleine Unterschied zwischen Aktien- und Geldvermögen – Wenn der Kursanstieg nicht mehr nachvollziehbar ist – Wieviel Erwartung verträgt die Zukunft? – Reichtum in Aktien: Wozu noch sparen?

75 Illusion 2
»Die Börse ist ein effizienter Markt«
Information oder Gefühle? – Die Rückkehr des Neuen Marktes zur Realität

86 **Illusion 3**
»Spekulieren ist in vielen Bereichen notwendig und nicht schädlich!«
Keine Zukunft ohne Spekulation – Steigende Risikobereitschaft in der Gesellschaft – Die Veränderung der Menschen im Aktienfieber – Daytrader: Ein Beispiel für überflüssige Spekulation

93 **Illusion 4**
»Aktien sind die Grundlage unseres gesamten Wirtschaftssystems«
Die Grundlage des Wirtschaftssystems – Wahrnehmungsverschiebungen

100 **Illusion 5**
»Gegen Finanzkrisen wie einen Börsenkrach kann man sich versichern«
Die Kontrollillusion – Ist Risikobegrenzung möglich? – Woher kommt ein Stimmungsumschwung? – Was geschieht bei einer Kurskorrektur? – Die Dynamik eines Abschwungs – Wie reagiert der Staat?

114 **Illusion 6**
»Wir haben aus früheren Börsenkatastrophen gelernt«
Die Voraussetzungen für übertriebene Entwicklungen – Der Gründerkrach 1873 – Die Weltwirtschaftskrise 1929 – Der »Computercrash« 1987 – Japan: Größenwahn und die Folgen – Die »Liquiditätsfalle« und der Babysitter-Tauschring

133 **Illusion 7**
»Was für die Börse gut ist, ist für die Unternehmen gut«
Unternehmen im Würgegriff der Anleger: Der Shareholder-Value – Die Kritik wächst

139 **Illusion 8**
»Fusionen sind notwendiges Übel«
Aktientausch: Fusionen ohne Geld und Grenzen – Fusionen: Chancen und Gefahren – Woher weiß ein Unternehmen vom anderen? – Wann werden Großkonzerne gefährlich?

151 **Illusion 9**
»Eine Aktienkultur führt zu mehr Mitbestimmung und Gerechtigkeit«
Die Einkommens- und Vermögensverteilung in Deutschland – Welche Auswirkung hat die entstehende Aktienkultur auf Einkommen und Vermögen? – Welche Auswirkung hat die entstehende Aktienkultur auf die Mitbestimmung?

161 **Illusion 10**
»Private Vorsorge ist eine vernünftige Ergänzung der Rente«
Keine höhere Rente bei privater Vorsorge – Wenn der Rentenanteil steigt ... – Unterschiedliches Wirtschaftswachstum in unterschiedlichen Rentensystemen?

177 **Illusion 11**
»Deregulierte Finanzmärkte sind die bessere Alternative«
Probleme mit fixierten Wechselkursen: Südostasien, Rußland und Argentinien – Sind flexible Wechselkurse die bessere Alternative? – Der Euro: Einheitswährung als Lösung?

191 **Illusion 12**
»Die Aktienkultur fördert Innovation und Flexibilität zum Nutzen aller«
Aktienkultur: Innovation für Innovation für Innovation ... – Vom Kosovo- Krieg über Wirtschaft lernen – Flexibel wie Joschka Fischer?

199 Raus aus dem Finanzmarktdiktat

199 Die Finanzmärkte: Wirklichkeit und Anspruch
Was sollten Finanzmärkte leisten?

205 Die Konsequenzen ziehen
Gegen eine anonyme Aktienkultur: Wissen, was mit dem Geld geschieht – Druck von unten

221 Notwendige Reformen der Finanzmärkte
Reregulierungen an den Börsen – Derivate – die großen Unbekannten im Finanzmarktgetriebe – Macht der Konzerne oder des Marktes? – Notwendige Schritte zur Begrenzung wirtschaftlicher Macht – Wechselkurse: Spekulation verhindern

239 Weltweite Krisen – Weltweite Kooperation
Die Rolle des IWF auf den Weltfinanzmärkten – Es gibt viel zu tun ...

253 Schluß

258 Danksagung
259 Literaturverzeichnis
262 Anmerkungen

Einleitung

> »Wir hätten viele Übel abwenden können, wenn wir in der jämmerlichen Ära der *New Economics*, die 1929 ihren Höhepunkt fand, immer wieder ... gerufen hätten: ›Aber zwei und zwei ist immer noch vier!‹«
>
> *Bernhard M. Baruch, Großbankier und Börsenspekulant,*
> *Berater von Winston Churchill, Oktober 1932.*[1]

Tulpen sind nicht immer einfarbig. Durch Inzucht verlieren sie ihre satten Farben und werden bunter – was vor 300 Jahren als besonders schön empfunden wurde. Diese überzüchteten Spezies, die sich kaum mehr fortpflanzen konnten, faszinierten die Menschen, als im 16. Jahrhundert die ersten Tulpenzwiebeln von der Türkei nach Holland kamen. Die Nachfrage nach ihnen stieg über Jahrzehnte hinweg stetig an und ihr Preis ebenso. So wurde die Zwiebel immer wertvoller und nicht mehr nur zum Zweck des Einpflanzens in die Erde, sondern als eine lukrative Form der Kapitalanlage erworben. Bereits 1610 galt eine einzige seltene Tulpenzwiebel als passable Mitgift, und Wagemutige setzten Haus und Hof für Tulpenzwiebel-Spekulationen aufs Spiel.[2]

Kennzeichen jedes Spekulationsfiebers ist, daß der Preis des Objekts der Begierde astronomische Höhen erreicht, die für Außenstehende absurd erscheinen müssen. Eine Tulpe der Sorte »Semper Augustus« kostete 1633 1000 Gulden, 1635 waren es bereits 3000. Für den Wert einer einzigen Zwiebel der seltenen Sorte »Viceroy«, 2500 Gulden, hätte man kaufen können:

12 Tonnen Weizen	448 Gulden
24 Tonnen Roggen	558 Gulden
4 fette Ochsen	480 Gulden
8 fette Schweine	240 Gulden
12 fette Schafe	120 Gulden
900 Liter Wein	70 Gulden
600 Liter Bier	32 Gulden
2 Tonnen Butter	192 Gulden
1000 Pfund Käse	120 Gulden
1 komplettes Bett	100 Gulden
1 Anzug	80 Gulden
1 silberner Trinkbecher	60 Gulden
Summe	2500 Gulden

Wenn Preise spinnen

Ähnliche Absurditäten findet man auch in der Aktienrallye zwischen 1997 und 2000. Vergleicht man die Preise von Unternehmen zum Höhepunkt der Aktienrallye im Frühjahr 2000 miteinander, so läßt sich eine ähnlich bizarre Liste wie die Vorangegangene erstellen. Im folgenden sind die Aktienkapitalisierungen von 16 Konzernen aufgetragen, die sämtlich im DAX, dem Aktienindex der 30 wichtigsten Aktiengesellschaften Deutschlands, notiert sind.

BASF	33 Mrd. Euro
Bayer	36 Mrd. Euro
BMW	28 Mrd. Euro
Commerzbank	24 Mrd. Euro
DaimlerChrysler	81 Mrd. Euro
Deutsche Bank	62 Mrd. Euro
Dresdner Bank	32 Mrd. Euro
E.ON	46 Mrd. Euro
Hypo-Vereinsbank	31 Mrd. Euro
Infineon	57 Mrd. Euro
Metro	17 Mrd. Euro
SAP	112 Mrd. Euro
Schering	15 Mrd. Euro
Siemens	110 Mrd. Euro
ThyssenKrupp	17 Mrd. Euro
VW	23 Mrd. Euro
Summe	724 Mrd. Euro

Die Summe der aufgeführten Unternehmens›preise‹ ist aber noch immer kleiner als die Aktienkapitalisierung eines einzigen amerikanischen Unternehmens: Microsoft. Aktionäre bewerteten das amerikanische Softwareunternehmen im Frühjahr 2000 mit 733 Mrd. Euro.[3] Das ist mehr als das Bruttoinlandsprodukt von Spanien oder von Kanada. Das ist mehr, als sämtliche Menschen eines großen Industriestaates während eines ganzen Jahres erarbeiten.

Die Tulpomanie erreichte ihren Höhepunkt 1636, als an gewöhnlichen Börsen mit Tulpenzwiebeln wie mit Aktien gehandelt wurde. In Städten ohne Börse wurde eine zentral gelegene Gastwirtschaft zur Zwiebelbörse umfunktioniert. In ganz Nordeuropa wütete das Spekulationsfieber, in Utrecht wechselte eine Brauerei zum Preis von drei Tulpenzwiebeln den Besitzer. Da Holland das Zentrum der Manie war, floß auch viel ausländisches Kapital nach Holland, wodurch das Land »aufblühte«: Der Handel mit Tulpenzwiebeln wurde von fürstlichen Gastmählern begleitet, bei denen mehrere hundert Personen schlemmten und sich an riesigen Vasen mit Tulpen in voller Blüte ergötzten, die regelmäßig ausgetauscht wurden. Doch eines Tages Anfang Februar 1637 konnte in Haarlem, der Hochburg des Zwiebelhandels, ein einziges Pfund Zwiebeln nicht verkauft werden. Nachdem es für 1250 Gulden angeboten wurde und anschließend auch für 1000 unverkäuflich blieb, breitete sich Panik aus und alle versuchten krampfhaft, ihre Zwiebeln loszuwerden. Am 4.2.1637 waren Tulpenzwiebeln schlagartig wertlos.

Einerseits erscheint die Geschichte lächerlich – wer auf Tulpenzwiebeln spekuliert, ist schließlich selbst schuld. Doch vom Ende der Tulpenzwiebelmanie wurden nicht nur unersättliche Spekulanten getroffen. Schlagartig waren die Ersparnisse vieler Holländer (in Form der Zwiebeln) nichts mehr wert, weshalb plötzlich damit begonnen wurde, wieder Geld zu sparen. Dadurch schlitterte die Wirtschaft in eine Rezession, die die gesamte Bevölkerung betraf – die Stimmung im Land verschlechterte sich zusehends.

Die Folgen übertriebener Aktienspekulation hatten bereits die Bürger des 18. Jahrhunderts leibhaftig zu spüren bekommen, als um 1720 zwei Spekulationsblasen platzten. Zunächst scheiterte eines der ersten Experimente mit Papiergeld in Frankreich. Die Deckung sollte durch Hartgeld bewerkstelligt werden, doch aufgrund des hohen Erfolgs des Papiergeldes wurde immer mehr davon gedruckt. Man ging dazu über, den Aktienwert einer großen, dem französischen Königshaus nahestehenden Gesellschaft zur Deckung der Papierwährung zu nutzen und druckte neue Geldscheine, wenn deren Aktien stiegen. Diese Gesellschaft, die das Handelsmonopol mit der französischen Kolonie Louisiana westlich des Mississippi, und später auch noch mit Indien und China, übertragen bekam, besaß hohes Vertrauen in der Bevölkerung. Angespornt durch Versprechungen umfangreicher Handelsgewinne und die Möglichkeit, Aktien der Mississippi-Gesellschaft mit praktisch wertlosen Staatsschuldpapieren aus der Zeit des prunksüchtigen Sonnenkönigs Ludwig XIV zu erwerben, stiegen die Kurse in astronomische Höhen. »Alle Klassen der Gesellschaft waren besessen von der Vision grenzenlosen Wohlstands.«[4]

Wie schon bei der Tulpenzwiebelspekulation wurden durch das steigende Aktienvermögen während der Börsenhausse der Handel und der Konsum der Bevölkerung beflügelt. Überall entstanden neue Häuser, die Löhne stiegen, Luxusgüter waren gefragt und die Pariser Bevölkerung wuchs in kürzester Zeit um 305 000 Menschen. Doch irgendwann bemerkten einige Bürger die fehlende Solidität des Systems und begannen ihr Papiergeld in Hartgeld zu tauschen. Zahllose Rettungsversuche scheiterten (z.B. das Verbot, mehr als eine gewisse Menge Hartgeld zu besitzen), der Kurs der Handelsgesellschaft brach ein und es kam zur ersten Papiergeldinflation der Geschichte. Folge war die französische Wirtschaftskrise nach 1720 und ein auf lange Zeit zerstörtes Vertrauen in Papiergeld (vgl. Abb. 1).

Zur gleichen Zeit bildete sich auch in England die erste Spekulationsblase, an der neben einer großen Handelsgesellschaft (der Südsee-Kompanie) auch zahllose private Unternehmen beteiligt

Aktienkurs (Livres)

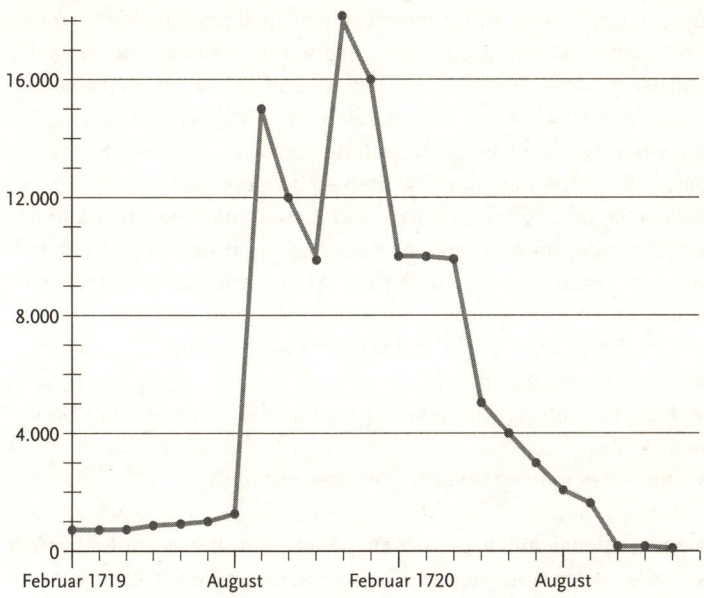

Abbildung 1: Aktienkurs der Mississippi-Gesellschaft während der Spekulationsblase 1719/1720. Quelle: Weissenfeld, S. 321.

waren. Den Startschuß gaben Versprechungen über enorme Gewinne im Südseehandel, obwohl die umworbenen Küsten des heutigen Chile und Peru damals in Besitz von Spanien waren, welches sich weigerte, die Häfen für England zu öffnen. Ungeachtet zahlreicher Warnungen stiegen die Börsenkurse der Kompanie in kurzer Zeit von 130 auf 300 Pfund: »Das Hauptprinzip des Plans ist ein Übel ersten Ranges: Man treibt die Aktienkurse künstlich nach oben, indem man eine allgemeine Dividende aus Kapitalien verspricht, die gänzlich irreal sind« – so Robert Walpole, ein Unterhausmitglied. Er wurde ein »falscher Prophet« geheißen, »ein krächzender Rabe, der ständig von bösen Vorzeichen unke«[5].

Zunächst lief die Propagandamaschine auf Hochtouren: Spani-

en werde die Erlaubnis für den Handel mit allen seinen Kolonien geben, Silber werde in England so reichlich wie Eisen vorhanden sein, usw usw. – und der Kurs stieg auf über 340 Pfund. England war vom Spekulationsfieber gepackt und an allen Ecken und Enden schossen als »bubbles« bezeichnete Aktiengesellschaften aus dem Boden. »Bubble« heißt Seifenblase, und genau wie Seifenblasen zerplatzten viele der skurrilen Aktiengesellschaften schon wenige Tage oder Wochen nach ihrer Gründung. Die Ausmaße der allgemeinen Spekulation beunruhigten sogar den König, der sich herabließ, zahllose Schwindelfirmen namentlich zu verbieten, darunter etwa Unternehmen
- zur zügigen Besiedelung der Inseln Blanco und Sal Tartagus;
- zum Handel mit Haar;
- zur Ausrichtung von Begräbnissen in allen Teilen Großbritanniens oder
- zur Versicherung und Steigerung von Mitgiften.

Neben offensichtlich sinnlosen Unternehmungen mußten auch Gesellschaften untersagt werden, die in sinnvolle Projekte investieren wollten, da ihr einziger Unternehmenszweck darin bestand, Aktien zu emittieren und deren Preise nach oben zu treiben. Dazu gehörten etwa Unternehmungen
- zur Pflasterung der Straßen in London;
- zur Herstellung von Eisen und Stahl in Großbritannien;
- zum Betrieb der königlichen Fischereiflotte in Großbritannien
- oder zur Einfuhr von Pech, Teer und anderen Schiffsvorräten aus Schottland und Amerika.

Doch der Erfolg dieser Maßnahme war, daß die Spieler dazu motiviert wurden, neue, mitunter noch absurdere Unternehmungen auszuhecken, wie z.B. »die Puckle's Machine Company, die sich der Herstellung viereckiger Kanonen- und Gewehrkugeln und einer totalen Revolution der Kriegskunst verschrieben hatte«.[6] Gleichzeitig stiegen die Aktien der Südsee-Kompanie immer weiter – auf über 1000 Pfund. Doch als sich Unzufriedenheit über die

Zuteilung von Aktien breitmachte und bekannt wurde, daß ein Direktoriumsmitglied der Südsee-Kompanie seine Aktien verkaufte, halfen alle Rettungsversuche nichts. Mit den Aktien der Kompanie stürzten auch die Kurse aller anderen Gesellschaften ab, und trotz gewisser Entschädigungen von Aktionären der Kompanie schlitterte England in eine Rezession, bei der über 190 Unternehmen bankrott gingen.

Zurück in die Zukunft

Als zwischen 1996 und März 2000 die Aktienkurse explodierten, konnte man Zeuge eines erhellenden Schauspiels werden: »Die Menschen waren nicht mehr zufrieden mit den langsamen, aber sicheren Erträgen bedachtsamen Fleißes. Die Hoffnung auf grenzenlosen Reichtum in unmittelbarer Zukunft machte sie achtlos und überheblich gegenüber dem Heute.«[7] Dieser Ausspruch stammt aus dem Jahre 1841 und geht auf den Lyriker und politischen Journalisten Charles Mackay zurück, der sich damit auf den »Südseeschwindel« bezieht. Doch die Gier vieler Menschen während der Aktienrallye 1996–2000 beschreibt es genauso trefflich. Ein Spekulationsrausch wirkt eben zu allen Zeiten gleich.

Doch im Unterschied zu den beschriebenen Spekulationsblasen gab es im März des Jahres 2000 keinen großen Knall. Die Blase wurde nur wieder kleiner, die Lage an den Börsen normalisierte sich ein wenig. Man mag es für Zufall oder für den Ausdruck einer neuen Risikomentalität halten, jedenfalls führten die Kursverluste im Sommer und Herbst 2000 nicht dazu, daß die Millionen neuer Aktionäre und Anteilsbesitzer von Fonds ihre Anteile verkaufen. Die vierjährige Aktienrallye zwischen 1996 und 2000 war offenbar Startschuß genug, um der Anlageform »Aktie« in Deutschland zum endgültigen Durchbruch zu verhelfen. Ein schneller Börseneinbruch hätte die Aktie als Anlageform höchstwahrscheinlich erneut disqualifiziert, doch das Eis hielt und die Börsen stehen weiter im Zentrum der Wahrnehmung einer immer breiteren Bevölkerungsschicht. Der Punkt ist erreicht, an dem Vermögensverluste keine Rückkehr mehr zum Festgeldkonto einläuten; schließlich lockt bereits die nächste Neuemission oder der sichere Geheimtip. Selbst fallende Aktienkurse sind nicht mehr unbedingt Ausdruck der Unberechenbarkeit der Börsenwelt, stagnierende oder sinkende Kurse über längere Zeiträume hinweg gelten nur als Korrektur vorhergehender Fehlentwicklungen und selbst eine zweijährige Seitwärts- bzw. Abwärtsbewegung führte nicht mehr zu einer Abwendung von der Börse.

Mehr als 6 Millionen Deutsche sind im ersten Halbjahr 2000 Aktionäre, mehr als doppelt so viele wie noch 1996 – Tendenz steigend. Inklusive Inhaber von Aktienfonds verfolgen bereits elf Millionen Menschen das Geschehen auf den Aktienmärkten. Getrieben vom Börsenboom, sind Aktiengesellschaften auf dem Vormarsch: Neues Kapital läßt sich über die Börse billiger beschaffen als über Banken. Doch sind von etwa 2,6 Millionen umsatzsteuerpflichtigen Unternehmen in Deutschland nur etwa 7400 als »Aktiengesellschaft« geführt. Noch kleiner ist die Zahl *börsennotierter* Aktiengesellschaften, die in den letzten Jahren aufgrund der Aktienrallye und der Schaffung des Neuen Marktes stark anstieg: Während 1990 649 und 1995 678 Unternehmen in Deutschland an der Börse notiert waren, schnellte diese Zahl bis 2000 auf 933 empor.[8] Und obwohl nur ein Bruchteil der Unternehmen Aktiengesellschaften sind (0,04 %), beläuft sich ihr Beitrag zum Gesamtumsatz der Industrie in Deutschland auf rund ein Fünftel – Aktiengesellschaften sind deutlich größer als das Durchschnittsunternehmen.

Auch ohne Börsenkrach und in Zeiten moderater Kursentwicklung verändert sich durch die entstehende Aktienkultur Denken und Handeln der Menschen, gewinnt teils gefährliche, teils absurde Züge. Geld rückt noch stärker ins Zentrum der Wahrnehmung; man glaubt, es würde sich an der Börse »von allein vermehren«. Alle reden über Aktien und Investments, über optimale Renditen und Verzinsung. Wir sparen nicht mehr, um uns in der Zukunft irgendwelche Konsumwünsche zu erfüllen oder ein Notpolster zu besitzen. Wir meinen, uns in Investoren zu verwandeln, die ihr Geld möglichst gewinnbringend anlegen müssen. Nicht genug daß der Sparer schon seit jeher versucht, sein Geld gut anzulegen – jetzt soll der Angestellte gleichzeitig Unternehmer werden. Doch wenn ein besseres Investment lockt, zieht er sich aus einem weniger lohnenden zurück. Gefordert wird maximale Rendite; aber es fehlt das Bewußtsein, welche Folgen diese Forderung in den Unternehmen hat.

Je mehr Geld in Aktienfonds investiert wird, desto höher wird der Druck institutioneller Anleger auf Management und Belegschaft, maximale Renditen zu erwirtschaften. Während Aktienfonds 1992 erst 73 Mrd. Euro Aktienvermögen verwalteten, konnten sie dieses innerhalb der nachfolgenden acht Jahre auf 307 Mrd. Euro weit mehr als verdreifachen. Noch 1996 flossen die jährlichen Ersparnisse der Bundesbürger überwiegend in herkömmliche Anlagen und nur 13 Mrd. DM in Aktien oder Aktienfonds. Bis zum Jahr 2000 hat sich diese Summe auf 138 Mrd. DM mehr als verzehnfacht, der überwiegende Teil davon, 110 Mrd. DM, entfallen auf Aktienfonds.[9] So wird Innovation höchstes Ziel; alles, was nicht modern und nicht AG ist, wird automatisch benachteiligt und tritt in den Hintergrund. Im Ringen um die Gunst der Börse befinden sich Unternehmen nicht mehr nur in einem erbitterten Konkurrenzkampf um Marktanteile, sondern auch um Renditen. Denn ein Verfall der Aktienkurse macht Kapitalerhöhungen unmöglich und ein Unternehmen billig für Übernahmen durch andere Aktiengesellschaften. Gleichgültig, ob freundliche oder feindliche Übernahme: Fusionen werden zur Unternehmensstrategie. Denn Aktienkurse steigen, wenn Größenvorteile und verringerte Konkurrenz höhere Gewinne erwarten lassen. Und mit Hilfe des überaus billigen Aktientauschs entstehen multinationale Konzerne mit Umsätzen, die dem Bruttoinlandsprodukt von Industriestaaten entsprechen und deren Einfluß auf die Politik und Gesellschaft nicht mehr zu übersehen ist.

Es gibt offenbar mehr zu berichten als nur Geschichten über platzende Spekulationsblasen – eine Aktienkultur verändert die Gesellschaft grundlegend. Doch die Börse ist nur ein kleiner Teil der Finanzmärkte. Im Verlauf der mittlerweile fast vollständigen

Deregulierung stieg der Einfluß der Finanzmärkte auf unser Leben immer weiter an. Das »scheue Reh« Kapital dirigiert seine Verzinsung und zwingt den Gesellschaften der Erde seine Philosophie auf. Will man in dieses System Bremsen einbauen, so muß man es durchschauen – man kommt nicht umhin darzustellen, wie es im einzelnen funktioniert.

Von dem verwirrenden Geflecht der internationalen Geldströme ist die Börse ein kleiner aber bedeutender Teil. Die verschiedenen Bereiche der Finanzmärkte sind eng miteinander verflochten:

- Die zunehmende Bedeutung der Börse führt zu weitreichenden Veränderungen des Bankenbereiches, wenngleich Geld nach wie vor von Zentralbanken »geschöpft« wird. Ein Vertrauensverlust in unser Geldsystem kann die Währung genauso erschüttern wie ein Vertrauensverlust an der Börse mit schöner Regelmäßigkeit zu sinkenden Aktienkursen führt.
- Die Möglichkeit, weltweit die besten Kapitalanlagen zu suchen, steigert die Bedeutung der Wechselkurse an deregulierten Devisenmärkten immer noch weiter.
- Um Risiken zu minimieren und Renditen zu maximieren, entstand ein weltweiter Markt für Absicherungsinstrumente (z.B. gegen Schwankungen von Aktien- und Wechselkursen sowie Zinssätzen). Dabei liegen die von Termingeschäften und Optionen ausgehenden Gefahren völlig im Dunklen.

Um den Stellenwert der Börse innerhalb der Finanzmärkte genauer herauszuarbeiten, erläutert das erste Kapitel den Aufbau und die Wirkungsweise der Finanzmärkte. Im zweiten Kapitel, dem Hauptteil des Buches, geht es dann konkret um das Treiben an den Börsen. Das Kapitel entlarvt gängige Ansichten, die in der aktuellen Diskussion immer wieder zu hören sind, als Irrtümer, die unsere Köpfe vernebeln. Das dritte Kapitel kommt auf konkrete Ideen zu sprechen, wie die zuvor benannten Mängel des Finanzsystems zu beheben wären. Die gemachten Vorschläge sind nicht nur für politische Akteure relevant, sondern enthalten auch Handlungsalternativen für jeden Einzelnen von uns.

Über den Aufbau der Finanzmärkte

> »Geld allein macht nicht glücklich, aber es gestattet,
> auf angenehme Weise unglücklich zu sein.«
> *Jean Marais*

Daß globale Finanzmärkte nicht nur den Warenhandel beflügeln und zu hohen Wachstumsraten beitragen, sondern ganze Weltregionen destabilisieren und schädigen können, wird uns nach den Finanzkrisen in Südostasien und Rußland und durch das Desaster in Argentinien erneut ins Gedächtnis gerufen. Gleichzeitig wird der Einfluß des globalen Finanzsystems auf alle Lebensbereiche der Menschen immer größer, da die Finanzmärkte weitaus schneller expandieren als Gütermärkte und Welthandel. Anleger können zwar in Sekundenschnelle attraktive Investitionen irgendwo auf dem Globus unterstützen, doch genauso schnell können sie ihr Kapital bei den geringsten Krisenerscheinungen wieder abziehen. Ändern Anleger ihre Risikoeinschätzung für eine Weltregion, z.B. aufgrund der Veröffentlichung eines Handelsbilanzdefizits, kann das bereits andere Weltregionen infizieren, nur weil plötzlich die Meinung aufkommt, daß die Entwicklung zweier Länder ähnlich verläuft (oder verlaufen könnte). So kann die kleinste politische Fehlentscheidung in einem Land zu Kapitalflucht und Wirtschaftskrisen in Ländern eines anderen Kontinents führen, wobei die zunehmende Vernetzung der Finanzmärkte immer größere Ansteckungsgefahren mit sich bringt.

Das ist nur eines der Probleme, die von der gegenwärtigen Struktur der Finanzmärkten verursacht werden. Viele Bereiche der Finanzmärkte sind instabil oder können von Anlegern verzerrt werden; die Gefahren einiger neuerer Entwicklungen überschauen nicht einmal Experten – und räumen dies auch freimütig ein. Um einen Überblick über die verschiedenen Institutionen zu erhalten, die Stärken und Schwächen des Finanzsystems genau zu orten und Alternativen entwickeln zu können, ist eine Untergliederung in vier Bereiche sinnvoll:[10]

1. *Banken* sind gewöhnlich dafür zuständig, Kapital von Wirtschaftsakteuren zu sammeln, welche es momentan nicht brauchen. Das Geld geben Banken als Kredite an Privatpersonen, Industrie und Staat weiter. Außerdem organisieren Banken Aktienemissionen, mittels derer Aktiengesellschaften Investitionen durchführen können.
2. *Börsen* sind im Grunde genommen Second-Hand-Märkte. An ihnen wird mit bestehenden Wertpapieren gehandelt, nachdem sie von den Banken ausgegeben wurden. Mit Hilfe von Börsen können Anleger schnell auf langfristig gebundenes Kapital zurückgreifen.
3. Auf *Devisenmärkten* wird mit den Währungen der verschiedenen Staaten gehandelt.
4. Auf *Derivatemärkten* wird mit Finanzinstrumenten gehandelt, mit welchen (Kauf- oder Verkaufs-)Rechte auf Aktien, Devisen oder Kredite in der Zukunft erworben werden können.

Im Folgenden werden diese vier wesentlichen Bereiche der Finanzmärkte ausführlich erläutert. Die Börse nimmt hierin nur wenig Raum ein, da für sie der Hauptteil des Buches reserviert ist. Die zum Teil schwierigen Zusammenhänge wurden so anschaulich wie möglich gehalten und durch zahlreiche Beispiele aufgelockert.

Banken – Mehr als nur Kapitalsammelstellen

> »Nicht einmal durch die Liebe haben sich so viele Menschen zum Narren
> gemacht wie durch die Grübelei über das Wesen des Geldes.«
> *W. E. Gladstone (1844)*[11]

Geld gibt es, weil Naturalientauschhandel in einer arbeitsteiligen Welt endlos kompliziert wäre. Geld ist allgemein anerkanntes Tauschmittel und senkt den Aufwand und somit die Kosten für den Gütertausch enorm. Lange Zeit wurde zur Bezahlung von Gütern Gold oder Silber akzeptiert, dessen Wert jedoch (z.B. durch Entdeckung neuer Goldadern etc.) schwanken konnte. Wenn die Wirtschaftsleistung stärker zunahm als die Fördermenge der Goldadern, wurde Geld knapp und der wirtschaftliche Aufschwung gebremst. Erst durch die Verwendung von Papiergeld, welches leicht herzustellen und zu transportieren war, sowie die Einrichtung von Zentralbanken und nachdem man eine gehörige Portion Lehrgeld bezahlt hatte, konnten die Wertschwankungen des Geldes verringert werden. Die Verwendung von Papiergeld, welches keinen stofflichen Eigenwert besitzt, funktioniert nur, wenn die Bevölkerung *Vertrauen* in den Wert des Geldes hat – wofür die Zentralbank, die das alleinige Recht hat, es zu vermehren, zu garantieren hat.

Die Erfindung der Zentralbanken oder: Wie kommt das Geld in die Welt?

1875 wurde die Deutsche Reichsbank gegründet und besaß die alleinige Hoheit zur Bereitstellung von Geld im Deutschen Reich. Dieses Konzept der Zentralbanken hat sich weltweit durchgesetzt, da mit ihrer Hilfe eine zentrale Steuerung der Geldmenge möglich ist und so Regierungen beim Erreichen wirtschaftspolitischer Ziele wirkungsvoll unterstützt werden können. Heute ist es vorrangiges Ziel der Zentralbanken, Volkswirtschaften so mit Geld zu versorgen, daß Inflation und Deflation verhindert werden. Dabei kann eine Zentralbank folgendermaßen vorgehen:

1. Sie schätzt das mittelfristige Wirtschaftswachstum ab. Man erhält es, wenn man das Wachstum über einige Konjunkturzyklen hinweg mittelt. Um diesen Wert muß auch die Geldmenge wachsen, damit bei konstantem Preisniveau alle produzierten Güter gekauft werden können.[12]
2. Darauf schlägt die Zentralbank die »unvermeidliche Inflationsrate« , welche das Resultat aus Strukturwandel und Produktivitätssteigerung ist. Die Inflationsrate wird oft überschätzt, mitunter um bis zu zwei Prozentpunkte, da die Preise von Produkten *auch* aufgrund von Verbesserungen der Qualität oder der Leistung steigen und nicht nur durch Inflation.[13]

Diese Vorgehensweise ist nicht zwingend. Die Europäische Zentralbank hat neben dem Geldmengenziel auch ein Inflationsziel, d.h., sie legt eine angestrebte Bandbreite der Inflationsrate fest, z.B. 0–2 %. Um diese Ziele zu erreichen, sind zahlreiche Instrumente entwickelt worden. Man unterscheidet dabei dirigistische (beispielsweise die Festlegung von Höchstgrenzen des Kreditvolumens der Banken) und marktkonforme Instrumente. Letzteres meint z.B. die Veränderung von Mindestreserven der Banken, die diese für jeden gegebenen Kredit bei der Zentralbank unverzinst hinterlegen müssen. Dieses Instrument funktioniert zur Geldmengensteuerung hervorragend; da Mindestreserven für Banken einen Kostenfaktor darstellen, besteht bei zu hohen Sätzen jedoch die Gefahr der Bankenflucht in Gebiete mit niedrigeren Reservesätzen, weshalb dieses Instrument nur im äußersten Notfall angewendet wird. In der Praxis steuert etwa die Europäische Zentralbank die Geldmenge über Offenmarktoperationen, bei welchen die Zentralbank Wertpapiere der Banken gegen Bargeld kauft und so die Geldmenge reduziert. Das wesentliche Instrument sind dabei Auktionen, bei denen die Zentralbank Zinssätze und maximale Kreditmengen festlegt und Kreditbanken angeben, wieviel Geld sie zu einem Zinssatz leihen wollen. Übersteigt die Nachfrage das Kreditangebot der Zentralbank, so verteilt sie es proportional der Nachfrage auf die Geschäftsbanken (Tenderverfahren). Es wäre ebenfalls möglich, Geld über einer Stadt abzuwerfen, wenn die Geldmenge erhöht werden soll. Doch würde dies als ungerecht empfunden werden und das Zinsniveau unkontrollierbar beeinflussen. Die oben beschriebenen Möglichkeiten sind wesentlich effizienter und nachvollziehbarer.

Weltweit läßt sich der Trend beobachten, daß die ehemals von den Regierungen kontrollierten Zentralbanken immer unabhängiger werden. Dies hat zwei Ursachen. Zum einen wurde die Notenpresse der Zentralbanken häufig von politischen Entscheidungsträgern zur Finanzierung ihrer Anliegen mißbraucht. Andererseits reagieren die Gütermärkte auf Zinsänderungen sehr träge. Bis sich die aufgrund von Zinsänderungen veränderten Preise in den Produkten widerspiegeln, können bis zu drei Jahre vergehen. Deshalb muß den Zentralbanken ein hohes Maß an Unabhängigkeit zugesichert werden. Diese Unabhängigkeit führt dazu, daß die Zentralbank zu einer sehr großen Macht in einem Land wird. Unproblematisch wäre dies, wenn es für die Aufgabe der Zentralbank, die Gesellschaft mit hinreichend viel Geld zu versorgen, nur eine Lösung gäbe. Doch herrscht beispielsweise große Uneinigkeit darüber, was eine hinnehmbare Inflationsrate ist und wie schnell und wie drastisch auf eine Abschwächung der Konjunktur reagiert werden soll; die amerikanische Zentralbank reagiert anders als die ehemalige Deutsche oder die neue Europäische Zentralbank.

Doch was ist die *Geldmenge*? Der Wert des umlaufenden Bargelds beträgt nur wenige Prozent des Geldes, das auf Sparkonten liegt. Die Menge an Bargeld beträgt etwa 7 % des BIP, d.h. bei einem BIP von rund 2000 Mrd. Euro zirkulieren rund 150 Mrd. Euro Geldscheine und Münzen. Zählt man zu dem Bargeld noch die kurzfristigen Einlagen (»Sichtguthaben« wie Geld auf Girokonten), so beträgt die Geldmenge (auch als »M1« bezeichnet) bereits 20 % des BIP. Rechnet man zu dieser Geldmenge auch längerfristig angelegte Spargutguthaben dazu, erhält man die Geldmenge M3, die rund 60 % des BIP beträgt; auf Bankkonten liegen somit rund 1200 Mrd. Euro an Ersparnissen.[14]

Warum existieren auf den Konten der Sparer mehr Guthaben als insgesamt an Bargeld in Umlauf ist? Wenn ein Sparer Geld auf die Bank bringt, verleiht sie dies möglichst rasch weiter, da sie die Zinsen für den Sparer erwirtschaften muß. Dadurch steigt die Bargeldmenge natürlich *nicht* an, obwohl nach dem Verleihen des Geldes der Sparer und die Bank ein Guthaben besitzen, das in der Summe größer als der Wert des ursprünglichen Bargelds ist.

Beispiel: Die Rückzahlung von Krediten

Besonders anschaulich ist dieser Mechanismus in folgender Geschichte dargestellt, in welcher es um die Rückzahlung von Krediten geht:

»Der Clown fand in der Manege ein blankes 5-Mark-Stück. Er ging damit zum Pferdeknecht und sagte: »Ich bin dir ja noch zehn Mark schuldig; hier gebe ich dir einstweilen fünf Mark zurück, dann schulde ich dir noch fünf.«

Der Pferdeknecht bedankte sich, ging zum Stallmeister und sagte: »Ich bin ihnen ja noch zehn Mark schuldig! Hier gebe ich Ihnen fünf Mark zurück, dann schulde ich Ihnen noch fünf.«

Der Schulreiter bedankte sich, ging zum Direktor und sagte: Ich bin Ihnen ja noch zehn Mark schuldig, Herr Direktor; wenn Sie gestatten, gebe ich Ihnen einstweilen fünf Mark zurück, dann schulde ich Ihnen noch fünf.«

Der Direktor bedankte sich, nahm den Clown beiseite und sagte: »Da, August, gebe ich dir mal fünf Mark, die anderen fünf bekommst du später.«

Der Clown bedankte sich, gab die fünf Mark dem Pferdeknecht und sagte: »Jetzt sind wir quitt.«

Der Pferdeknecht bezahlte mit dem 5-Mark-Stück seine Restschuld beim Stallmeister, dieser beim Schulreiter und dieser beim Direktor. Der Direktor nahm den Clown beiseite und sagte: »Hier, August, sind die restlichen fünf Mark, die du noch zu bekommen hattest.«

So bekam der Clown sein 5-Mark-Stück zurück, und alle waren ihre Schulden los.«[15]

Am Beispiel erkennt man: Die Geldmenge blieb während der Tilgungsvorgänge 5 DM, ebenso wie sie bei jeder Kreditaufnahme gleich bleibt. In der Realität werden die Verleihvorgänge allerdings keine Ketten sein, die sich – wie im Beispiel – zufällig schließen, sondern sternförmig von den Banken ausgehen, wobei die Banken gleichzeitig Schuldner und Gläubiger sind. Ebenso wie man Geld verwendet, um aufwendigen Naturaltausch zu vermeiden, gibt es Banken, um den Aufwand zu reduzieren, Kredit aufzunehmen.

Man nennt diese Entstehung von Kreditgeld *Giralgeldschöpfung*. Gibt der Kreditnehmer sein Geld aus und wird dieses von einem anderen Marktteilnehmer wieder auf eine Bank getragen, so kann diese erneut Kredite gewähren. Da Banken nicht den vollen Betrag ihrer Einlagen verleihen dürfen, sondern z.B. 7 % Reserven halten müssen, kann durch eine Spareinlage nur eine endliche Summe an Krediten entstehen, von Bank zu Bank jeweils reduziert um den Reservesatz. Beginnt man mit einer Einlage von 1000 Euro, so kann diese Bank 1000 Euro abzüglich 7 % von 1000 Euro, also 930 Euro weiterverleihen, die nächste dann 930 Euro abzüglich 7 % und so weiter. Man erhält eine theoretische maximale Kreditschöpfung von 930 Euro + 864,50 Euro + 804,36 Euro + 748,05 Euro + ... = 14 286 Euro.[16] Bereits eine geringfügige Erhöhung des Reservesatzes hat somit eine sehr große Verringerung des in der Wirtschaft vorhandenen Kreditvolumens zur Folge. Ebenso führt eine geringe Erhöhung des Bargeldbestands bei der Bevölkerung dazu, daß Banken um ein Vielfaches weniger Kredite vergeben können.

Neben seiner Eigenschaft als Tauschmittel besitzt Geld noch zwei weitere wichtige Funktionen, nämlich als *Recheneinheit* und als *Wertaufbewahrungsmittel*. Die Konfusionen, welche durch die Verwechslung von Geld als »Recheneinheit« und »Tauschmittel« entstehen, treten vor allem an Börsen auf. Aktien haben zwar einen momentanen Wert, welcher in der »Recheneinheit« Euro ausgedrückt wird. Doch eine Aktie ist ebensowenig anerkanntes Tauschmittel wie ein Stück Butter.

Durch die Eigenschaft des Geldes als *Wertaufbewahrungsmittel* läßt sich Konsum in der Zukunft finanzieren. Für den Tausch eines

Güterbündels, den man heute für das Geld kaufen könnte, gegen ein zukünftiges Güterbündel wird man durch Zinsen belohnt. »Geparkt« wird das Geld im allgemeinen auf Banken – wo es sich sammelt, mitunter mit unerwünschten Folgen.

Kreditbanken haben drei zentrale Aufgaben:
1. Sie sind *Makler*. So wie ein Immobilienmakler versucht, Käufer und Verkäufer von Immobilien zusammenzubringen, bringen Banken Kreditnehmer und Kreditgeber zusammen.
2. Sie führen eine sog. *Fristentransformation* durch: Sparer sind im allgemeinen nicht bereit, ihre Ersparnisse sehr langfristig anzulegen. Kredite haben jedoch mitunter Laufzeiten von einigen Jahrzehnten.
3. Banken führen eine *Risikotransformation* durch: Sparer wollen nur ein sehr geringes oder überhaupt kein Risiko tragen, wenn sie ihre Ersparnisse auf die Bank bringen. Doch existiert bei Krediten immer ein gewisses Ausfallrisiko – von welchem der Sparer nichts spürt.

Weil Banken Geld von Sparern umgehend weiterverleihen, befinden sie sich stets kurz vor der Zahlungsunfähigkeit; denn den sehr hohen Guthaben der Sparer stehen nur geringe schnell verfügbare Reserven der Banken gegenüber. Einsetzender Kreditabzug seitens der Kunden muß zwar noch nicht zur Auflösung von Anlagen seitens der Bank führen, da sie gesetzlich verpflichtet sind, über Barreserven zu verfügen. Ziehen viele Sparer oder Anleger jedoch gleichzeitig ihr Kapital von Banken ab, kommen die Institute aufgrund der Fristentransformation *prinzipiell* in Schwierigkeiten (hierin lag ein zentrales Problem deutscher Banken 1931, vgl. Illusion 6). Einen derartigen »Bankenrun« zu vermeiden ist Aufgabe zahlloser vertrauensbildender Vorkehrungen. Diese reichen von Einlagensicherungsfonds, die selbst bei Bankenpleiten Erspartes garantieren, bis hin zu umfassender staatlicher Bankenaufsicht, die es erst gar nicht so weit kommen lassen will. Ebenso müssen Banken in sehr kurzen Abständen (mitunter täglich) aufwendige

Risikobetrachtungen über ihre Kredite und Wertpapierbestände durchführen; ein dichtes Regulierungsgeflecht macht das offenbar recht instabile Bankensystem überhaupt erst brauchbar und widerstandsfähig gegen Schocks.

Banken erbringen höchst unterschiedliche Dienstleistungen. *Kreditbanken* vergeben Kredite an Privatpersonen und Unternehmen sowie als »Anleihe« an den Staat (Schuldverschreibungen). *Investmentbanken* organisieren die Ausgabe von Aktien und Anleihen. In Deutschland erbringen Banken im allgemeinen beide Tätigkeiten (Universalbankensystem), in Amerika waren beide Bankenarten aufgrund der Erfahrungen der Weltwirtschaftskrise bis Ende 1999 größtenteils voneinander getrennt. Dadurch verringerte sich der Anreiz der Banken, ihren Kunden Aktien auf Kredit zu verkaufen, da eine Bank *entweder* Kredite vergab *oder* mit Aktien handelte. Doch obwohl das System fast 60 Jahre Bestand hatte und die Banken leichter kontrollierbar machte, wurde es wieder aufgegeben. Begründet wurde dies mit der Angst vor einem Verlust der weltweiten Konkurrenzfähigkeit, erwarteter positiver Effekte durch Bankenzusammenschlüsse, sowie der geringen Möglichkeit, Risiken aus dem Kreditgeschäft auf andere Geschäftsbereiche umzuwälzen.[17]

Seit einigen Jahren läßt sich eine enorme Verschiebung der Finanzierungsmärkte fort von klassischen Bankkrediten hin zu Aktienemission beobachten, da Kredite für Unternehmen unvorteilhafter als Aktien sind.[18] Zum einen *muß* ein Unternehmen für den Kredit Zinsen bezahlen, zum anderen muß der Kredit zurückbezahlt werden. Das Geld, das eine Aktiengesellschaft einmal von ihren Aktionären erhielt, braucht sie nicht an die Aktionäre zurückzuzahlen, und bei einem schlechten Jahr für ein Unternehmen dürfen die Dividendenzahlungen an die Aktionäre ausfallen. Bei einer hohen Nachfrage nach Aktien kann sich ein Unternehmen recht sicher sein, daß der Markt angebotene Aktien aufnimmt und das erwünschte Geld auch tatsächlich fließt.

Bedenkliche Geschäftspraktiken im Bankenbereich

> »Was ist der Einbruch in eine Bank gegen die Gründung einer Bank?«
> *Bertolt Brecht, Dreigroschenoper*

Ob Kunden ihre Banken oder die Banken ihre Kunden dazu ermuntern, mit Hilfe undurchsichtiger Geschäftspraktiken Steuern zu sparen, ist so unwesentlich wie das Henne-Ei-Problem. Hier offenbart sich die kriminelle Energie des Bankensektors zusehends. Je gieriger die Kunden, je höher die versprochenen Renditen und je härter der Konkurrenzkampf zwischen den Banken, desto mehr sind Kunden und Banken dazu bereit, auch illegale Wege bei der Steuerflucht zu beschreiten. So sind in Deutschland anonyme Nummernkonten zwar verboten, doch in zahlreichen anderen europäischen Staaten nicht, z.B. in Österreich. Dort existieren 25 Millionen davon – bei 8 Millionen Einwohnern.[19]

Verglichen mit anderen Sektoren der Wirtschaft ist die Gewinnentwicklung des Bankensektors weit überdurchschnittlich. Trotzdem betreiben Banken illegale und gemeinwohlschädigende Geschäftspraktiken. In der (zu 42,3 % dem Land Nordrhein-Westfalen gehörenden) WestLB konnten 20 000 Fälle von Steuerhinterziehung aufgedeckt werden. Den Staatsanwälten war es möglich, Kunden Nummernkonten zuzuordnen, auf die Geld von Sparkassen nach Luxemburg überwiesen wurde. Auch die Dresdner Bank mußte 1999 18 Mio. Euro Geldbuße wegen Beihilfe zur Steuerhinterziehung leisten. Zwischen 1993 und 1996 belaufen sich die Steuerausfälle durch Hinterziehung der Zinsabschlagsteuer deutschlandweit auf geschätzt 37 Mrd. Euro.[20]

Auch das Bankgeheimnis, das in seiner besonders strengen Form nur in Deutschland, Österreich und Luxemburg existiert, trägt einen Teil der Schuld bei der Aufforderung zur Steuerhinterziehung. Dadurch genießen Kapitaleinkünfte einen hohen Schutz vor Besteuerung. Eine gesetzliche Reform des Bankgeheimnisses würde die Anreize und Möglichkeiten der Steuerflucht stark reduzieren, indem die Banken z.B. verpflichtet würden, den Finanzämtern jährlich Kontrollmitteilungen von ihren Kunden zu schicken.

Bis in die 50er Jahre war es durchaus üblich, kein Konto bei einer Bank zu besitzen; die Löhne wurden meist wöchentlich in einer »Lohntüte« ausbezahlt, die Miete dem Vermieter persönlich überbracht. In den 50er Jahren wurde das kostenlose Girokonto von den Banken stark beworben und bescherte den Banken viele neue Kunden. Im Laufe der Zeit war die Bevölkerung mehr und mehr auf die Institute angewiesen; heute geht ohne Bank nichts mehr. Banken sind zu Spinnen geworden, die ihr Netz über alle Bereiche der Gesellschaft ausgebreitet haben.

Aufgrund der entstandenen Abhängigkeit vom Bankensystem darf es nicht sein, daß das Bankensystem Kunden mit weniger Geld benachteiligt – doch sind den Banken Kunden mit viel Geld natürlich lieber. Aus Bankensicht ist es nachvollziehbar, daß Kontogebühren entfallen können, wenn z.B. regelmäßig monatlich 1000 Euro auf ein Konto überwiesen werden oder man bei einer Bank hohe Festgelder deponiert hat. Für ärmere Bevölkerungsschichten stellt sich dies jedoch folgendermaßen dar: »Weil ich Geringverdiener bin, muß ich zahlen« – eine Art Zwangssteuer, die um so höher ausfällt, je kleiner das Einkommen ist. Für eine komplexe Gesellschaft notwendige Institutionen (wie auch Schulen oder Verwaltungsbehörden) dürfen keine Bevölkerungsschichten bevorzugen – Banken sind notwendig, doch tendieren sie dazu, Teile der Bevölkerung zu diskriminieren – daraus erklärt sich die politische Forderung, ihnen gewisse Standards vorzuschreiben.

In letzter Zeit wollen die großen Geschäftsbanken die Betreuung kleiner Sparer, den sog. »Retail-Bereich« aufgeben: Die Renditen bei der Organisation von Aktienemissionen oder Unternehmensfusionen sind deutlich höher als im Privatkundengeschäft, der einfache Kunde verringert die Kapital*rendite*. Selbst kleine und mittelständische Unternehmer werden von der gegenwärtigen Bankenstruktur immer stärker benachteiligt. Es gibt deutliche Anzeichen, daß sich die großen Privatbanken aus dem Kreditgeschäft zurückziehen – zwischen 1991 und 1999 haben sie ihr Engagement halbiert.[21]

Banken müssen standardisierte Auswahlverfahren für die Gewährung von Krediten verwenden; ansonsten müßten sie jedes Unternehmen annähernd so gut wie der Unternehmer selbst kennen, doch diesen Aufwand können sie nicht betreiben. Daraus folgt allerdings, daß bestimmte Branchen vernachlässigt werden; vor allem vor Neuem und Innovativem hat man Angst, denn hier ist das Ausfallrisiko der Kredite unbekannt. So wurden die ersten Windkraftanlagen in Norddeutschland allesamt von einer einzigen Volksbank finanziert, da sich dort ein Kreditberater mit diesen Anlagen auseinandergesetzt hatte und die Anlagen selbst als Sicherheit akzeptierte – andere Banken bestanden auf umfangreichen zusätzlichen Sicherheiten.

Schon heute erwirtschaften Banken ihre Gewinne weniger durch die Vergabe von Krediten als durch Gebühren auf Kontobewegungen, Depotverwaltung, Organisation von Unternehmenszusammenschlüssen etc. Banken entwickeln sich immer stärker zu vielschichtigen Dienstleistungsunternehmen. Neben ihrer Funktion als Berater, Vermögensverwalter und Kreditgeber unterhalten Banken Wertpapierdepots und Fondsgesellschaften und planen Fusionen und Aktienemissionen (Investmentbanking). Da viele Unternehmensbereiche Interessenkonflikte heraufbeschwören, müssen sie voneinander getrennt werden. Beispielsweise haben Investmentbanken ein Eigeninteresse an Firmenfusionen. Deshalb sollten sie keine Aufsichtsräte in konkurrierenden Unternehmen stellen dürfen. Sind Banken Vermögensberater und gleichzeitig Aktionäre, so ist von einer neutralen Beratung nicht auszugehen – die eigenen Aktien könnten eher empfohlen werden als andere Anlagen.

Second-Hand-Märkte: Börsen

Börsen sind Finanzmärkte, auf denen mit bestehenden Finanzierungsinstrumenten wie Aktien oder Staatsschuldverschreibungen gehandelt wird. Dabei spielt das gängige Bild eines von hektischen Börsenhändlern bevölkerten Parketts eine immer geringere Rolle, da zunehmend Computersysteme die Aufgabe übernehmen, für einen Anbieter von Wertpapieren einen Käufer zu finden. Während sich eine Aktienkultur bildet, explodieren natürlich auch die Umsätze an den Börsen: 2000 wurden in Deutschland 2 Billionen Euro umgesetzt, wohingegen es 1995 »erst« 0,4 Billionen Euro waren – eine Steigerung um 230 % in nur drei Jahren.[22]

Wie kommen Aktien an die Börse?

Die Unternehmensform »Aktiengesellschaft« (AG) ermöglicht, Projekte zu finanzieren, für deren Durchführung man sehr viel Kapital benötigt. In Deutschland genügen fünf Personen mit einem Eigenkapital von 50 000 Euro, um eine Aktiengesellschaft gründen zu können. Wichtig ist, daß die Inhaber nur mit dem in die AG eingebrachten Kapital für Schäden oder Schulden haften, also nicht mit ihrem Privatvermögen. Besitzt man Aktien einer Firma, so verfügt man auf der Hauptversammlung über Stimmrechte in Höhe des eigenen Aktienanteils. Die Hauptversammlung wählt den Aufsichtsrat, der später den Vorstand »bestellt«[23]. Über eine ebenfalls auf der Hauptversammlung festgelegte Dividende erhält man eine dem Umfang der gehaltenen Aktien entsprechende Beteiligung am erwirtschafteten Gewinn des Unternehmens.

Unter einer Neuemission von Aktien versteht man den erstmaligen Börsengang eines Unternehmens. Dadurch erhöht sich dessen Eigenkapital und der Kreis der Anteilseigner an dem Unternehmen wird meist größer. Nach dem Börsengang ist der erste Kapitalerwerb mit Hilfe der Börse für eine Aktiengesellschaft abgeschlossen, bei Bedarf können weitere folgen. Das Unternehmen kann jetzt die Vorhaben bezahlen, deren Planung die Aktienemission wünschenswert erscheinen ließ. Damit die Aktionäre bei Bedarf trotzdem auf ihr Geld zurückgreifen können, wurden Börsen eingerichtet, an welchen die Aktien gegen Geld getauscht werden können. Dadurch wird die Liquidität von Aktien erhöht, d.h., durch Börsen wird es wesentlich einfacher, langfristige Anlageformen kurzfristig in Bargeld zu tauschen. So entsteht der Glauben, daß die Aktionäre ihr Geld jederzeit »von den Firmen« zurückerhalten können; doch muß eine Aktiengesellschaft einmal erhaltenes Kapital natürlich nicht zurückzahlen, schließlich ist der Aktionär jetzt an dem Unternehmen beteiligt. Börsen erfüllen lediglich die Aufgabe, die langfristige Anlageform »Aktie« in eine kurzfristige zu verwandeln, mit andere Worten, Börsen bieten den Aktionären die Möglichkeit, zumindest bei häufig gehandelten Aktien kurzfristig auf ihr investiertes Geld zurückgreifen zu können. Börsen sind Verschiebebahnhöfe: man schiebt Eigentumsrechte an einer Firma hin- und her, und: Durch ihre Handelbarkeit werden Aktien natürlich attraktiver für die Aktionäre. Über die Dividende, eine Gewinnbeteiligung des Aktionärs, sowie Mitspracherechte auf Aktionärsversammlungen soll der Aktionär jedoch längerfristig Interesse an »seinem« Unternehmen finden.

Die verschiedenen Börsensegmente

Sollen die Aktien einer AG an der Börse gehandelt werden, stehen dazu vier Börsenbereiche zur Verfügung. Sie unterscheiden sich stark in den Zulassungsbedingungen, die Unternehmen erfüllen müssen, um an der Börse notiert zu werden.

- ♦ Wichtigstes Segment ist der sog. »amtliche Handel«. Dort finden sich aufgrund der sehr aufwendigen und für kleine Unternehmen viel zu teuren Zulassungsprozedur nur Großunternehmen wieder, die seit mindestens drei Jahren bestehen und bei denen der Gesamtkurswert der ausgegebenen Aktien höher als 1,25 Mio. Euro ist. Das Unternehmen ist verpflichtet, regelmäßig Zwischenberichte zu veröffentlichen und die Anleger zu informieren, falls Ereignisse eintreten, die zu starken Kursschwankungen führen können. Weiterhin müssen mindestens 25 % der Aktien auf dem Markt handelbar sein, dürfen also nicht einem Hauptgesellschafter gehören.

- Geringere Zulassungsbedingungen kennzeichnen den »geregelten Markt«, an dem sich vor allem regionale Aktiengesellschaften finden. Ihre auch als »Nebenwerte« bezeichneten Unternehmensaktien brauchen nur einen Gesamtkurswert von 0,25 Mio. Euro zu haben.
- Der »Freiverkehr« bezeichnet ein Börsensegment, in dem Aktien von sehr kleinen und unbekannten Unternehmen gehandelt werden. Die Zulassungsbedingungen sind noch einmal deutlich geringer als im »geregelten Markt«. Außerdem nutzen ausländische Firmen dieses Segment, falls sie sich den deutschen Zulassungsbedingungen für die anderen Segmente nicht unterziehen wollen.
- Der »Neue Markt« startete im März 1997 und wurde geschaffen, um Risikokapital in besonders innovative, aber auch riskante Bereiche der Wirtschaft zu leiten. Hier findet man vorwiegend sehr junge Unternehmen, die u. a. in High-Tech-Bereiche wie die Biotechnologie oder das Internet investieren. Die Zulassungsbedingungen sind relativ hoch, vor allem was die Pflichten zur Veröffentlichung von Unternehmensergebnissen anbelangt.

Obwohl viele der am neuen Markt notierten Unternehmen noch nie Gewinne erwirtschaftet haben, entwickelte er sich rasch zu einem sehr attraktiven Börsensegment für Anleger und Unternehmen, und der Wert der Aktien verzehnfachte sich innerhalb von drei Jahren. Schon allein deshalb erinnert die Schaffung des Neuen Marktes und dessen Attraktivität an die Aktienrechtsnovelle im

Deutschen Reich am 11.6.1870 (vgl. Illusion 6): Die damalige Regierung beseitigte schlagartig das sogenannte Konzessionssystem, das von den Betrieben eine staatliche Erlaubnis forderte, wenn sie ihre Papiere an der Börse handeln wollten.[24] So wie vor dem Gründerkrach im Jahre 1873 erlebte die Börse ab 1997 aufgrund einer Änderung der Zulassungsbedingungen von Aktiengesellschaften riesigen Zuspruch: zu Beginn des Jahres 2000 präsentieren sich monatlich mehr Unternehmen an der Börse als vor 10 Jahren während eines ganzen Jahres.[25]

Daß sich vor allem zu dieser Zeit am Neuen Markt nicht nur einwandfreie Unternehmen tummelten, ergab sich aus der Möglichkeit, in kürzester Zeit viel Geld zu »machen«. Der Börsengang eines Unternehmens an den Neuen Markt führte in der Folge häufig zu einem stark steigenden Kurs der Aktien, und die Altaktionäre – die Gründer der Firma – profitierten davon enorm. Um zu verhindern, daß diese ihre Aktien anschließend verkaufen und das Weite suchen, gibt es ein Abkommen zwischen der Börse und den Unternehmen, das von den Altaktionären verlangt, die Aktien des Börsenneulings noch für mindestens ein halbes Jahr zu halten. Dies ist jedoch nicht im Börsengesetz geregelt, und es gibt auch kaum Maßnahmen bei Verstößen, weshalb schon zahlreiche Fälle vorzeitiger Verkäufe bekannt wurden, etwa durch Altaktionäre von Artnet.com oder der Firma Metabox.[26] Trauten sie den Ideen nicht mehr, die sie in ihren Firmen verwirklichen wollten, oder wollten sie nur »Gewinne realisieren«?

Einen Schritt weiter ging die Internetfirma Ricardo.de, die Bestechungsgelder in Höhe von 0,75 Mio. Euro verteilte, damit vor dem Börsengang bestimmte Leute nicht ausplauderten, daß »Ricardo.de mit seinem Kerngeschäft gegen die Gewerbeordnung verstößt«.[27] Der Börsengang wurde ein voller Erfolg und brachte dem Unternehmen 100 Millionen Euro in die Kassen. Die Zeiten haben sich nicht geändert: Bei jeder Aktienrallye vermischen sich gute Ideen mit Geldgier – schlechte Erfahrungen und »Kurskorrekturen« werden schnell vergessen.

Um sich einen Überblick über die Verfassung der Börse zu

verschaffen, verwendet man Börsenindizes. Der bekannteste ist der Deutsche Aktienindex (DAX); sein Verlauf entspricht dem des gemittelten Aktienkurses der 30 größten und umsatzstärksten deutschen Unternehmen, gewichtet nach dem Wert ihrer Aktien. Das amerikanische Pendant ist der Dow Jones-Index, in Japan benutzt man den Nikkei-Index. Es gibt zahllose weitere Indizes; erwähnt sei noch der EuroSTOXX 50, in welchem 50 bedeutende Unternehmen aus 16 europäischen Ländern enthalten sind, und der NEMAX50, der aus 50 wichtigen Titeln des Neuen Marktes in Deutschland aufgebaut ist, sowie der Standard and Poor's (S&P)-Aktienindex, der 500 führende amerikanische Unternehmen enthält. Die Kursverläufe werden als Grafik dargestellt, man spricht von »Charts« (der S&P-Aktienindex ist auf Seite 164 und inflationsbereinigt auf Seite 165 abgebildet). Die Details des Kursverlaufs werden von manchen Händlern so wichtig genommen, daß weniger Firmenmeldungen oder politische Weichenstellungen als Kauf- oder Verkaufssignal verwendet werden, sondern bestimmte regelmäßige Abfolgen von Kursspitzen oder -schwankungen. Diese sog. »Technische Analyse« nimmt in Wirtschaftszeitungen und Börsenratgebern breiten Raum ein.

Vordergründig betrachtet könnte den Unternehmen das Treiben an den Börsen zunächst einmal gleichgültig sein; denn nach einer Aktienemission ist das Unternehmen im Besitz des gewünschten Kapitals.[28] Doch erst eine hohe Attraktivität von Aktien führt dazu, daß Unternehmen am Kapitalmarkt ohne Schwierigkeiten neue Aktien ausgeben können. Die Handelbarkeit der Aktien senkt somit die Kosten für eine Aktiengesellschaft, an Kapital heranzukommen – weswegen die Unternehmen ebenfalls um eine attraktive Börsenkultur bemüht sind. Doch wie bereits erwähnt, wurden Börsen nicht in erster Linie dazu gegründet, um Anleger durch Handel mit Aktienpaketen reich zu machen, sondern Aktien verkäuflich zu machen, falls ein Aktionär Bargeld benötigt.

Nach einer Börsenrallye beobachtet man mitunter einen Trend zum Delisting, dem Rückzug von Aktiengesellschaften von der Börse.[29] Wenn sich Kapitalerhöhungen nicht mehr durch weitere

Aktienemissionen durchführen lassen, müssen sich die AG's wieder – wie alle anderen Unternehmen auch – an Banken wenden, die Börse bietet ihnen keine Vorteile mehr. Wenn das Ansehen selbst lukrativer Unternehmen bei großen Kursverlusten Schaden nimmt, kann dies Auswirkungen auf den wirtschaftlichen Erfolg haben. Wenn Unternehmen die Börsenpräsenz schadet, ist ein Delisting die beste Alternative.

Börsen haben die Aufgabe, langfristig gebundenes Kapital kurzfristig verfügbar zu machen. Dadurch steigt die Attraktivität der Unternehmensform »AG« stark an. Doch die Spekulation auf Kurssteigerungen führt dazu, daß die Börse den Ruf einer Zockerbude erhält – die Folgen davon werden in Kapitel 2 ausführlich dargestellt. Sehr ähnlich stellt sich die Situation auch bei den Devisenmärkten dar: Daß sie nötig sind, ist jedem bewußt, der bereits eine Ware aus dem Ausland kaufte oder dort nur Urlaub machte. Doch wird auch auf diesen Märkten von der Möglichkeit ausgiebig Gebrauch gemacht, durch bloße Spekulation Gewinne zu erwirtschaften – mit nicht unerheblichen Folgen.

Devisenmärkte: Von Fehl- zu Fehlentwicklung

> »Wenn Leute wie ich ein Währungsregime stürzen können,
> stimmt mit dem System etwas nicht.«
>
> *George Soros, Spekulant und Philanthrop, als England aufgrund
> von Wechselkursspekulationen das Europäische
> Währungssystem EWS verlassen mußte*[30]

Devisenmärkte sind unerläßlich, wenn Handel zwischen Ländern mit unterschiedlichen Währungen getrieben werden soll; denn dort tauschen Marktteilnehmer eine Währung in andere um. *Der Außenwert einer Währung bestimmt den Preis von Im- und Exportgütern gegenüber den Handelspartnern; der Wechselkurs ist deshalb enorm wichtig für ein Land* – doch wie bestimmt man den Wert einer Währung relativ zu einer anderen? In der Vergangenheit wurden dazu zahlreiche unterschiedliche Systeme erdacht, die alle Stärken und Schwächen haben. Eine einfache Lösung für dieses Problem gibt es nicht.

Goldstandard oder Inflationsbekämpfung?

Bereits seit 3000 Jahren werden Münzen aus Gold (oder anderen Edelmetalle) als Zahlungsmittel oder Wertaufbewahrungsmittel benutzt. Mit dem Übergang zum Papiergeld mußte zunächst Vertrauen geschaffen werden, daß es genauso wertvoll wie Gold ist. Dazu wurde garantiert, daß Papiergeld jederzeit zu einem festen Kurs in Gold umgetauscht werden kann. Weiterhin gab es Münzen, die gerade soviel Gold enthielten, daß ihr Geldwert dem Goldwert entsprach (sog. Kurantmünzen).

Bis zum Ersten Weltkrieg wurden Warenlieferungen zwischen den Ländern nicht mit Papiergeld bezahlt, sondern mit Gold.[31] Innerhalb der Länder wurde Papiergeld verwendet, wobei stets garantiert wurde, daß nur soviel Papiergeld in Umlauf ist, daß alles in Gold umgetauscht werden könnte (Golddeckung). Wenn mehrere Länder garantieren, daß sie den Kurs, zu dem sie ihr Papiergeld in Gold umtauschen (ihre Goldparität), nicht ändern, entsteht ein internationales System mit festen Wechselkursen. Dies bedeutet für Hersteller sowie Käufer einer Maschine, die heute bestellt, jedoch erst in einem halben Jahr geliefert wird, eine hohe Preissicherheit, da sich beide in ihren Landeswährungen ausrechnen können, wieviel sie zahlen bzw. für ihr Produkt erhalten. Deshalb fördert ein solches System fester Wechselkurse den Welthandel.

Bei diesem System stellt sich automatisch eine ausgeglichene Handelsbilanz ein. Angenommen, ein Land exportiert mehr Güter als es importiert. Die anderen Länder bezahlen die Waren mit Gold, also steigt der Goldbestand im Land an. Dann kann dieses Land mehr Geld drucken und die Geldmenge in dem Land steigt an. Da die Goldvorräte in anderen Ländern abnehmen, muß dort die Geldmenge von den Zentralbanken verringert werden. Durch Geldvermehrung in dem Land mit einem Exportüberschuß steigt das Preisniveau tendenziell an, wodurch die Produkte dieses Landes im Ausland weniger attraktiv erscheinen. Dann wird dieses Land tendenziell weniger Güter exportieren. Da in den anderen Ländern die Preise (aufgrund der Verringerung der Geldmenge) tendenziell sinken werden, erscheinen ausländische Produkte billiger. Also importiert das Land mit dem ursprünglichen Handelsüberschuß mehr Güter, und die Handelsbilanz gleicht sich aus. Dieses recht stabile System, der sog. »Goldstandard«, existierte über viele Jahrzehnte hinweg bis zum Ersten Weltkrieg.

Nachteilig für alle Beteiligten war die von der Handelsbilanz abhängige Geldmenge in einem Land. Angenommen, die Konjunktur verschlechterte sich in einem Land und verringerte den Güterimport von einem Handelspartner. Dann hatte der Handelspartner – aufgrund des entstehenden Handelsbilanzdefizits – plötzlich mit Deflation zu kämpfen. Weiterhin ist bei diesem System fixierter Wechselkurse eine Krisenausbreitung zwischen den Ländern sehr leicht möglich.

Die Zentralbanken hatten nicht die Aufgabe, die Geldmenge für ein Land optimal zu steuern. Sie sorgten nur dafür, daß soviel Geld in Umlauf war, wie Gold im Land war. Im Falle von Wirtschaftskrisen hatten sie nicht die Möglichkeit, durch die Veränderung der

Geldmenge auf die Konjunktur einzuwirken. Doch trotz der Nachteile hielt man sich bis zum Ausbruch des Ersten Weltkriegs an das »Gentleman-Agreement«, Golddeckung und Goldparität nicht zu verändern; schließlich hatte man nicht viel Erfahrung mit der Steuerung von Wechselkursen oder der Geldmenge. Internationale Kooperation hatte Vorteile – warum sollte man aufgrund vielleicht nur kurzfristiger nationaler Interessen ein internationales System aufgeben?

Zwischen den Weltkriegen gab es kein vergleichbar gut organisiertes internationales System, das dem Welthandel zugute gekommen wäre. Zunächst hatten alle Länder mit Inflation zu kämpfen; doch auch anschließend waren sie nicht mehr bereit, Arbeitslosigkeit und Inflation hinzunehmen, und setzten den Außenwert ihrer Währung zu ihrem Vorteil fest. Die Folge waren zahlreiche willkürliche Währungsabwertungen; denn dadurch werden die Produkte des abwertenden Landes billiger und von einem anderen Land stärker nachgefragt. Das andere Land antwortete entsprechend oder setzte Zölle ein, um seinen Markt zu schützen. Einzig England verteidigte den Goldstandard weiter; doch war dadurch seine Währung heillos überbewertet, folglich seine Industrie nicht konkurrenzfähig, weshalb England in eine tiefe Rezession schlitterte. Internationale Kooperation setzt eben voraus, daß sich viele – wenn nicht alle – Länder an gewisse Spielregeln halten.

Vor allem während der Weltwirtschaftskrise um 1930 versuchten die Industriestaaten, ihre Binnenwirtschaft ohne Kooperation mit anderen Staaten wieder in Schwung zu bringen. Es kam zu umfangreicher Schutzzollpolitik (z.B. in den USA), in deren Folge der Welthandel stark zurück ging. Erst gegen Ende des Zweiten Weltkriegs entstand erneut ein System der weltweiten Kooperation, das System von Bretton Woods. Die USA erklärten sich bereit, US-Dollars in unbeschränkter Höhe und zu einem garantierten Kurs in Gold umzutauschen, weshalb zwischen den Ländern nicht mehr Gold gehandelt werden mußte, sondern man Auslandsgeschäfte mit Papiergeld erledigen konnte. Das System heißt deshalb auch »Gold-Devisen-Standard«, wobei der US-Dollar die Funktion einer

Leitwährung übernahm. Die Wechselkurse der anderen Währungen zum US-Dollar wurden festgelegt, durften aber um ein Prozent schwanken. Für die Deutsche Mark galt jahrelang der Wechselkurs 1 US-Dollar = 4 DM mit einer Schwankungsbreite von 4 Pfennig.

Daneben existierten noch weitere Möglichkeiten, die durch falsche Wechselkurse entstehenden wirtschaftlichen Spannungen abzubauen:

- Wenn die Handelsbilanz eines Landes für eine gewisse Zeit aus dem Ruder lief, konnte dieses Land bei dem hierfür gegründeten Internationalen Währungsfonds (IWF) Beistandskredite erhalten.[32]
- Wenn es zu einem dauerhaften fundamentalen Ungleichgewicht kam, konnte eine betroffene Währung ausnahmsweise auf- bzw. abgewertet werden.

Damit erhielten die Länder einen kleinen Raum für nationale Geldpolitik und konnten Konjunkturschwanken verringern.

Durch das neu entstandene System internationaler Kooperation mit nahezu fixierten Wechselkursen wurde der Welthandel beflügelt und dehnte sich entsprechend aus. In diesem System hatten die Devisenmärkte fast ausschließlich die Aufgabe, Warentransport mit dem Ausland zu ermöglichen; während der Anfangsjahre war es in vielen Ländern nicht erlaubt, Währungen unabhängig von Warengeschäften in andere Währungen umzutauschen. Erst mit der Zeit entwickelten sich frei konvertierbare Währungen.

Das System von Bretton Woods wurde aufgrund unterschiedlicher nationaler Interessen aufgegeben. Die USA hielten sich während des Vietnamkriegs nicht an die Goldparität, sondern erhöhten die Geldmenge unabhängig vom Goldbestand ständig weiter. Dadurch stand der US-Dollar ständig unter Abwertungsdruck, doch die USA wollten ihre Währung nicht abwerten.[33] In Deutschland empfand man aufgrund der historischen Erfahrungen bereits geringe Preissteigerungen als besorgniserregend und erhöhte die Zinsen, um die Inflation zu bekämpfen – im Gegensatz zur FED, der amerikanischen Zentralbank. Trotzdem wollte Deutschland an seiner unterbewerteten Währung festhalten, um weiterhin Exportüberschüsse erzielen zu können – genauso wie Japan. Verstärkt durch unterschiedliche Teuerungsraten in den Ländern kam es zu dauerhaften Handelsbilanzungleichgewichten. Deshalb hielten sich immer weniger Länder an die vereinbarten Währungsrelationen, sondern gingen zum »Floaten«, zu flexiblen Wechselkursen über. Durch die Ölkrise von 1973 gerieten die Industrieländer in eine wirtschaftliche Rezession, die dem System von Bretton Woods endgültig den Todesstoß versetzte. Der Wille zu internationaler Kooperation auf dem Feld der Währungspolitik versiegte endgültig, nationales Krisenmanagement hatte Vorrang, und man überließ die Wechselkurse den Märkten.

Flexible Wechselkurse und die Explosion der Devisenumsätze

Nach dem Zusammenbruch des Bretton Woods-Systems bestand zunächst die Hoffnung, daß sich die anfänglichen sehr hohen Wechselkursschwankungen wieder legen und sich Wechselkurse bilden würden, die die wirtschaftliche Entwicklung widerspiegelten. Begründet wurde das durch den Glauben, daß Finanzmärkte zu einem stabilen Gleichgewicht tendieren. Doch die Praxis hat diese Hoffnung eindeutig widerlegt. Unüberlegte Äußerungen von Politikern oder Bankpräsidenten führen zu heftigen Kursschwankungen, spekulative Attacken wie gegen das Europäische Wechselkurssystem (EWS) oder den Euro zeigen wiederholt Mängel des Systems auf.

Schwankende Wechselkurse haben natürlich den Nachteil, daß sie hohe Kosten beim grenzüberschreitenden Handel verursachen. Da nach dem Zweiten Weltkrieg durch das Allgemeine Zoll- und Handelsabkommen (GATT, heute WTO) die Zölle stark gesenkt und in diesem Rahmen gleichzeitig umfangreiche Verfahrensregeln in Fragen des Welthandels festgelegt wurden, blieb der internationale Handel weiterhin lukrativ. Gleichzeitig entwickelten sich

Versicherungen gegen Wechselkursschwankungen (vgl. Kapitel 1.4), die die entsprechenden Handelsrisiken wieder reduzierten.

In den Anfangsjahren des Systems flexibler Wechselkurse war der Wert der gehandelten Devisen nicht viel höher als derjenige der gehandelten Waren. Noch 1977 war Devisenhandel zu 28 % direkte Folge von grenzüberschreitendem Güterhandel. Verstärkt durch die gleichzeitig stattfindende Liberalisierung der Kapitalmärkte wuchs die Bedeutung der Devisenmärkte enorm an:[34]

- Erstens führen sinkende Transaktionskosten dazu, daß Kapital weltweit nach rentablen Anlagemöglichkeiten (in Aktien, Anleihen etc.) sucht und häufig umgeschichtet wird, wozu es jeweils in die Zielwährungen getauscht werden muß.
- Zweitens stiegen die Weltwährungsreserven stark an, die in der Währung gehalten werden, die den geringsten Wertverlust erwarten läßt – weshalb auch hier der Devisenumtausch zunahm.
- Drittens wurde es immer attraktiver, Gewinnmöglichkeiten bei kurzfristigen Wechselkursänderungen auszunutzen.

Tauscht eine Privatperson 100 Euro durch 15 Währungen, so bleiben ihr 50 Cent übrig, der Rest geht aufgrund von Wechselgebühren an die Bank. Für eine Privatperson ist die Möglichkeit ausgeschlossen, aufgrund von kleinen Wechselkursänderungen Gewinne zu erzielen. Banken zahlen jedoch keine Gebühren, weshalb aufgrund niedriger Transaktionskosten (gehandelt wird nicht mit Gold oder Bargeld, sondern mit Bits und Bytes) winzige Wechselkursänderungen genügen, um bei entsprechend hohem Einsatz ansehnliche Gewinne zu machen. Erwarten Devisenhändler beispielsweise aufgrund einer unmittelbar bevorstehenden Zentralbanksitzung eine Erhöhung der US-amerikanischen Leitzinsen, wodurch der Kurs des US-Dollars wahrscheinlich steigen wird, so kaufen sie diese Währung zu einem bestimmten Euro-Dollar-Wechselkurs und können sie mit ein bißchen Glück schon bald nach der Bekanntgabe der US-Zinsen teurer verkaufen. Dann erhalten sie beim Zurücktauschen mehr Geld, als sie kurz zuvor eingesetzt haben. Bereits eine Änderung des Euro-Dollar-Wechselkurses von z.B. 0,97 auf 0,9699 Euro pro Dollar ergibt bei einem Rücktausch von 10 Millionen Dollar einen Gewinn von 1000 Euro. Dieser Gewinn entspricht, wenn er innerhalb von einer Stunde realisiert wurde, einer Verzinsung des eingesetzten Kapitals von 87 % per anno – ist also höchst lukrativ.

Daß die Devisenmärkte von Händlern zu Spekulationszwecken mißbraucht werden, erkennt man an einem Vergleich der Wachstumsraten der Realwirtschaft, des Welthandels und der Devisenumsätze. Der Welthandel wächst schneller als das Weltsozialprodukt. Dies bedeutet, daß ein immer größerer Teil der hergestellten Güter und Dienstleistungen über Landesgrenzen hinweg gehandelt wird, die »Welt wächst zusammen«. Mindestens genauso schnell müßten auch die Devisenumsätze steigen, doch wachsen sie deutlich schneller. Die Devisenumsätze sind zwischen 1969 und 1999 um den Faktor 400 angestiegen, während der Handel nur um den Faktor 19 zunahm. Wenn der weltweite Handel im Jahr 1999 6500 Mrd. Dollar betrug, so genügten pro Handelstag 26 Mrd. US-Dollar Devisentransaktionen; getätigt wurden jedoch Umsätze von etwa 1500 Mrd. Dollar pro Tag. Diese Entwicklung hat dazu geführt, daß 1999 der Wert der gehandelten Waren nur noch 1–2 % der gehandelten Devisen entsprach. Devisen- und Gütermarkt haben sich voneinander entkoppelt.

Hauptakteure auf dem Devisenmarkt sind nicht hochspekulative Anlagefonds oder Pensionsfonds, sondern Banken. Bei 83 % der Devisentransaktionen handelt es sich um sogenannte Interbankengeschäfte. Den größten Anteil haben – in dieser Reihenfolge – Citibank, Chase Manhattan, Bank of America, Deutsche Bank und JP Morgan.[35] Dabei sind 80 % aller Devisentransaktionen bereits nach einer Woche abgeschlossen, d.h., eine Währung wurde in eine andere und (evt. über Umwege) wieder zurückgetauscht. Die meisten dieser Transaktionen sind sogar am selben Tag abgeschlossen – was den spekulativen Charakter dieser Geschäfte unterstreicht. Da die Wechselkurse von zentraler Bedeutung für die Entwicklungsstrategien von Entwicklungs- sowie von Industriestaaten sind, wird sich Illusion 11 mit dieser Problematik beschäftigen.

Derivatmärkte: Große Summen – Große Gefahren?

Auf Derivatmärkten wird mit Finanzprodukten gehandelt, die sich auf zukünftige Entwicklungen von Wechsel- und Aktienkursen oder Zinssätzen beziehen. Sie leiten sich stets von vorhandenen Geschäften ab (engl. für »ableiten« = to derivate), sind deshalb recht abstrakt und mitunter kaum zu durchschauen. Derivative Instrumente unterteilen sich grob in *Optionen* (das *Recht*, ein zukünftiges Geschäft zu machen), *Futures* (die *Pflicht*, ein zukünftiges Geschäft zu machen) und *Swaps* (z.B. der Tausch eines Kredits mit zeitlich konstantem Zins in einen mit flexiblem Zins).

Ein erstes historisch überliefertes Derivat war eine Option, die Thales von Milet ersann. Er beobachtete die Sterne und sagte eine Rekordernte voraus. Bereits im Frühjahr erkaufte er sich gegen eine geringe Vorauszahlung das Recht (die »Option«), Olivenpressen während der Ernte für einen bestimmten Betrag zu pachten. Tritt eine Mißernte ein, so verliert er die bereits entrichtete Optionsgebühr, doch bei guter Ernte kann er den Olivenbauern die Preise diktieren, zu welchen sie die Olivenpressen von ihm leihen können.

Die Aufgaben von Derivaten

Derivate stellen Versicherungen dar. Sie werden verwendet, wenn sich z.B. ein Landwirt bereits im Frühjahr das Recht erkauft, seine Ernte zu einem bestimmten Preis zu verkaufen. Dann ist er gegen einen Preisverfall seiner Produkte versichert. Auch als Absicherung gegen Wechselkursschwankungen bei Auslandsgeschäften sind Derivate sinnvoll: Wenn eine bestellte Maschine erst in einem halben Jahr geliefert und bezahlt wird, können sich die Wechselkurse zwischen Auftragsvergabe und Liefertermin ändern. Der Lieferant der Ware besorgt sich deshalb Devisenoptionen zu heutigen Wechselkursen bei der Bank und tauscht bei Bezahlung der Maschine die Auslandswährung zum Wechselkurs von vor einem halben Jahr in seine Heimatwährung um, versichert sich damit also gegen Wechselkursschwankungen.

Konservative Anleger und Unternehmer sind ängstlich und wollen Unsicherheiten so weit wie möglich reduzieren (z.B. Unkostenänderungen aufgrund steigender Zinsen). Somit benötigt man einen Markt, auf dem Finanzinstrumente angeboten werden, die Handel und grenzüberschreitende Investitionen gegen die unumgänglichen Unsicherheiten versichern, die die Zukunft bringen könnte. Dazu sind risikofreudige Marktteilnehmer nötig, die bereit sind, beispielsweise Zinsänderungsrisiken zu tragen. Die Höhe der entsprechenden Risikoprämie entscheidet darüber, ob für einen Unternehmer eine längerfristige Investition sinnvoll ist oder nicht. Die Höhe der Risikoprämie kann sogar noch sinken, wenn der Anbieter einer Option sein Risiko ebenfalls mindern kann – z.B. mit einer Option auf Optionen. So entstehen vordergründig absurde »Türmchen«, doch reduzieren sie Finanzierungskosten und machen Investitionen mitunter erst lukrativ. Derivate senken somit Kosten und vermindern bzw. übertragen Risiken: Derivate machen Risiko handelbar.

Wieviele der gehandelten Kontrakte auf den Derivatemärkten zur Absicherung von realen Geschäften notwendig sind, ist strittig. Es ist zwar richtig, daß aufgrund des steigenden internationalen Handels auch die Risiken steigen. Ebenso läßt sich nicht leugnen, daß kurzfristige Schwankungen (die Volatilität) von Zinssätzen, Wechsel- oder Aktienkursen zunehmen und mit der Vielfalt an gehandelten Gütern und Dienstleistungen auch der Markt für Derivate wächst. Doch warum steigt die Volatilität von Entwicklungen an? Ein Faktor für steigende Volatilität ist, daß durch die Entstehung immer größerer Fonds auch Finanzgeschäfte von immer größerem Ausmaß getätigt werden, die dann natürlich zu größeren Kursausschlägen führen.[36] Darüber hinaus steckt häufig *trend-*

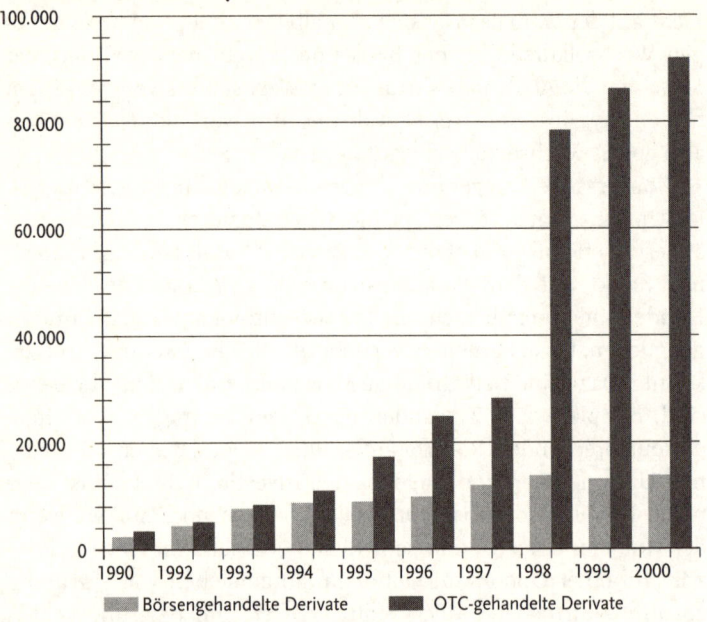

Abbildung 2: Umfang der offenen Positionen von OTC- und börsengehandelten Derivaten am Jahresende. Für 2000: Ende Juni.
Quelle: Bank für Internationalen Zahlungsausgleich, Quarterly Review, August 2000; Regular OTC Derivatives Market Statistics, BIS, Press release, 13.11.2000.

folgendes Verhalten dahinter: Anleger kaufen, wenn die Kurse steigen, erhöhen so die Nachfrage, und die Kurse steigen weiter. Bei einem Stimmungswandel sinken auch die Kurse weiter – mit der Folge, daß bei einer Zunahme von Händlern, die nur kurzfristige Geschäfte machen, die kurzfristigen Ausschläge der Kurse zunehmen. Gleichzeitig verkaufen Händler natürlich auch Versicherungen gegen Kursschwankungen – die sie selbst auslösen. Wie der Glaser, der seinen Sohn mit einer Handvoll Steinen in die Stadt schickt ...

Die Bank für Internationalen Zahlungsausgleich (BIZ) ermittelte, daß zwischen 1990 und 1998 der Umfang börsengehandelter Derivate jährlich um 20 % zunahm (vgl. Abbildung 2). Doch diese standardisierten Produkte erfüllen bei weitem nicht alle Ansprüche, weshalb die Finanzinstitute immer mehr maßgeschneiderte Kontrakte anbieten. Diese werden »over the counter« (OTC) – am Bankschalter – gehandelt, und deren Wachstum betrug in obigem Zeitraum sogar 40 % pro Jahr. Die Summe der offenen Positionen aus beiden Derivattypen belief sich Ende 1990 auf 5,7 Billionen US-Dollar (das dreifache des Deutschen BIP), wobei OTC- und börsengehandelte Derivate sich die Wage hielten. Im Juni 2000 betrug die Summe der offenen Positionen bereits 108 Bio. US-Dollar; das Wachstum der OTC-Papiere führt dazu, daß börsengehandelte Derivate »kaum« mehr ins Gewicht fallen (nur noch 13 % vom gesamten Derivatemarkt).[37]

Wieviel Prozent der derivativen Finanzinstrumente reine Wetten sind und nicht mehr der Verminderung von realen Risiken dienen, läßt sich letztendlich nicht sagen. Doch das Wachstum dieser Märkte ist durch realwirtschaftliche Entwicklungen kaum zu rechtfertigen, ebensowenig wie die explodierenden Umsätze auf den Devisenmärkten. Der Tagesumsatz derivativer Instrumente liegt sogar noch höher als der Handel auf den Devisenmärkten. Gewinnmöglichkeiten ziehen Spieler an, das wird immer so bleiben – bleibt die Frage, wie gefährlich das Treiben auf diesen Märkten ist. Doch diese interessanteste aller Fragen in bezug auf Derivate ist kaum zu beantworten. Natürlich gehen Optionsgeschäfte schief. Überall, wo über die Zukunft geurteilt werden muß, und das ist in jedem Unternehmen, gehen Einschätzungen daneben und Investitionen werden unrentabel.

Wenn in einem deregulierten Finanzmarkt neuartige Derivate geschaffen werden, so können die Folgen noch nicht untersucht worden sein – ebenso wie die Gefährlichkeit einer Chemikalie bei ihrer ersten Synthese noch nicht bekannt ist, sondern höchstens mit verwandten Substanzen verglichen werden kann. Doch werden

Derivate gern verharmlost. Häufig wird argumentiert, die Risiken von Derivaten höben sich gegenseitig auf und nur 2–3 % der Bestände seien risikobehaftet. Dies mag zum Teil stimmen, doch: 3 % von 108 000 Mrd. US-Dollar sind 3240 Mrd. US-Dollar. Das ist mehr als das Eineinhalbfache des BIP von Deutschland und alles andere als eine kleine Summe.

Kleine Innenansicht der Derivatmärkte

Der Begriffswirrwarr auf diesen Märkten ist vollkommen. Märkte für Derivate nennt man auch *Terminmärkte*. Wenn man Kaufverpflichtungen in der Zukunft eingeht, also einen Future kauft, spricht man von *Waren-, Zins-* oder *Devisentermingeschäften*.[38] Anstatt von einem Termingeschäft spricht man von einem Termin*kontrakt*, wenn ein Titel börsengehandelt ist. Da der Fall eintreten kann, daß ein Handelsgeschäft doch nicht durchgeführt wird, sind oftmals Devisen*optionen* vorteilhafter, um sich gegen Wechselkursschwankungen abzusichern. Dann kauft man eine *Kaufoption* (oder den *Call*) von einem Händler oder einer Börse (dem *Stillhalter*), um Devisen in einem Zeitraum zu einem bestimmten Kurs kaufen zu können. Kauft man eine *Verkaufsoption* (oder einen *Put*), so hat man das Recht, eine bestimmte Währung in einem bestimmten Zeitraum zu dem vereinbarten Kurs zu verkaufen. Diese Optionen kann man einfach verfallen lassen und hat dann nur die *Optionsgebühr* (auch *Prämie*) verloren, die man entrichten mußte, um sich die Option zu kaufen. Man erkennt hieran, daß ein Optionsgeschäft asymmetrisch ist. Während der Inhaber der Option wählen kann, ob er sie ausführt und sein Gewinn (bei entsprechenden Kursänderungen) riesengroß werden kann (er sitzt am langen Hebel, er hat die *Long*-position), verpflichtet sich der Stillhalter auf das Geschäft und kann – bei Unterlassung des Geschäfts durch den Inhaber der Option – die nicht zu vernachlässigende Optionsgebühr gewinnen, jedoch einen riesengroßen Verlust machen. Man spricht hier von der *Short*-position.

Dem Handelsumfang nach am bedeutendsten sind auf den Derivatmärkten sogenannte (*Währungs-* oder *Zins-*)*Swaps*, bei welchen Marktteilnehmer ihre unterschiedlichen Möglichkeiten nutzen, beispielsweise günstige Kredite mit festen oder variablen Zinssätzen zu erhalten. Dieser Typ von Geschäften macht 90 % aller derivativen Geschäfte aus. Ein langfristiger Kredit werde mit fixen 7 % verzinst, ein anderer mit variablen Zinssätzen, beispielsweise im Moment mit

5,5 %. Erwartet der Besitzer des 5,5 %-Kredites steigende Zinsen und ist der Besitzer des 7 %-Kredites auf eine schnelle Zinsminderung aus, so können sie die Zinsverpflichtungen tauschen. Natürlich kann man auch zinsvariable Kredite gegen Überschreitung bestimmter Zinsobergrenzen (*Foreward-Swap*) oder einen Kredit auf gewisse Zinsbandbreiten versichern (*Collar*), z.B. zwischen 3 % (*Floor*-Vereinbarung) und 5 % (*Cap*-). Bei Überschreiten der oberen Marke bezahlt die Gegenpartei die Mehrzinsen, bei Unterschreiten der unteren Marke bezahlt man an sie die Zinsersparnis. Vorteil des Bandbreiteninstruments gegenüber dem Foreward-Swap ist der geringere Preis. Beispielsweise kann sich der Kämmerer einer Kommune mit diesen Instrumenten gegen Zinsschwankungen seiner Kreditverpflichtungen absichern und sich damit nicht unerheblicher Zahlungsunsicherheiten seines kommunalen Haushalts entledigen.

Selbst George Soros, bekannter Spekulant und Philanthrop, stellt fest, daß weder Aufsichtsbehörden noch Händler »die Papiere und Verfahren bis ins letzte verstehen – auch darum sind sie eine Bedrohung für die Stabilität«.[39] Die Möglichkeiten, Risiken handelbar zu machen, sind faszinierend, doch bleiben die Gefahren im Dunklen. Ein Netz aus Verpflichtungen überspannt den gesamten Erdball, das Netz steht unter Hochspannung – reißt es an einer Stelle, weiß niemand, was geschieht. Die Situation erinnert ein wenig an Kern- und Gentechnologie. Solange alles unter Kontrolle ist, bieten neue Entwicklungen vielfältige Möglichkeiten; doch zu welchen Verwicklungen Krisen führen *können*, kann keiner genau sagen – bis etwas Unvorhergesehenes geschieht.

»Einer der beunruhigenden Aspekte der Derivate-Industrie ist, daß alle Teilnehmer behaupten, ständig Profite zu erwirtschaften.«[40] Es ist sehr unwahrscheinlich, daß alle Gewinne nur aus Provisionen und Verlusten der Kunden bestehen. Banken spekulieren mit und gehen Risiken ein; zu lukrativ sind die Gewinnmöglichkeiten. Da Derivate in der Gegenwart keine Kosten verursachen und nicht bekannt ist, ob sie in Zukunft welche verursachen, tauchen sie nicht in den Bilanzen der Banken auf. Deshalb weiß niemand genau, wie hoch die offenen Positionen der Banken sind.

Doch bereits die offiziellen Zahlen der Derivatbestände sind derart groß, daß eine einzige größere Zahlungsunfähigkeit Bankenzusammenbrüche und so Kettenreaktionen auslösen kann. Das sind jedoch längst nicht alle Probleme beim Umgang mit Derivaten:

- Regulierungsbehörden können mit der Entwicklungsgeschwindigkeit von OTC-Dienstleistungen nicht mithalten – eine Risikoschätzung scheint kaum möglich zu sein.
- Während sich bei börsengehandelten Derivaten die Preise am Markt bilden, müssen diese bei OTC-Produkten von den Banken berechnet werden. Dies ist jedoch mit Unsicherheiten behaftet und kann hohe Wertkorrekturen zur Folge haben. Wenn z.B. die Preisschwankungen an Aktienmärkten eine bestimmte Größe überschreiten, »kann es unmöglich werden, den Optionspreis zu berechnen«.[41]
- Mit Derivaten hat man die Möglichkeit, schiefgegangene Spekulationen zu verstecken und viele Jahre zu verschleppen. »Es liegt in der Natur des Futures- und Optionshandels, daß der Schrank mit den Skeletten möglicherweise erst Jahre später entdeckt wird.«[42] Hinzu kommt, daß die Führungsebene die Absicherungsinstrumente nicht kontrolliert (wie auch beim Zusammenbruch der Barings-Bank; vgl. unten), nicht auf Warnsignale reagiert oder die Komplexität der Derivate nicht durchschaut.
- Verschiedene Praktiken führen dazu, daß Händler bei steigenden Kursen kaufen und bei fallenden verkaufen, weshalb auch der Derivatemarkt die Kursschwankungen am Markt verstärken kann.

Hedge-Fonds und Krisenausbreitung

Für die Gefahren, die durch das Treiben auf diesen Märkten entstehen, gibt es noch nicht sehr viele Beispiele – wie bei neuen Entwicklungen auch nicht anders zu erwarten. Im Folgenden seien einige Krisen geschildert, deren Ursache ausschließlich im riskanten Spiel mit Derivaten bestand. Zunächst brachte es der Wertpapierhändler Nick Leeson zu traurigem Ruhm. Der aufgrund seiner guten Nase von der renommierten Barings-Bank mit umfassenden Vollmachten ausgestattete 27-jährige Angestellte konnte unkontrolliert von seinen Vorgesetzten immer riskantere Wetten über immer höhere Summen abschließen. Er wettete darauf, daß der japanische Nikkei-Index nicht stark schwanken würde (sogenannte *Strangels-Optionen*). Doch das unvorhersehbare Erdbeben in Kobe/Japan ließ den Index immer weiter fallen. Bei Fälligkeit der Papiere verlor die 1762 gegründete Bank 1,4 Mrd. US-Dollar und mußte Konkurs anmelden.

Beispiele für solche auf ein Unternehmen beschränkten Milliardenverluste aufgrund von Spekulation mit Derivaten gibt es bereits mehrere, beispielsweise die Spekulationsverluste der japanischen Sumitomo-Bank bei Kupfergeschäften, die sich auf mehr als 2,9 Mrd. US-Dollar belaufen sollen. Auch der Beinahezusammenbruch der Metallgesellschaft sei erwähnt: Anfang der 90er Jahre versuchte eine Tochtergesellschaft des Konzerns im amerikanischen Benzinmarkt aktiv zu werden. Sie setzte auf steigende Ölpreise, wobei sie sehr große Ölmengen auf Termin im Voraus kaufte. Doch erkannten andere Marktteilnehmer die Strategie der Metallgesellschaft, die durch den großen Umfang ihrer Termingeschäfte die Preise beeinflußte, und konnten daraus Profit für sich und zum Schaden der Metallgesellschaft schlagen. Die Metallgesellschaft operierte sehr unüberlegt: Sie hatte sehr langfristige Lieferverträge zu festen Preisen mit amerikanischen Tankstellenbesitzern geschlossen. Wären die Ölpreise gesunken, hätten die Tankstellenbesitzer das teure Benzin der Metallgesellschaft kaufen müssen, die Gesellschaft hätte Gewinn gemacht. Doch dann wären die Tankstellen aufgrund der Konkurrenz mit anderen Tankstellen Pleite gegangen – um das zu verhindern, hätte die Gesellschaft trotz der Verträge Benzin billiger liefern müssen, hätte also selbst dann keinen Gewinn gemacht. Ergebnis der Aktion war 1993 ein Verlust von 1,3 Mrd. US-Dollar. Verstärkt durch Mißmanagement und die schlechte Konjunktur konnten nur Milliardenkredite und die Entlassung Tausender Angestellter den Konzern retten.[43]

Daß Verluste bei derivativen Geschäften nicht auf ein Unternehmen begrenzt bleiben müssen, zeigt der Beinahezusammenbruch des Long Term Credit Management Risikofonds (LTCM). Dieser und rund 5000 weitere Fonds nennen sich »Hedge-Fonds«, obwohl »Hedging« eigentlich »Absichern« bzw. »Rückversichern« bedeutet, viele von ihnen jedoch mit hochriskanten »Finanzinnovationen« spekulieren. Hedge-Fonds müssen sich an keine Risikoobergrenzen oder Eigenmittelquoten halten. Anders als normale Fonds haben sie oftmals nicht mehr als 99 Anleger, die sich häufig mit mehreren Mio. DM beteiligen müssen. Erst ab 100 Anlegern fallen Fonds unter übliche amerikanische Kontrollen, weshalb Hedge-Fonds viel freier operieren können.[44] Außerdem weichen sie gerne in Steueroasen aus.

Aufgrund der geringen Zahl an Anlegern haben solche Fonds nur relativ geringe Eigenmittel. Der LTCM besaß vor dem Beinahezusammenbruch im September 1998 noch etwa 2,2 Mrd. US-Dollar – rund 2,6 Mrd. US-Dollar seines Eigenkapitals hatte er bereits im Vorfeld der Rußlandkrise verloren. Mit Hilfe seines guten Rufes hatte sich der Hedge-Fonds Wertpapiere für 125 Mrd. US-Dollar bei Banken, die dort nur in den Tresoren herumlagen, geliehen. Die Banken vertrauten dem Geschick und Wissen des Fonds, da neben zwei Nobelpreisträgern der Wirtschaftswissenschaften noch der Börsenstar und Gründer des Fonds John Meriwether sowie der ehemalige Vizepräsident der amerikanischen Zentralbank, David Mullins, im Vorstand des Fonds tätig waren.[45] Zahlreiche renommierte Banken (darunter Deutsche Bank, Dresdner Bank, Credit Suisse, Paribas, Bankers Trust, Chase Manhattan) engagierten sich auch direkt in diesem Fonds, d.h., sie liehen dem LTCM Millionen mitunter ohne irgendwelche Sicherheiten.

Die erstandenen Papiere verwendete der Hedge-Fonds als Sicherheiten zum Abschluß von riskanten Derivat- und Devisengeschäften mit einem Gesamtvolumen von 1250 Mrd. US-Dollar, dem 600-fachen des Eigenkapitals des Fonds oder ca. zwei Drittel des Deutschen Bruttosozialproduktes. Das zusätzlich geliehene Kapital führte zu einer enormen *Hebelwirkung*: Hätte der Fonds einen durchschnittlichen Gewinn von einem Prozent auf das Gesamtvolumen der Geschäfte erwirtschaftet, ergäbe sich ein Gewinn von 12,5 Mrd. US-Dollar, bezogen auf das Eigenkapital des Fonds ein Plus von fast 600 Prozent! Doch schon ein Verlust von weniger als 0,2 % auf das Gesamtvolumen der Geschäfte schlüge mit einem Verlust des gesamten Eigenkapitals zu Buche. Deshalb spekulierte LTCM nur auf winzige Preisunterschiede (Arbitrage) von Finanztiteln, mußte also sehr große Kreditmittel einsetzen, um auf sein Eigenkapital eine gute Verzinsung zu erhalten.[46]

Je nach der Stabilität einer Währung muß ein Staat höhere oder niedrigere Zinsen für seine Anleihen bezahlen. Die Manager von LTCM meinten, daß sich aufgrund der Einführung des Euro die Zinssätze in Europa angleichen würden – die Zinssätze in Ländern mit höherer Inflationsrate (z.B. Italien) würden zurückgehen, diejenigen in Ländern mit niedriger eher steigen (z.B. Deutschland). Doch aufgrund der Krise in Rußland und der rapiden Kursverluste von Aktien flüchtete viel Kapital in die Anleihen der stabileren Länder, wobei das Zinsniveau der Papiere dort weiter sank. Erwartet hatte man das Gegenteil, und aufgrund der riesigen eingesetzten Summen waren jetzt auch die Verluste des Fonds riesengroß.[47]

Doch nicht nur diese Spekulation ging daneben. Aufgrund ähnlicher Geschäftspraktiken kamen auch zahlreiche weitere Hedge-Fonds in Liquiditätsengpässe, d.h., sie waren nicht in der Lage, Wertpapiere schnell in Bargeld einzutauschen. Die Fonds haben natürlich für Notfälle vorgesorgt: Wenn eine Wette schiefgeht, muß man eben bezahlen. Um die Verluste auszugleichen, mußten die dazu gehaltenen sicheren aber selten gehandelten Wertpapiere verkauft werden (z.B. 29-jährige amerikanische Staatsschuldverschreibungen; üblich sind 30-jährige). Doch die waren nahezu unverkäuflich, da der Markt für bestimmte seltene Wertpapiere fast ausschließlich von den Hedge-Fonds beherrscht wurde, die plötzlich alle Liquiditätsprobleme bekamen.[48]

Wenn ein System kollabiert, an welchem fast ausschließlich Fremdkapital beteiligt ist, so führt dies zu Verlusten bei allen Kapitalgebern. Wenn jedoch ein System kollabiert, das mit Hunderten von Milliarden US-Dollar spekuliert, die es überhaupt nicht besitzt, werden nicht nur die Verluste für die Kapitalgeber schmerzlich, sondern es bricht Panik auf den Märkten aus. Wenn dann, wie im Herbst 1998 geschehen, Finanzmarktturbulenzen Anleger verunsichern und die Aktienkurse fallen, so besteht die Gefahr völlig unkontrollierter Kettenreaktionen, die unter allen Umständen verhindert werden müssen. Wenn die bei Hedge-Fonds engagierten Banken ihr Kapital nicht zurückerhalten, könnten sie in Liquiditätsschwierigkeiten geraten. Wenn zusätzlich Hedge-Fonds zahllose Wertpapiere verkaufen müssen, fallen die Preise dieser Papiere. Banken, vor allem aber andere Hedge-Fonds, an welchen wiederum Banken beteiligt sind, halten jedoch ähnliche, wenn nicht sogar dieselben Wertpapiere. Ein weiterer Verfall der Wertpapierpreise könnte weitere Hedge-Fonds in den Abgrund reißen (während der Rußland-Krise waren viele Hedge-Fonds angeschlagen) und auch immer mehr Banken in Liquiditätsprobleme führen.

Wie nahe und wie gefährlich ein Zusammenbruch gewesen war, zeigte die operative Hektik, die die amerikanische Zentralbank an den Tag legte. Sie konnte unverzüglich 14 Banken davon überzeugen, dem LTCM mit 3,6 Mrd. US-Dollar kurzfristig aus der Patsche zu helfen. Allein die Schweizer Großbank UBS trug 1 Mrd. US-Dollar der Verluste, die Deutsche Bank übernahm eine halbe Milliarde. Selbst eine der italienischen Zentralbank unterstellte Wechselbank hatte 250 Mio. US-Dollar in den Fonds investiert.[49] Obwohl der Fonds nur 99 Anleger und relativ wenig Eigenkapital hatte, konnte durch die beschriebene Hebelwirkung das Weltfinanzsystem in seinen Grundfesten erschüttert werden.

Menschen, die Geld hochriskant anlegen, sind von Glücksspielern kaum mehr zu unterscheiden. Die Grenze zwischen Geschäft und Gier, zwischen riskanter Investition und reiner Spekulation, ist sehr schwer zu ziehen. Wenn gewisse Unternehmen durch allzu dreistes Auftreten Unternehmen, Bürger oder sogar ganze Staaten bedrohen, so ist eine Re-regulierung unumgänglich.

Risikominimierung für einen Investor ist zunächst sinnvoll, doch führt die Minderung von Risiken eines Marktteilnehmers durch Derivate zu einer neuen Form der Anhäufung von Risiken im weltweiten Finanzsystem. Die Komplexität des Systems ermöglicht Finanzgeschäfte, die Risiken auf handfeste Weise miteinander verkoppeln. Dazu Alan Greenspan, Chef der amerikanischen Notenbank: »Derivate-Aktivitäten ... können dazu beitragen, die Übertragung eines Schocks aus einer anderen Quelle in andere Märkte und Institutionen zu beschleunigen«.[50] Wenn sich die Risiken eng umgrenzter Geschäfte plötzlich erhöhen, kann das dazu führen, daß davon völlig unberührte Finanzgeschäfte ebenfalls riskanter werden, da etwa massenhaft scheinbar sichere Wertpapiere verkauft werden müssen und dadurch an Wert verlieren. So kann ein riskanter Bereich der Finanzmärkte (z.B. russische Industrieobligationen) einen ganz anderen, wesentlich sichereren Bereich (z.B. italienische Staatsschuldscheine) zu einem sehr unsicheren machen.

Ein geringer Eigenkapitalanteil von Anlagefonds macht, wie beim LTCM beschrieben, eine große Hebelwirkung möglich. Diese potenziert sowohl die Gewinnmöglichkeiten als auch potentielle Verluste. Wie auch Krankheiten sollten Krisen räumlich möglichst begrenzbar sein. Deshalb sind Dominoeffekte zu vermeiden – und diese sind ein großes Problem bei Unternehmen, die ohne oder nur mit sehr geringem Eigenkapital operieren. Bereits in den »goldenen Zwanzigern« vor der Weltwirtschaftskrise wurden Unternehmen mit winzigem Eigenkapital ineinandergeschachtelt (vgl. Illusion 8). Aufgrund der Lehren aus der anschließenden Depression sind diese simplen Konstrukte verboten worden. Hedge-Fonds sind weniger bekannt, komplexer aufgebaut und doch häufig nicht viel anders: unkontrollierte Anlagefonds, die durch den Handel mit hochriskanten Wertpapieren möglichst hohe Gewinne einfahren wollen. Hohe Eigenkapitalquoten würden die Hebel reduzieren und somit auch die Ansteckungsgefahren bei fehlgeschlagenen Spekulationen (vgl. Kapitel 3).

Fazit

Das vergangene Kapitel beleuchtete grob die wesentlichen Bausteine der Finanzmärkte. Ausgehend von den Zentralbanken, die Geld bereitstellen, und Banken, die Kreditgeld schöpfen (und Aktienemissionen für Unternehmen organisieren), wird das Wirtschafts- und Finanzsystem mit Geld versorgt. Durch Börsen werden langfristige Wertpapiere kurzfristig liquide, was Aktien erst attraktiv macht. Deregulierte Devisenmärkte erlauben es, weltweit die rentabelsten Wertpapiere zu erstehen und aufgrund geringer Kosten ständig umzuschichten. Gleichzeitig werden Währungen auch direkt für Spekulationszwecke benutzt; die Folgen dieses Treibens werden in Illusion 11 näher erläutert. Die Derivatmärkte werden als Versicherung gegen immer unsicherere Finanzmärkte benötigt, doch enthalten sie ein unbekanntes Risikopotential – es steht zu fürchten, daß erst zukünftige Krisen Finanzaufsichtsbehörden dazu zwingen werden, die Innovationsfreudigkeit und das explosive Wachstum der Derivatmärkte zu dämpfen und regulierend einzugreifen.

Bei der Beschreibung der Finanzmärkte blieben viele Details unberücksichtigt. Da im Zentrum des Buches die Börsen stehen, genügte es darzustellen, daß diese nur einen kleinen Teil der Finanzmärkte ausmachen und sie mit weiteren, ebenso wichtigen Institutionen verflochten sind. Angesichts der neuen Entwicklungen an den Devisen- und Derivatmärkten kann die seit Jahrhunderten erprobte Börse fast wie ein Garant der Stabilität wirken – daß dem nicht so ist, zeigt das folgende Kapitel.

Die 12 Aktien-Illusionen

Das folgende Kapitel analysiert die entstehende und sich selbst verstärkende Aktienkultur, diskutiert die vergangene Aktienrallye und die resultierenden Zwänge für Wirtschaft und Gesellschaft. Dies geschieht, indem den Unterkapiteln gängige Illusionen über die Börsenwelt vorangestellt werden. Dabei wird häufig auf die Zeit zwischen 1996 und März 2000 Bezug genommen, da man die Illusionen am leichtesten erkennt, indem man Phasen übertriebener Kurssteigerungen genauer betrachtet.

Zunächst werden Illusionen behandelt, die den Marktplatz Börse und das Wesen von Aktienkursen und Vermögensbildung genauer erläutern. Anschließend werden Auswirkungen auf Menschen, Unternehmen und Gesellschaft diskutiert. Die abschließenden Illusionen behandeln allgemeinere Gesichtspunkte der Diskussion.

Illusion 1
»Ob Aktien überbewertet sind, kann man nicht sagen«

> »Das einhellige Urteil der Millionen, deren Bewertung auf diesem großartigen Markt zum Ausdruck kommt, lautet, daß die Aktien nicht überbewertet sind ... Wo sind denn jene Leute von so umfassendem Wissen, das sie ermächtigt, gegen das Urteil jener vielen intelligenten Menschen zu sprechen?«
>
> *Professor Stagg Lawrence, Universität Princeton, 1929*[51]

Was bestimmt den Preis der Aktien?

1989 war das 2,5 Quadratkilometer große Gelände, auf dem der Kaiserpalast in Tokio steht, mehr wert als Grund und Boden von ganz Kalifornien. DaimlerChrysler hat 22-mal mehr Mitarbeiter und macht 29-mal mehr Umsatz als SAP, doch beim Höhepunkt des vergangenen Aktienrauschs im Februar 2000 war die Aktienkapitalisierung beider Unternehmen fast identisch.[52] Ob nun Immobilienspekulation, Tulpomanie oder Börsenhausse, manchmal wird durch einfaches Hinschauen deutlich, daß unverständliche Mißverhältnisse zwischen den Preisen zweier Güter bestehen.

Noch sonderbarer sind die Kursentwicklungen einiger Unternehmen des Neuen Marktes. Nach Schaffung dieses Börsensegments gab es eine Kaufeuphorie bei vielen Aktien des neu geschaffenen »Goldesels«, obwohl die realwirtschaftlichen Daten (Umsatz-, Gewinn- und Dividendenentwicklung) dieser zumeist kleineren Betriebe kaum Hinweise auf erfolgreiches Wirtschaften in der Vergangenheit geben konnten. Der Neue Markt wurde generell dazu gegründet, um Risikokapital in kleinere Unternehmen zu leiten, etwa um einer guten Idee zum Durchbruch zu verhelfen. Doch ist dieser eigentliche Sinn und Zweck aus Sicht vieler Anleger während der Aktienrallye zwischen 1996 und 2000 deutlich in den Hintergrund getreten.

Häufig verwechseln Aktionäre Geldvermögen mit anderen Vermögenstiteln, wenn sie meinen, nach Aktienkurserhöhungen ein höheres Geldvermögen zu besitzen. Da (zumindest häufig gehandelte) Aktien leicht zu Bargeld »gemacht« werden können (im Gegensatz z.B. zu wertvollen Gemälden oder teuren Immobilien), haben sie einen ähnlichen Charakter wie gewöhnliche Spareinlagen. Aktien sind jedoch kein gesetzliches Zahlungsmittel, sondern Vermögenswerte, die ihren Wert aufgrund von Wertschätzung erhalten. Aktien »funktionieren« nicht wie Geld, sondern ähnlich wie seltene Briefmarken, deren Preise sich ebenfalls am Markt via Angebot und Nachfrage bilden. Die Folgen dieser Verwechslung werden weiter unten diskutiert.

Wie bilden sich Aktienkurse? Beim Aktienmarkt handelt es sich um einen gewöhnlichen Markt, das heißt, der Preis der Papiere bildet sich immer aufgrund von Angebot und Nachfrage. Die Nachfrage nach den Papieren bedeutet nichts anderes, als daß die Papiere eine gewisse Wertschätzung von Seiten des Kaufinteressenten erfahren. Die Wertschätzung übersetzt der Kunde in den Preis, den er für diese Form der Kapitalanlage zu zahlen bereit ist. Diese Wertschätzung muß natürlich überhaupt nichts mit dem Wert der Aktiengesellschaft oder mit einer zukünftigen Gewinnerwartung zu tun haben.

Wie wird der Preis einer Aktie ermittelt? Dazu werden Kauf- und Verkaufsgebote gesammelt und gegenübergestellt. Dabei können einige dieser Wünsche erfüllt werden, andere nicht. Der Preis wird so festgelegt, daß möglichst viele der eingegangenen Kauf- und Verkaufsgebote abgewickelt werden können, und zu diesem Preis werden dann alle Aufträge ausgeführt. An den Börsen wird für kleine Aufträge einmal täglich ein Einheitskurs ermittelt (der »Kassakurs« oder das »Fixing«), für Börsenmakler werden laufend neue Kurse ermittelt, man spricht von variablen oder »fortlaufenden« Notierungen.

Im Prinzip ist es möglich, daß sich Aktienpreise sogar ohne Handel ändern. Dies geschieht, wenn sich die Erwartungen der Händler ändern und sie deshalb andere Preise für ihre Produkte nennen – ohne daß es zu einem Geschäft kommt. Auch in den

Finanzteilen der Zeitungen wird notiert, ob eine Aktie gehandelt wird, also ein Anbieter von Aktien einen Käufer fand, oder ob es sich bei dem dort angegebenen Aktienpreis um eine entweder nur angebotene oder nur nachgefragte Aktie handelt, die keinen Käufer bzw. Verkäufer fand. Zu den einzelnen Aktienpreisen wird bei nur angebotenen Aktien ein G (für Geld), bei nur nachgefragten ein B (für Brief), und bei völliger Preisunsicherheit ein T (für Taxe) angegeben, was bedeutet, daß der Preis nur geschätzt ist.

Damit *neue* Aktien auf den Markt kommen können, müssen diese zuerst einmal unter Interessenten verteilt werden. Die Bevölkerung wird via Werbung von dem Vorhaben informiert, daß von einer Firma eine vorher festgelegte Anzahl von Aktien verkauft werden soll. Der Preis dieser *rationierten* Aktien wird ebenfalls im Vorfeld in einem recht engen Rahmen festgelegt, wodurch der Preisbildungsmechanismus des Marktes bei der Durchführung der Emission außer Kraft gesetzt wird. Um die Aktien zu erwerben, müssen Interessenten die Aktien »zeichnen«. Wenn viele Interessenten vorhanden sind, kommt es regelmäßig zu einer »Überzeichnung« von Aktien. Im März 2000 wurden auf dem Neuen Markt durchschnittlich um den Faktor 50–70 mehr Aktien nachgefragt, als bei einer Neuemission angeboten wurden.[53] (Klein-)Anleger erhalten dann nur noch einen Teil der georderten Aktien, wie beim Börsengang der Deutschen Telekom, oder es werden Aktienpakete verlost, wie beim Börsengang der Elektronikfirma Infineon.

Am ersten Handelstag der Aktie an der Börse wird die Preisrestriktion gelöst, mit anderen Worten: Mit einem Schlag können sich Marktpreise einstellen, da jetzt die Marktmechanismen frei wirken können. Aufgrund der Rationierung der Aktien sind viele kaufwillige Anleger leer ausgegangen und wollen Anteile an dem attraktiven Objekt bereits am ersten Handelstag der Aktie an der Börse ergattern. Die Folge ist, daß die Kurse bereits einen Tag nach der Emission in die Höhe schießen und binnen Tagesfrist mitunter um 400 % steigen – wie z.B. bei den Firmen CE Computer oder Biodata. Auch nach dem Ende der Aktienrallye im März 2000 wurden Aktien bei Neuemissionen deutlich überzeichnet, wodurch sich selbst während einer Phase generell stagnierender oder sogar fallender Aktienkurse durch Zeichnung neuer Aktien deutliche Gewinne erzielen ließen.[54] Hier zeigen sich an der Börse völlig allgemeingültige Marktmechanismen. Wenn beispielsweise die Preise knapper Lebensmittel staatlich festgelegt sind, bilden sich vor den Geschäften Schlangen. Wird das Gesetz aufgehoben, explodieren die Preise der Lebensmittel, man kann sie sich nicht mehr leisten und es bilden sich keine Schlangen mehr. Noch immer sind zu wenig Lebensmittel vorhanden, aber vor allem im Fall der freien Preisbildung gibt es einen erheblichen Anreiz, für deren vermehrte Herstellung zu sorgen. Die Schlußfolgerung ist ebenfalls auf den Aktienmarkt übertragbar: Sind stark nachgefragte Aktien im Handel, hat das Unternehmen einen großen Anreiz, neue herauszugeben.

Die Dividendenrendite

Das Verhältnis von Dividende und Kurswert einer Aktie, die sog. »Dividendenrendite«, ist ein häufig verwendeter Parameter, mit dessen Hilfe man entscheiden kann, ob Aktien teuer oder billig sind. *Unter der Annahme*, daß die Aktienkurse nicht steigen bzw. die Anleger nicht auf steigende Kurse spekulieren, sind Aktien nur aufgrund ihrer Dividende rentabel.[55] Beträgt die mittlere jährliche Verzinsung von Staatsschuldverschreibungen z.B. 5 %, so wird der Anleger auch von seinen Aktien eine Dividendenrendite von mehr als 5 % (und einen angemessenen Risikozuschlag) auf sein eingesetztes Kapital erwarten – anderenfalls sind die Aktien für ihn weniger rentabel als z.B. Staatsschuldverschreibungen.[56] Denn der Anleger in Aktien trägt zwei große Risiken, für die er einen Risikozuschlag erhalten möchte: Der zukünftige Gewinn des Unternehmens kann genauso einbrechen wie die Aktienkurse.

Aktien werden natürlich gekauft, um Kurssteigerungs- *und* Dividendengewinne zu erzielen. Sucht man die optimale Strategie, um maximale Gewinne zu erzielen, stehen einem Tausende von Anlageberatern zur Verfügung. Solche Ratgeber lesen sich beispielsweise folgendermaßen: Hätte man jedes Jahr zwischen 1951 und 1994 in den USA Aktien gekauft, die den Querschnitt des S&P-Index (vgl. Kapitel 1.2) repräsentieren, so wäre man gut gefahren (+11,4 % pro Jahr). Doch noch besser wäre es gewesen, jährlich die Aktien von 50 Unternehmen mit dem niedrigsten Kurs-Umsatz-Verhältnis des Vorjahres zu kaufen (+16 % pro Jahr).[57] Natürlich beziehen sich alle Aussagen zu optimalen Anlagestrategien stets auf die Vergangenheit. Vor 50 Jahren konnte man nicht wissen, ob diese Strategien gut oder schlecht sein werden, und auch über Kurssteigerungen und Dividenden in der Zukunft kann die Strategie nichts aussagen. Außerdem wird die Inflation dabei verschwiegen – im Jahresmittel etwa 5 %. Größte Manipulationsmöglichkeit ist natürlich die Wahl eines »netten« Zeitabschnitts: Hätte der Anlageberater als Zeitraum 1957–1985 gewählt (vgl. Abbildung 6b auf Seite 165), wären die Kurssteigerungen inflationsbereinigt Null gewesen – genauso wie zwischen 1936 und 1982, einem Zeitraum von 46 Jahren!

Wenn Aktien auch aufgrund ihrer Dividende gekauft werden, sollten sie auf das Realzinsniveau (Zinssatz abzüglich der Inflationsrate) sehr sensibel reagieren: Bei steigenden Realzinsen (etwa auf Festgelder) müssen Aktien billiger werden, da Kapital, angelegt als Festgeld auf einer Bank, im Vergleich zu Aktien rentabler wird und deshalb Anleger ihre Ersparnisse umschichten und Aktien verkaufen. In Zeiten hoher Realzinsen müßte auch die Dividendenrendite steigen, in Zeiten niedriger Realzinsen könnte sie hingegen etwas kleiner ausfallen, um für den Anleger noch lukrativ zu sein. Falls eine Steigerung der Realzinsen nicht zu Reaktionen der Aktienkurse führt, spielt die Dividendenerwartung der Marktteilnehmer offensichtlich keine Rolle mehr, und es wird nur noch auf höhere Kurse spekuliert. Dagegen beobachtet man während der jüngsten Aktienrallye beliebige Reaktionen auf eine Veränderung der Zinssätze durch die Zentralbanken. Dadurch muß sich das Realzinsniveau aber überhaupt nicht verändern, da Zentralbanken im allgemeinen nur in Zeiten steigender Inflation die Zinsen erhöhen werden und die Differenz daraus gleich bleiben und sogar sinken kann. Die Zinserhöhungen im Laufe des Jahres 1999 in den USA sowie in Deutschland führten zu keinen Reaktionen an den Börsen; die Zinserhöhungen im Jahr 2000 brachten die Anleger zumindest ein Stück weit zur Räson und zumindest einige Aktienkurse wieder auf »vernünftige« Werte zurück.

Um anzuzeigen, ob Aktien billig oder teuer sind, verwendet man häufig auch das sog. Kurs-Gewinn-Verhältnis (KGV). Dies ist definiert als Verhältnis des Aktienkurses zum Unternehmensgewinn je Aktie. In Zeitungen gibt man zumeist das Verhältnis des Aktienkurses zum *geschätzten* Gewinn des laufenden Geschäftsjahres an – mit der Folge, daß eine hohe Gewinnschätzung die Aktie natürlich billiger erscheinen läßt und deshalb lieber zu hoch als zu niedrig geschätzt wird. Wenn ein Unternehmen seinen kompletten Gewinn als Dividende ausschüttet und keine Rücklagen bildet, so ist das KGV gerade der Kehrwert der Dividendenrendite. Kostet beispielsweise die Aktie eines solchen Unternehmens 200 DM und beträgt der Unternehmensgewinn pro Aktie 10 DM, so beträgt das KGV 200/10 = 20, die Dividendenrendite dagegen 10/200 = 0,05 = 5 %.

Spekuliert man nicht auf Kurssteigerungen, so muß bei etablierten Unternehmen das KGV kleiner als 15 sein, da nur dann die Dividendenrendite marktübliche Werte erreichen kann. Bei jungen Unternehmen, deren Gewinne in Zukunft noch stark steigen werden, können auch höhere KGV's gerechtfertigt sein. Doch vor der »Kurskorrektur« im Sommer/Herbst 2000 waren die Kurs-Gewinn-Verhältnisse zahlloser Unternehmen im Neuen Markt dreistellig, z.B. bei EM.TV, Mobilcom, Intershop, und sogar vierstellig, wie bei Pixelpark, TeldaFax oder Telegate. Selbst bei hohen Gewinnsteigerungen in den nächsten Jahren lassen sich solche Werte nicht rechtfertigen. Natürlich sind Aktien mit geringem KGV nicht *automatisch* attraktiv – z.B. weil in Zukunft keine Gewinne mehr zu erwarten sind.[58]

Während der Krise in Rußland (vgl. Illusion 11) stürzten alle Unternehmen gleichermaßen ab – die Erwartungen in High-Tech-Unternehmen wurden ebenso getrübt wie die in herkömmliche

Betriebe. Offenbar erwarteten die Börsianer eine generelle Verschlechterung der Zukunftschancen. Nach dem kurzen Kurseinbruch konnten sich manche der Unternehmen von den Kursverlusten erholen, andere nicht. Dies lag jetzt nicht mehr an veränderten Zukunftserwartungen, sondern an einem zu geringen Interesse der Medien an einigen Unternehmen, und so blieb die Kaufeuphorie für deren Aktien aus. Dies ist ein Hinweis darauf, daß Aktienkurse während einer Aktienrallye aufgrund zufälliger Stimmungen und nicht nur aufgrund bestimmter Ertragslagen oder Zukunftschancen fallen oder steigen.

Während einer Aktienrallye explodieren die Kurse modischer Unternehmen nach einem Börsengang nicht selten auf absurde Weise. So legte Sixt in 24 Monaten um 670 % zu, Mobilcom in 14 Monaten um 1261 % und EM.TV im Verlauf des Jahres 1998 um 3345 % bzw. von 27,75 Euro auf 956 Euro pro Aktie. Die letztgenannte Firma, an der auch »Medienzar« Leo Kirch beteiligt ist, hatte im Juni 1998 eine Aktienkapitalisierung von 920 Mio. Euro bei einem Umsatz von 41 Mio. Euro, doch erhöhte sich der Börsenwert des Unternehmens bis zum Februar 2000 weiter auf über 14 Mrd. Euro – mehr als die Lufthansa zu diesem Zeitpunkt wert war.

Im März 2000 hatten die Aktien des größten Internet-Händlers der Welt, Amazon.com, einen Wert von 26 Milliarden Euro, obwohl das Unternehmen bei einem Umsatz von 2,5 Mrd. Euro 1999 Verluste von einer halben Milliarde Euro einfuhr. Eine ebenso modische Aktie war die von Yahoo, dem größten Internet-Portal. Sein Kurs-Gewinn-Verhältnis betrug zeitweise 543. »Schon mit wenigen Milliarden Euro könnte man ... Yahoo nachbauen« – trotzdem waren die Aktien des Unternehmens über 90 Mrd. Euro wert.[59] Sobald ein Unternehmen mit Telekommunikation, Computern oder dem Internet zu tun hatte, wurden seine Aktien von allein teurer. Deutsche Telekom (KGV = 136), SAP (KGV = 71) und Infineon (KGV = 62) sind nur drei weitere Beispiele für Unternehmen, für deren Aktien aufgrund von Technologiebegeisterung völlig überhöhte Preise bezahlt wurden.[60] Dagegen waren die Werte der herkömmlichen, im DAX notierten Unternehmen nicht so

Kurs-Gewinn-Verhältnis

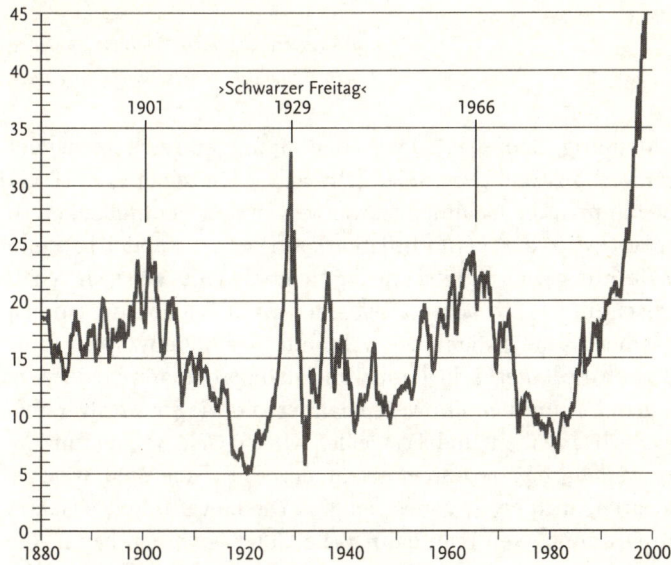

Abbildung 3: Das Kurs-Gewinn-Verhältnis des S&P-Aktienindex zwischen 1881 und 2000. Es fällt auf, daß dieses Verhältnis nur sehr selten größer als 20 war. Welche Bedeutung wohl der Ausschlag am rechten Bildrand haben könnte? Der Aktienindex selbst ist auf Seite 164 abgebildet. Datenquelle: Homepage von Robert J. Shiller, www.econ.yale.edu/~shiller.[61]

hoch. Das Kurs-Gewinn-Verhältnis betrug im Durchschnitt 28 – immer noch deutlich zu hoch für angemessene Dividenden. Der amerikanische S&P-Aktienindex verzeichnete zwischen den Jahren 1881 und 2000 nur in den sehr kurzen Zeiten direkt vor dem Höhepunkt einer Aktienrallye Kurs-Gewinn-Verhältnisse von mehr als 20 (Abbildung 3). Und obwohl die Aktienkurse seit März 2000 sinken oder stagnieren, liegt das KGV auch zwei Jahre später noch immer fast bei 40: die Gewinnerwartungen der Unternehmen sanken schneller als deren Aktienkurse. Dies deutet darauf hin, daß die Kurse noch für einige Zeit sinken dürften.

Der kleine Unterschied zwischen Aktien- und Geldvermögen

> »Muss ich jetzt auch Millionär werden?«
> *Überschrift in der »tageszeitung«, 21.2.2000.*

Die Meinung, dem Wert der Aktien stünde ein entsprechender Gegenwert an Geld gegenüber, läßt sich leicht widerlegen. Dazu betrachte man die Geldmenge, welche von den Zentralbanken so gesteuert wird, daß keine Inflation auftritt (vgl. Kapitel 1.1), und deshalb nur geringfügig schneller steigt als eine Volkswirtschaft durchschnittlich pro Jahr wächst – auf jeden Fall aber wesentlich langsamer als die Aktienkurse während einer Aktienrallye.

Sparen bedeutet, sein Kapital in Finanzprodukten anzulegen, die einen bestimmten Endwert garantieren – wie etwa festverzinsliche Staatsanleihen und Festgelder. Unser Geldsystem funktioniert, weil wir das Vertrauen haben, daß es für das Geld, welches wir sparen, auch etwas zu kaufen gibt. Die Bewertung des Geldes ist in Ordnung, weil man dafür reale Güter erwerben kann. Alle wissen dies, und deshalb vertrauen wir auch darauf, daß es funktioniert. Das Risiko, daß es zu einem Vermögensverlust, z.B. aufgrund eines Staatsbankrotts, kommt, ist in den heutigen Industriestaaten (solange sie bestehen) nahe Null. Und falls eine Bank in Schwierigkeiten kommt, garantieren Einlagensicherungsfonds für die Sparguthaben der Anleger (seit 1998 sind Einlagen bis 20 000 Euro grundsätzlich garantiert).[62]

Offenbar muß man bei den Ersparnissen darauf vertrauen, daß nicht plötzlich alle etwas dafür kaufen wollen. Zwar existieren für die Geldvermögen reale Gegenwerte, diese können jedoch im allgemeinen nicht käuflich erworben werden. Doch solange keine externen Katastrophen das System attackieren, funktioniert es prächtig, weswegen alle Staaten der Erde dazu übergegangen sind, nicht mehr mit Gold, sondern mit Papiergeld zu handeln.[63] Nur ein gewaltiger Schock kann das Geldsystem zerstören, etwa wenn Menschen plötzlich die Banken stürmen. Doch die Wahrscheinlichkeit, daß plötzlich alle ihre Ersparnisse abheben und dafür etwas kaufen wollen, ist in Friedenszeiten zu vernachlässigen. Dann müßte die Zentralbank in ihrer Rolle als »Lender of last resort« Unmengen Geld drucken, und es käme unweigerlich zur Inflation. Die Jahrzehnte währende Stabilität des Geldsystems stärkt uns jedoch in dem Vertrauen, daß unsere Ersparnisse auf der Bank sicher aufgehoben sind und es zu keinem Bankenkrach kommen wird.

Aktien jedoch sind kein gesetzlich anerkanntes Tauschmittel, weswegen eine Aktienkultur von sich aus äußerst instabil ist. Ein realer, käuflich erwerbbarer Gegenwert in Höhe des Werts des Aktienvermögens existiert nicht.[64] Es gibt auch kein über Jahrzehnte gewachsenes Vertrauen, wie im Falle einer Währung. Es gibt kein Vertrauen in die Zukunft der Aktienkurse, und das kann es auch nicht geben. Denn den Akteuren ist durchaus bewußt, daß Börsenkurse nicht von einer Zentralbank garantiert werden. Eine Aktie ist kein Zahlungsmittel, weswegen im Krisenfall immer eine Flucht ins Geld oder in andere Vermögenswerte stattfindet. Der Wert der Aktien wird zwar in »Euro« angegeben, doch ist das nur die Recheneinheit als »Wertmesser«. Der Gegenstand »Aktie« ist kein »Tauschmittel«, während dies gerade die zentrale Funktion von Geld ist.

Die Geldmenge wird von sinkenden oder steigenden Aktienkursen natürlich nicht beeinflußt, da der Kauf bzw. Verkauf von Aktien mit vorhandenem Geld abgewickelt wird, das nur den Besitzer wechselt. Wie trügerisch der Glaube an eine wundersame Geldvermehrung ist, die an den Börsen stattfinden soll, mache man sich mittels eines einfachen Gedankenspieles bewußt: Angenommen, es gibt 10 Aktionäre, von denen jeder jeweils eine Aktie der X-AG im Wert von 100 DM hält. Die Aktien haben also insgesamt einen Wert von 1000 DM. Nun will einer der Aktionäre sein Aktiendepot aufstocken und gibt deshalb bekannt, daß er eine weitere Aktie für 110 DM erwerben will. Ein anderer Aktionär geht auf das Angebot ein, eine Aktie und 110 DM wechseln den Besitzer. Daraufhin sind mit einem Schlag alle Aktien 110 DM wert, obwohl insgesamt nur 10 DM Aufpreis bezahlt wurden. Der Wert der Aktien stieg um volle 100 DM, obwohl nur 10 DM *innerhalb* des Kreises der Aktionäre den Besitzer gewechselt haben. Die *Geld*vermögen der Aktionäre sind durch diesen Prozeß natürlich nicht gestiegen.

Der Gegenwert an Geld, den die Summe aller existierender Aktien beim Verkauf ergeben würde, ist schlicht nicht vorhanden. Dies ist natürlich ein hypothetischer Fall, denn wenn alle Aktionäre ihre Aktien verkaufen wollten, dann würde der Wert der Aktien auf Null sinken. Doch viele Anleger gehen fälschlicherweise davon aus, daß sie soviel »Geld in Aktien« besitzen, wie ihre Aktien »wert« sind. Sie glauben felsenfest, daß sie ihre Aktienersparnisse jederzeit in Bargeld umtauschen können und dieses danach als Guthaben in Geldkapital auf Sparbüchern weiterwachsen wird. Das dafür notwendige Geld existiert jedoch nur dann, wenn den Verkäufern von Aktien auch Käufer gegenüberstehen, was natürlich nur der Fall ist, wenn lediglich einige wenige Aktionäre ihre Aktien in Bargeld umtauschen.

Wenn der Kursanstieg nicht mehr nachvollziehbar ist

Die Dividendenrendite liegt in Zeiten eines Börsenbooms bei nahezu allen Aktien viel zu niedrig, als daß sich durch die Dividendenzahlungen marktübliche Zinsen auf eingesetztes Kapital erzielen ließen. Vorwiegend am Neuen Markt kletterten die Kurse in den Himmel, obwohl die Firmen niemals einen Gewinn erwirtschaften werden, der die Kurse rechtfertigt – zu absurd sind die Bewertungen. Deshalb geistern zahllose fadenscheinige Begründungen durch die Presse, warum Aktienkurse viel höher sein können und die Unternehmen trotz der geringen Dividendenrendite nicht als »überbewertet« zu gelten hätten.

Vergleiche mit gesamtwirtschaftlichen Entwicklungen erlauben jedoch einfache Aussagen, wann Entwicklungen eine merkwürdige Eigendynamik bekommen. Es ist zwar keineswegs möglich, einen »wahren« Aktienkurs anzugeben, aber falsche Größenordnungen und Steigerungsraten lassen sich erkennen. Spekulative Blasen müssten nicht erst nach ihrem Platzen auffallen – ein

Vergleich der Kurssteigerungen mit den Steigerungsraten von Bruttoinlandsprodukt, Produktivität, Kapitalstock, Geldmenge oder Gewinn deuten stets darauf hin, daß es sich in der zweiten Hälfte der 90er Jahre in Europa und den USA um ein allgemeines Börsenfieber gehandelt hat.

Vergleicht man die Wachstumsraten der Börsenkurse mit den Wachstumsraten der Wirtschaftsleistung verschiedener Industriestaaten, so stellt sich heraus, daß die extrem steigenden Aktienkurse auch hiermit nicht begründet werden können: Die Steigerung der Wirtschaftsleistung der Industriestaaten betrug zwischen 1980 und 1997 62 %.[65] Im selben Zeitraum stieg der Wert aller Aktien dieser Länder um 1388 % und der Wert der DAX-Aktien um 1160 %. Somit sind die Kurssteigerungen nicht mit einem Wachstum der realwirtschaftlichen Sphäre zu begründen. Denn auch die Wertschöpfung bzw. der Umsatz der Aktiengesellschaften steigt im Durchschnitt nicht viel schneller als unser Bruttoinlandsprodukt – welches sich jährlich um etwa 2 % erhöht.

Solange es den Anlegern um die Dividendenzahlungen geht, leuchtet ein, daß die Aktienkurse (bei konstanten Zinsen) sinnvollerweise ähnlich wie die Unternehmensgewinne steigen sollten, da dann die Dividendenrendite konstant bleibt.[66] Nimmt man noch die Zukunftserwartungen mit hinzu, so sollten die Aktienkurse nicht schneller steigen als die erwarteten Gewinne. Diese *zukünftigen* Gewinne kennt man natürlich nicht, doch die Gewinne der im DAX vertretenen Unternehmen stiegen zwischen 1980 und 1997 nur um 188 % an, mithin also weniger als ein Sechstel so stark wie die Aktienkurse.[67] Wenn man behauptet, Aktien seien lediglich Hoffnungswerte und ihr Preis hätte sehr viel mit den Erwartungen der Aktionäre hinsichtlich der Zukunft der Unternehmen zu tun, so muß man im nächsten Schritt fragen, ob die Kursanstiege überhaupt etwas mit zukünftigem Wachstum oder Gewinnsteigerungen zu tun haben *können*. Denn sonst lassen sich hohe Preise für Aktien nur durch »Liebhaberei« rechtfertigen – ähnlich der hohen Preise für seltene Briefmarken.

Wieviel Erwartung verträgt die Zukunft?

Um welchen Betrag können Unternehmen in Zukunft ihre Gewinne höchstens steigern? Hier wird die Diskussion natürlich schwierig; denn einerseits wissen wir wenig über die Zukunft, andererseits stellt sich die Frage, welche Zeiträume man betrachten soll. In der Presse spricht man von »kurz-, mittel- und langfristig« guten oder schlechten Perspektiven, die Unternehmen hätten, und meint damit ungefähr Ein-, Drei- und Zehnjahreszeiträume. Festzuhalten bleibt, daß es um eine nicht allzu ferne Zukunft gehen kann, denn sonst wären Wahrsager gefragter als Analysten.

Was kann passieren? Zwei Möglichkeiten sind zu diskutieren, wie Unternehmen ihre Kapitalrenditen (das eingesetzte Kapital bezogen auf den Unternehmensgewinn) steigern können.

1. Produktivitätssprünge können zu Gewinnsprüngen führen, da z.B. Rationalisierungsmaßnahmen bei der Herstellung bestehender Produkte zu deutlichen Effizienzsteigerungen führen.
2. Es können sich neue Produkte und Technologien durchsetzen, die bisher völlig unbekannt sind.

Daß ein Produktivitätssprung die Gewinne erhöht, zeigt beispielsweise der Vorgang der Rationalisierung. Hierbei werden Maschinen gekauft, die schneller und billiger dasselbe produzieren wie zuvor Menschen. Eine Steigerung der Produktivität führt damit zu einer Steigerung der Gewinne. Zugleich befinden wir uns in einem Markt, und wenn andere Unternehmen erkennen, daß sich irgendwo viel Geld verdienen läßt, werden sie in dieses offenbar hochprofitable Marktsegment einsteigen und mit dem erfolgreichen Unternehmen konkurrieren, was z.B. zu einem Sinken der Produktpreise (oder auch zu einem Anstieg der Investitionsgüterpreise) führen kann. Dadurch sinkt das Gewinnniveau wieder ab – bis sich die Kapitalrenditen an die der gesamten Volkswirtschaft angeglichen haben. Wäre dies nicht so, würde irgendwann nur noch das gewinnträchtigste Produkt hergestellt werden.

Legt man die Erhöhung der Kapitalrenditen von Unternehmen als Begründung für steigende Aktien zugrunde, so sollten Aktienkurse *kurzfristig* nicht stärker steigen als die Produktivität in einem Wirtschaftszweig, da die Gewinne nicht stärker steigen können als die Produktivität – außer bei Lohnsenkungen oder einem Verdrängungswettbewerb, der Unternehmen Preiserhöhungen ermöglicht, ohne Marktanteile zu verlieren. Produktivitätssprünge in einem Teilbereich der Wirtschaft können jedoch nicht zu *dauerhaften* Gewinnsprüngen in diesem Marktsegment führen; vielmehr nähern sich die Kapitalrenditen der Volkswirtschaft an. Die langfristige Gewinnerwartung an hochproduktive Wirtschaftsbereiche sollte also nicht höher sein als die Gewinnerwartung der durchschnittlichen zukünftigen Gewinne der gesamten Volkswirtschaft. Und hierin gehen die Gewinne von Handwerksbetrieben ebenso ein wie die personenbezogener Dienstleistungen, deren Produktivität häufig nur über einen schlechteren Service zu steigern ist. Langfristig sind höchstens geringe Änderungen der durchschnittlichen Kapitalrendite zu erwarten – explodierende Aktienkurse sind so nicht zu rechtfertigen.

Aber auch neuartige Technologien können langfristig nicht zu einer entscheidenden Erhöhung der Kapitalrenditen führen. Neue Technologien betreffen bestimmte Zweige der Wirtschaft, die dadurch einen Boom erleben. Doch obwohl seit Jahren permanent von Informationstechnologien gesprochen wird und diese Branchen der Wirtschaft tatsächlich hohe Wachstumsraten aufweisen, sind sie bei weitem nicht alles. Jemand baut Bürotürme, ein anderer baut die Plastikgehäuse der Computer, und noch immer arbeiten Menschen in der Nahrungsmittelindustrie. Im Bereich der Informationstechnologie (IT) werden derzeit rund 5 % des BIP erwirtschaftet[68]; somit ist deren Einfluß auf die durchschnittlichen Gewinne eher gering. Da sich die Kapitalrenditen angleichen, werden sich die Gewinne in der IT-Branche reduzieren. Sonst würden die Beschäftigten aus allen anderen Wirtschaftszweigen dorthin abwandern und neue Unternehmen gründen.

Hoffnung auf starkes Produktivitätswachstum?

Warum die Unternehmensgewinne nicht stark steigen können, erkennt man auch mit Hilfe einer anderen Überlegung:

Eine Steigerung der Unternehmensgewinne kann ohne Umverteilung (niedrigere Löhne) oder Verdrängungswettbewerb nur von einem Wachstum der Volkswirtschaft herrühren. Das Wirtschaftswachstum ist jedoch die Summe aus dem Produktivitätswachstum und dem Wachstum der geleisteten Arbeitsstunden.[69] Die Zahl der Arbeitsstunden wird sich in einem mittleren Zeithorizont höchstens im Bereich von einigen wenigen Prozentpunkten jährlich verändern[70] (konstante Erwerbstätigkeit, konstante Arbeitszeit). Somit müßten explodierende Aktienkurse mit einer erwarteten Explosion der Produktivität der Aktiengesellschaften erklärbar sein. Diese steigt zwar in Zeiten eines wirtschaftlichen Aufschwungs schneller an, nimmt jedoch in Krisenzeiten auch schneller ab als die gesellschaftsweite Produktivität. Doch obwohl die mittleren Produktivitätssteigerungen von Aktiengesellschaften leicht oberhalb des Mittelwerts der Volkswirtschaft liegen, verläuft der Anstieg trotzdem wesentlich langsamer als der Kursanstieg der Aktienkurse.

Außerdem ist ein *Anstieg* des Produktivitäts*wachstums* auf höhere Werte nicht wünschenswert. Produktivitätswachstum führt zu Strukturwandel; dieser muß langsam vonstatten gehen, sonst werden die ökonomischen und sozialen »Reibungsverluste« höher als die Gewinne, wie in Illusion 12 noch näher beschrieben wird. Beschleunigtes Produktivitätswachstum ist auch kaum mehr realisierbar, da das Produktivitätswachstum nur durch überproportional steigende Investitionsausgaben weiter wachsen kann und sich die Investitionsquote nur über eine Erhöhung der Sparquote vergrößert (Kapitalimport einmal außer Acht gelassen). Eine Veränderung der Sparquote ist ohne Zwang jedoch nur sehr langsam möglich, derzeit sinkt sie sogar.

Ein übermäßiger Anstieg der Unternehmensgewinne, der die hohen Aktienkurse verständlich machen könnte, ist nicht abzusehen. Falls Menschen wirklich zukünftige Gewinne der Unternehmen in der Höhe erwarten, wie sie sich in spekulativ überhöhten Aktienkursen widerspiegeln (da die Aktien »Hoffnungswerte« sind), so werden sie enttäuscht werden – die Realität steht dem entgegen.

Reichtum in Aktien: Wozu noch sparen?

Wie zu Beginn dieser Illusion gezeigt, driftetetn Geldmenge und die theoretischen Ersparnisse in Aktienkapital während der Aktienrallye zwischen 1996 und 2000 immer weiter auseinander. Genau deshalb sind die Erwartungen der Anleger in die Zukunft falsch. Weil Marktteilnehmer meinen, hohe Ersparnisse zu besitzen, vermindern sie ihr Sparverhalten, da ja noch genügend »Geld in Aktienwerten« vorhanden ist. Anleger erhöhen also ihren Konsum aufgrund einer Diskrepanz zwischen der vorhandenen und einer »fiktiven« Geldmenge. Weiterhin rechnen Anleger mit einem fiktiven, zukünftig erwarteten Vermögen, welches sich aus dem Wert der Aktien, die sie im Moment besitzen, ergibt, zuzüglich eines Spekulationsgewinns, der so hoch angesetzt wird, wie er in der nahen Vergangenheit ausgefallen ist – die Sparquote sinkt noch weiter.

Beispielhaft erkennt man in den USA die Effekte einer Aktienhausse: Parallel zu einem starken Anstieg der Aktienpreise steigt auch die Inlandsnachfrage an, die Leute fühlen sich reich und konsumieren. Gleichzeitig steigt die private Verschuldung an und die Sparquote sinkt. Auch die Wirtschaft besorgt sich mehr Geld. Das führt zu einem enormen Leistungsbilanzdefizit von mittlerweile 4 % des US-amerikanischen BIP von 9500 Mrd. US-Dollar, welches bedeutet, daß das Land jährlich in diesem Umfang im Ausland neue Kredite aufnimmt oder Ausländer amerikanische Besitztitel erwerben. An dem Zusammenwirken dieser Kenngrößen sieht man recht deutlich die veränderte Mentalität der Bevölkerung aufgrund einer Aktienkultur. Alle sind guter Dinge, man spart nicht mehr, sondern konsumiert, verschuldet sich und träumt vom sorglosen Leben. »Und wenn die Ersparnisse nicht reichen, läuft der Zock eben auf Pump« – Privatleute nahmen in den USA während der Aktienrallye um 1999 *mindestens* 265 Mrd. Dollar an Krediten auf, nur um damit an der Börse zu spekulieren.[71] Bei fallenden Aktienkursen ergeben sich dann natürlich gewisse Schwierigkeiten ...

Die Neigung, weniger zu sparen, ist statistisch leicht nachzuweisen; so fällt in den USA die private Sparquote seit 20 Jahren fast kontinuierlich und fiel Ende des Jahres 1998 das erste Mal seit den 30er Jahren negativ aus.

Aber auch in Deutschland ist sie seit vielen Jahren rückläufig. Zwischen 1996 und 2000 verringerte sie sich von 10,8 % auf 9,7 %. Noch 1992 lag sie bei 12,9 %; seit dieser Zeit liegt die Zunahme des privaten Konsums immer höher als die Zunahme des Volkseinkommens.

Steigender Aktienbesitz ist nicht gleich Sparen, eine Wertsteigerung der Aktien ist keine Zunahme der Geldvermögen. Erst dann, wenn man die Aktiengewinne in bare Münze umgewandelt hat, kann man sich beruhigt zurücklehnen. Und es ist eben ein gewaltiger Unterschied, ob *ein* Aktionär das tut, oder alle!

Illusion 2
»Die Börse ist ein effizienter Markt«

Informationen oder Gefühle?

Daß das Börsengeschehen von Träumen und Irrationalitäten geleitet wird, erkennt man an den Gründen, weswegen Aktienkurse einbrechen. Dabei ist es recht belanglos, wie Unternehmen in Wirklichkeit dastehen – bei kippender Stimmung fallen alle, wie nach der »Börsenkorrektur« aufgrund der Rußlandkrise 1998. Börsenmakler beunruhigt die Ankündigung eines möglichen Amtsenthebungsverfahrens gegen Präsident Clinton, und die Kurse beginnen deshalb zu sinken. Die Affären eines Vorstandsmitglieds werden zur wichtigen Information für Börsianer – genauso wie die Affären eines Innenministers. Eine Wirtschaftskrise in einem Teil der Welt läßt in einem anderen Teil die Kurse steigen oder fallen, selbst wenn die realwirtschaftlichen Effekte kaum über die Grenzen der betroffenen Länder hinausreichen. Und betroffen sind dann neben Import- und Exportindustrie selbst die Aktien von Supermarktketten.

Die Angst, auf eine Information falsch zu reagieren, ist es, die die Kurse flattern läßt. Jede noch so unwichtige Information muß sofort in eine Handlung umgesetzt werden. Genau so wird denn auch Effizienz auf Finanzmärkten verstanden: Daß sich Informationen äußerst schnell im Kurs der Papiere wiederfinden und keiner durch einen Informationsvorsprung Gewinne machen kann. Die Volatilität bzw. Flatterhaftigkeit, die kurzfristigen Zitterbewegungen der Aktienkurse, sind ein Abbild dieser Effizienz.[72] Eine hohe Volatilität bedeutet, daß Informationen beim Marktteilnehmer ankommen, weil der Markt gut funktioniert. Will man aufgrund dieser Flatterhaftigkeit Gewinn machen, so muß man spätestens 30 Sekunden nach Bekanntwerden einer Information gekauft oder verkauft haben – in dieser Geschwindigkeit geht die Information in den Preis der Produkte ein.[73]

Ist die Börse ein effizienter Markt, *weil* alle verfügbaren Informationen sofort in den Preis hineininterpretiert werden und *weil* es deshalb nicht möglich ist, systematisch Gewinn aufgrund eines Informationsvorsprungs zu machen? Wäre es möglich, auf Finanzmärkten systematisch Gewinn zu machen, wären diese nicht effizient. Da es nicht möglich ist, könnte der Markt tatsächlich effizient sein. Zunächst muß jedoch festgestellt werden, daß dabei überhaupt keine Aussage darüber gemacht wird, welche Informationen gut oder schlecht, wichtig oder unwichtig sind. Anders ausgedrückt: »An der Börse werden keine Fakten gehandelt, sondern Meinungen über Fakten.«[74] Die Marktteilnehmer müssen die Fakten selbst bewerten – und sie versuchen bei jeder neuen Information, die Reaktion der anderen Anleger abzuschätzen. Die eigene Interpretation einer Information ist nur insofern gefragt, als ich wissen will, was denn die anderen denken, daß ich denke, daß sie denken ...

Das Treiben auf den Finanzmärkten erforscht man in dem interdisziplinären, zwischen Ökonomie und Psychologie angesiedelte Forschungszweig *Behavioral Finance*. Mit Hilfe zahlloser Experimente wurde wissenschaftlich belegt, daß der Mensch nur eingeschränkt rational handelt, viele psychologische Phänomene bei Anlegern zu nicht rationalem Verhalten führen und deshalb die Aktienkurse auch keinen »vernünftigen« Wert haben müssen. Dazu zählen z.B. folgende Phänomene:[75]

- Menschen erkennen bestimmte Dinge an und blenden andere aus – sie nehmen »selektiv wahr«.
- Menschen treffen Entscheidungen in Abhängigkeit von ihrem (sozialen) Umfeld und möchten Geschichten erzählen können.[76] So kaufen sie lieber Aktien des Unternehmens, in dem sie arbeiten, oder Aktien, über die viel geredet wird, weil sie so begründen können, warum sie das tun. Tiefgründige, abstrakte Analysen lassen sich schlecht erzählen; ihre Relevanz für das Anlegerverhalten ist deutlich geringer als die von Mundpropaganda; Anekdoten wird eine höhere Gültigkeit zugesprochen.
- Menschen glauben, daß sich bestimmte Kursbewegungen wie-

derholen und Muster ausbilden.⁷⁷ Hatte ein Trend eine gewisse Dauer (z.B. zwischen 1996 und 2000 fast ununterbrochen steigende Aktienkurse), so glauben sie an seine Fortsetzung.

- Aktien mit Verlust zu verkaufen heißt, sich eine Fehlentscheidung eingestehen zu müssen – was man sehr ungern tut. So glaubt man lieber, daß sich die Kurse wieder erholen werden, da *andere* Marktteilnehmer *ihre* Fehler erkennen werden.
- Wenn ein und dieselbe Information über ein Unternehmen auf unterschiedliche Art verbreitet wird, wird sie verschieden wahrgenommen; daraus resultieren unterschiedliche Handlungen der Anleger.
- Jeder Mensch reduziert die Komplexität eines für ihn relevanten Sachverhalts so lange, bis er damit umgehen kann. Er wird Aktien dann kaufen bzw. verkaufen, wenn er in *seinem* Sinne genügend Informationen hat. Die Annahme vollständiger Information, wesentlicher Baustein in der Theorie effizienter Finanzmärkte, ist nicht haltbar.
- Menschen glauben an Experten und an die herrschende Meinung. Daß es sehr schwierig ist, sich diesem Druck zu entziehen, wurde in der Psychologie bereits eingehend untersucht. Zum Beispiel: Zwei leere Restaurants stehen nebeneinander. Der erste Kunde des Abends trifft eine Entscheidung, welches er betreten will. Bereits der zweite Kunde wird von dieser Entscheidung beeinflußt werden – das noch leere Restaurant wird mit erhöhter Wahrscheinlichkeit leer bleiben. Auf den Aktienmarkt übertragen bedeutet dies, daß man darauf vertraut, daß steigende Kurse schon ihre Richtigkeit haben werden. Das drückt sich in der Börsianerregel »The Trend is your friend« aus: Man pfeift weitgehend auf Information und kauft, weil alle kaufen – sie werden schon wissen, warum.⁷⁸
- Menschen lassen sich umwerben. Wenn ein überflüssiges Produkt erst einmal bekannt ist, kann es zum ›Flächenbrand‹ kommen (z.B. Rollerblades). Auch wenn sich an der Auftrags- oder Gewinnsituation eines Unternehmens nichts ändert, kann geschickte Werbung den Aktienkurs steigern.

- Ein Glücksrad mit Ziffern zwischen 1 und 100 werde vor den Augen einer Versuchsperson gedreht. Anschließend soll die Person eine schwierige Aufgabe lösen, z.B. schätzen, ob der Anteil der Stimmen afrikanischer Staaten bei Entscheidungen der UNO größer oder kleiner als die Zufallszahl ist. Anschließend soll sie eine exakte Zahl nennen. Obwohl die Versuchsperson weiß, daß die Zahl auf dem Glücksrad keinerlei Bedeutung hat, wird dadurch das Ergebnis erheblich beeinflußt: Kleine Zufallszahlen senken die genannte Zahl, große erhöhen sie. Für Aktienmärkte bedeutet dies, daß der momentane Kurs (die letzte Zufallszahl) die Erwartung über den zukünftigen Kurs beeinflußt: Man geht von einem Kurs nahe des Gegenwärtigen aus und spricht einer Zufallszahl unbewußt einen Wahrheitsgehalt zu. So läßt sich beispielsweise die Kontinuität von Aktienkursen erklären, selbst wenn sie völlig überbewertet sind.[79]
- Selbst wenn institutionelle Anleger wissen, daß sich eine Spekulationsblase gebildet hat, können sie gezwungen sein, weiter in heillos überbewertete Aktien zu investieren. Denn wenn sich während einer Aktienrallye Fonds aus Aktien zurückziehen, die exorbitant steigen, so sinken ihre Profite im Vergleich zu anderen Fonds und sie werden aufgrund der Renditeerwartungen ihrer Kundschaft gezwungen, wieder einzusteigen – wider besseres Wissen.

Die Aufzählung ist natürlich unvollständig. Robert J. Shiller, Professor für Wirtschaftswissenschaften an der Yale University, hat über Phänomene, die zu eingeschränkt rationalen Handlungsweisen an der Börse führen, umfangreiche Forschungsarbeiten durchgeführt und in seinem Buch »Irrationaler Überschwang« zusammengefaßt. Auch Forschungen, die zeigen sollten, daß Finanzmärkte effizient sind, ergeben, daß Menschen allein in Ausnahmefällen rational handeln. In einer Phase neigen sie »... zu übertriebenen Preisreaktionen, in einer anderen Phase werden allgemein zugängliche und preisrelevante Informationen nicht zur Kenntnis genommen, weil der Markt im Banne eines singulären Sachverhalts steht.«[80] Angesichts des Börsenkrachs 1987 bemerkt der Wirtschaftsnobelpreisträger James Tobin: »Es sind keinerlei Faktoren erkennbar, die eine dreißigprozentige Wertschwankung bei Aktien[kursen im Verlauf von nur vier Tagen] hätten auslösen können«. Dazu schreiben William Nordhaus und der Nobelpreisträger Paul Samuelson in ihrem Standardlehrbuch: »Vor dieser Kritik verstummen die Theoretiker der Kapitalmarkteffizienz«.[81]

Informationen, die die Marktteilnehmer verarbeiten, werden im allgemeinen nicht rational verarbeitet. Überspitzt formuliert: Die Börse ist ein Markt, der in der ungefilterten Informationsflut erstickt – mit der Folge völliger Beliebigkeit und Unberechenbarkeit. Da es ums Geld geht, reagiert jeder irgendwie auf alles. Und diese Aussage gilt auch für die anderen Finanzmärkte, also z.B. für die Devisenmärkte. Doch war die Annahme der Effizienz eine Hauptrechtfertigung für die Deregulierungsmaßnahmen auf den Finanzmärkten.

Dennoch versuchen Anlageberater, Analysten und Fondsmanager mit hohem Energieeinsatz, hinter dem Auf und Ab der Aktienkurse realwirtschaftliche Entwicklungen zu erkennen. Gleichzeitig sind sie die Vollstrecker des Zweckoptimismus an der Börse, schon allein um den Unternehmen zu gefallen, deren Aktien sie zum Kauf empfehlen. Dabei starten sie zu rhetorischen Höhenflügen, um unbedarften Kunden zu erklären, warum diese oder jene Entwicklung »logisch«, »normal« oder »unverständlich« war. Ernsthafte Analysten wollen aus den Kursen – in Verbindung mit Nachrichten aller Art – etwas für die Zukunft lernen. Wenn aber die Aktienkurse eher wenig mit der Realität zu tun haben, dann sollten sich die allgemein anerkannten Börsenprofis selber besser nicht so ernst nehmen.

Die Erfolge professioneller Anlageberater folgen Trends – wenn fast alle Aktien steigen, liegen fast alle richtig. Man muß nur einen Affen mit Pfeilen auf eine Zielscheibe werfen lassen, auf welche man 100 Aktiengesellschaften notiert hat, und die getroffenen kaufen. Bei generell steigenden Kursen wird der Affe höchstwahrscheinlich gewinnen, im gegenteiligen Fall kann auch die Mehrheit der professionellen Manager ihre Fonds nicht im Plus halten. Mehr noch: In Schweden ließ man einen Affen (der Pfeile auf eine Zielscheibe warf) gegen einen Analysten antreten – der Affe gewann.[82] Dies ändert nichts daran, daß während einer Hausse Anleger mit ihrer Genialität prahlen. Bei generell sinkenden Kursen sind sie eher still.

Die Rückkehr des Neuen Marktes zur Realität

> »Viele Firmen, die früher zum Konkursrichter gegangen wären, gehen heute an die Börse!«
> *Kurt Ochner, Fondsmanager*[83]

Ein Zündfunke für die Aktienrallye am Deutschen Aktienmarkt zwischen 1996 und 2000 war die erfolgreiche Plazierung der Telekom-Aktie nach einer Werbeschlacht, die Hunderttausende Menschen in Aktionäre verwandelte. Der Anschlußtreffer war die Schaffung des Neuen Marktes als Börsensegment zur Bereitstellung von Risikokapital; ähnliche Börsensegmente gibt es mittlerweile überall auf der Welt. Mit unglaublicher Motivation versuchten Hunderte von High-Tech-Unternehmern, Ideen so reißerisch wie nur irgend möglich zu verpacken, um an das große Geld heranzukommen. Dies gelang über mehrere Jahre – doch irgendwann ging vielen Unternehmen das Geld aus, ohne daß sie die Gewinnzone erreicht hätten; außerdem häuften sich am Neuen Markt die Verfahren wegen Betrugs. So soll beispielsweise die Firma Infomatec Ad-hoc-Mitteilungen, in welchen Aktiengesellschaften über kursrelevante Entwicklungen berichten müssen, gefälscht haben.[84] Solange Geschäftsführer in Ad-hoc-Mitteilungen nur von fantastischen Gewinnhoffnungen oder Millionenverträgen schwärmen, die es vielleicht bald einmal geben könnte, ist dagegen nicht viel zu sagen. Kritisch wird es erst, wenn sie dies tun, um ihre Aktienkurse nach oben zu treiben, nur um danach Teile ihrer Aktien zu verkaufen.

Einen gründlichen Überblick über die Fehlleistungen am Neuen Markt kann man sich über die Internet-Adresse www.nemwax.de verschaffen. Dort findet man den »Nemax-all-waste-share-Index (etwa: Neuer Markt Abfall-Aktien Index), eine unabhängige Kritik des Neuen-Markt-Index Nemax. Die Unternehmen werden nach Kriterien sortiert: Firmen, die ihre Prognosen weit verfehlen, finden sich im »Märchenwald«, Hersteller nicht marktfähiger Produkte werden im »Schrottplatz« gelistet, der »Schuldenturm« gilt hochverschuldeten, das »Zuchthaus« hingegen Unternehmen, die trotz Inkompetenz und mangelnder Umsätze durch Schönfärberei und Heimlichtuerei versuchen, Anleger bei der Stange zu halten. Man bekommt ein Bild davon, wie Firmen rechnerisch zu negativen *Umsätzen* kommen, Prognosen hinauf und wieder herunter korrigieren und relevante Mitteilungen verschleppen.

Daß hier nicht übertrieben wird, belegt die Wertschätzung des Neuen Marktes durch die Anleger Ende 2001: Die Kurse liegen im Durchschnitt nur noch bei den Emissionswerten und haben sich somit innerhalb von eineinhalb Jahren gezehntelt.

Sind Insidergeschäfte verwerflich?

Probleme mit Insiderwissen gibt es schon immer: Bereits beim Südseeschwindel im 18. Jahrhundert verdiente sich die Führungsschicht so mancher Aktiengesellschaft eine goldene Nase an der Euphorie der Massen. Ist das Ausnützen naiver Geldgier ein Vergehen? Bereits bei Charles Mackays Schilderung längst vergangener Börseneuphorien klingt an, daß jeder Einzelne selbst schuld an seinem Ruin sei (vgl. Einleitung). Man braucht doch nur *nicht* die Optionsscheine zu zeichnen, die dazu berechtigen, in einer ungewissen Zukunft Anteile von der »Gesellschaft zur Durchführung eines überaus nützlichen Unternehmens, das aber noch niemand kennt«, zu kaufen.[85] Zugegeben, dies war die absurdeste Gesellschaft, die sich im Laufe der Aktieneuphorie um 1725 in England gründete; trotzdem wurde sie völlig ernsthaft durch ein Gesetz zur Begrenzung der Spekulation verboten – zusammen mit zahllosen anderen. Wenn sich die Spekulationswut erst einmal ausgebreitet hat, ist eben alles möglich.

In der Gegenwart wurde vor allem Egbert Prior bekannt, der in seiner Sendung »Prior Börse« auf 3sat Kursfeuerwerke bei der Softwarefirma Lobster Technology AG oder in der Sendung »3sat Börse« bei der Firma SCM Microsystems prophezeite. Aufgrund hoher Einschaltquoten gingen seine »Weissagungen« automatisch in Erfüllung – denn das Publikum glaubte seinem »Guru« und kaufte die empfohlenen Aktien. Wahrscheinlich durchschauten auch zahlreiche Zuschauer schon, welches Spiel da gespielt wird; denn wenn nur einige wenige die empfohlenen Aktien kaufen, so werden deren Kurse zwangsläufig steigen, schlicht weil die Handelsvolumina dieser kleinen Unternehmen gering sind und plötzlich die Nachfrage stark ansteigt. Nun wird Egbert Prior vorgeworfen, er würde die Börsenkurse manipulieren. Obendrein habe er sich vorher mit den empfohlenen Papieren eingedeckt. Nach seiner Werbesendung stiegen die Kurse an – und er verkaufte die Papiere mit hohem Gewinn wieder. Auch der (zwischenzeitlich verstorbene) Börsenguru André Kostolany greift in seinem Buch »Die Kunst über Geld nachzudenken« Prior scharf an, obwohl er eine Seite vorher im selben Kontext schreibt: »Wenn ich in ein Restaurant gehe, bestelle ich justament nicht das, was mir der Wirt empfiehlt, denn das will er loswerden. So verhält es sich auch mit 90 % der Börsentipps ...«[86]

Auch bei dem Kursfeuerwerk von EM.TV halfen Insider nach. Der Fondsmanager Kurt Ochner, ein Freund von Florian Haffa, dem Vorstandsvorsitzenden von EM.TV, war im Besitz von großen Aktienpaketen von EM.TV. Diese setzte er strategisch an der Börse ein, um die Kurse nach oben zu treiben. Wenn selbst von größeren Unternehmen nur wenige Aktien gehandelt werden, da sich nur wenige Aktien im Umlauf befinden, »reicht eine Order von weniger als einer Million Mark, um den Kurs innerhalb eines Tages um zehn Prozent nach oben oder nach unten zu drücken«, so Ochner.[87] Zum Entstehen völlig hohler Aktienkurse bedarf es der Gier vieler; soll jemand wirklich bestraft werden, weil er das ausnutzt?

Selbst die geduldigsten Investoren wollen irgendwann Gewinne sehen, bevor sie weiteres Kapital bereitstellen. So bekamen die jungen High-Tech-Unternehmen ab März 2000 immer größere Probleme; die Kurse brachen auf breiter Front ein und die Pleitewelle kam ins Rollen. Das Internet wurde langsam wieder zu einem Betätigungsfeld, auf dem dieselben Gesetze wie bei der

Zuckerfabrikation gelten. Ende Mai ging boo.com Pleite, eine britische Internet-Boutique, die 135 Mio. US-Dollar vorwiegend in Werbefeldzüge gesteckt hatte. Gleichzeitig verschwanden amerikanische Internet-Firmen wie Toysmart, Violet.com und CraftShop.com – die Liste ließe sich beliebig fortsetzen: Living.com, Pseudo und Pop.com machten dicht, das Internet-Portal Altavista strich ein Viertel aller Stellen, Food.com fast die Hälfte. Die Kurse vieler Unternehmen, etwa des Internetauktionshauses Ricardo, von musicmusicmusic oder IXOS, fielen auf weniger als ein Zehntel ihres Höchststandes. Selbst das Vorzeigeunternehmen EM.TV blieb nicht verschont – im Dezember 2001 notierte die Aktie bei nur noch 1 % ihres Höchstkurses. Als erstes Unternehmen am Neuen Markt in Deutschland meldete das Telekommunikationsunternehmen Gigabell Konkurs an, der Softwarekonzern Teamwork war das zweite; ähnlich das Treiben an der amerikanischen High-Tech-Börse NASDAQ: Selbst die Kurse von Branchenführern wie Amazon[88] halbierten sich in kürzester Zeit (wogegen die Verluste dieses ehemaligen Vorzeigeunternehmens weiter ansteigen). Die siegessichere und vor Kapital und Optimismus sprudelnde Branche wurde zurück in die Realität geholt – und riß auch ältere High-Tech-Betriebe wie den Mikroprozessorhersteller Intel und den Computerpionier Apple mit.

Blickt man zurück auf die Gründung des Neuen Marktes, so stellt sich die dortige Aktienrallye 1997–2000 als ein Prozeß dar, bei dem zahllose Unternehmen von den Anlegern subventioniert wurden. Und Subventionen fließen dorthin, wo am lautesten geschrien wird. Neue, nicht rentable aber modische Produkte und Dienstleistungen werden über die Hutschnur gelobt, Neues wurde des Neuen wegen entwickelt, und Werbeetats in Millionenhöhe sollten die nötige Kundschaft locken. Eine Risiko-Nutzen-Analyse war kaum mehr nötig, schließlich floß das Geld sowieso. Steigen die Aktienkurse zu langsam, nutzt man Insider-Kanäle: Analysten renommierter Banken empfehlen die Aktien, an denen die Banken selbst beteiligt sind – wie im Fall von Goldman Sachs und der Software-Firma IXOS.[89] Um das Gesicht zu wahren, streitet man jede Verbindung zwischen den verschiedenen Geschäftsbereichen der Bank ab.

Während des Booms am Neuen Markt sollte man nicht mehr von der »Bereitstellung von Risikokapital durch mutige Anleger« sprechen, sondern eher von einem blinden Hinterherschmeißen von Geld. »Kaum eines der 72 Einzelgespräche mit institutionellen Investoren dauerte länger als 20 Minuten«, berichtet der Spiegel über die Werbetour der Internet-Firma OneMain vor ihrem Börsengang.[90] Solches Handeln bezeichnet man in herkömmlichen Wirtschaftszweigen, die unter dem Druck stehen, rentabel sein zu müssen, und vor allem im staatlichen Bereich als Ressourcenverschwendung. Wenn Analysten von Merrill Lynch, einer führenden Investmentbank, behaupten, »75 Prozent der börsennotierten Firmen werden vom Markt verschwinden«, so liegt hier nichts anderes vor als ein riesiges Forschungsprojekt, vergleichbar mit der Mondlandung 1968, die der Menschheit zwar neue Technologien und Visionen bescherte, doch nach privatwirtschaftlichen Gesichtspunkten nicht rentabel war.

Am Neuen Markt gibt sich jeder Unternehmer möglichst seriös; er versucht einen Auftritt aufs Parkett zu legen, mit dem er noch mehr Kapital in seinen Internet-Start-up lockt. Niemals würde er auch nur sich selbst eingestehen, daß er die Ressourcen der Anleger verschwendet, sondern er glaubt an seine Geschäftsidee – und das ist auch gut so. Vor 30 Jahren hätten Staaten die Steuern angehoben, staatliche Investitionsprogramme zur Nutzbarmachung des Internets oder der Gentechnik aufgelegt und das Geld auf diese Weise an Unternehmen verteilt. Vielleicht wären auf diesem Weg noch mehr Mittel verschwendet worden und manch eine gute Idee gescheitert – wahrscheinlich aber auch manche sinnlose Idee frühzeitig fallen gelassen und manche Doppelentwicklung vermieden worden. Jedenfalls wäre der Ablauf des »Projekts Internet« oder »Biotech« ein gutes Stück ehrlicher gewesen. Um eine neue Technologie nutzbar zu machen, müssen Milliarden in den Sand gesetzt werden, gerade weil experimentiert wird und der Ausgang von Experimenten in vielerlei Hinsicht offen ist. Und genau in diesem Sinne wurden und werden die Anleger betrogen; denn sie bekamen und bekommen nicht zu hören, daß sie ihr Geld für ein Experiment hergeben, welches mitunter schlecht geprüft ist, in keiner Verknüpfung zu anderen ähnlichen Experimenten steht und obendrein vielleicht doppelt durchgeführt wird. Der schillernde Begriff »Risikokapital« sagt in Zeiten eines Börsenbooms nicht die Wahrheit. Er verschleiert die Nähe zur Ressourcenverschwendung. Da in der Folge der Börsenturbulenzen sinkende Aktienkurse auch die Gesamtwirtschaft nach unten zogen, sind Börseneuphorien wie die am Neuen Markt noch weitaus negativer zu sehen.

Entwicklungsprozesse durch eine Aktienrallye zu finanzieren, führt zu einem aberwitzigen Leistungsdruck und auf diese Weise zu Arbeitsbedingungen, die sich vom Malochen à la Manchester-Kapitalismus nur dadurch unterscheiden, daß die Angestellten von jungen Unternehmen selbst glauben, rund um die Uhr arbeiten zu wollen (die Arbeiter vor 150 Jahren hatten da mehr Realitätssinn). Auch auf rein ökonomischer Ebene wird sich zeigen, daß nach dem Ende der Aktienrallye selbst für mittlerweile lukrative Unternehmen wenig weiteres Kapital fließen wird. Wenn sich der Aktienkurs eines Unternehmens zehntelt, ist das Vertrauen der Anleger verloren. Selbst wenn der Kurs dadurch wieder in einer vernünftigen Größenordnung liegt, wird es lange Zeit dauern, bis das Unternehmen via Kapitalerhöhung an neue Mittel herankommt.

Die Gewinner werden auch bei der Entwicklung neuester Technologien die Großen sein. Wenn das Kapital der neuen Unternehmen verbrannt ist und der Gewinn immer noch nicht fließt, versuchen die Start-ups, bei den alten Riesen unterzukommen. So erkaufen sich Großkonzerne viel Know-how und neueste Technologien zu Dumpingpreisen, da die Drecksarbeit (die teure Entwicklungsarbeit) von den Start-ups schon erledigt wurde. Es gibt keine »New Economy« – außer Hochglanzbroschüren war wenig.

Illusion 3
»Spekulieren ist in vielen Bereichen notwendig und nicht schädlich!«

Keine Zukunft ohne Spekulation

Jeder Mensch ist Spekulant. Man investiert in die Zukunft und *vermutet*, daß sich die Investition rentiert. In was »investiert« wird, ist unerheblich – ob nun in die persönliche Gesundheit, indem man joggen geht, ob in die Beziehung zu seinem Partner, das Auto, die Umwelt. Stets unternimmt man etwas trotz unvollständiger Information – und so kann sich auch alles ganz anders entwickeln. Man nimmt ein Studium auf, ohne zu wissen, ob man in fünf Jahren in einem entsprechenden Beruf arbeiten kann, oder man baut eine Montagehalle auf, obwohl sich das dort zu fertigende Produkt als Flop erweisen könnte.

Von dieser Warte aus betrachtet unterscheiden sich die Investitionen von Unternehmen nicht sonderlich von denen aller anderen Menschen. Ein Unternehmer kann sein Risiko mindern, indem er z.B. eine AG gründet und Kapital sammelt. Dann streut er das Risiko auf viele Aktionäre und riskiert nur seinen Anteil am Grundkapital, nicht aber sein persönliches Vermögen. Unternehmensinvestitionen sind immer unsicher, Unternehmer daher Spekulanten, doch ohne deren Bereitschaft, Risiken zu tragen, sähe es im Bezug auf technologischen Fortschritt schlecht aus. Börsenspekulation hat damit wenig oder gar nichts zu tun, vor allem während einer Aktienrallye. Zwar spekulieren auch Anteilseigner, doch ist bei ihnen eine enorme Verschiebung der Qualität von Spekulation zu beobachten: fort von der *langfristigen* »Investition« und hin zu der Hoffnung, aufgrund irgendwelcher Trends *kurzfristig* Vermögen zu mehren. Was mit dem Geld, welches man »anlegt«, im einzelnen geschieht, interessiert – vor allem die meisten Kleinanleger – wenig oder gar nicht.

Es existieren viele Finanzprodukte, wie z.B. festverzinsliche

Anleihen,[91] bei deren Fälligkeit man einen vorher festgelegten garantierten Betrag ausbezahlt bekommt. Man kann mit diesen Papieren ebenfalls handeln und Kursgewinne erzielen. Denn wenn die Zinsen sinken, steigt der Kurs eines älteren, höherverzinsten Wertpapiers, da es attraktiver als ein neues, niedriger verzinstes wird. Aufgrund des festgelegten Wertes der Papiere, den sie bei Fälligkeit haben, sind den Kursen jedoch immer enge Grenzen gesetzt. Mit solchen Papieren kann man also nicht richtig spekulieren; dies geht immer nur mit Objekten, die keinen festgelegten Endwert besitzen. Darunter fallen Aktien ebenso wie Gemälde, Immobilien oder Tulpenzwiebeln. Die Unwissenheit über den Wert eines Objekts in der Zukunft macht Spekulation erst möglich.

Steigende Risikobereitschaft in der Gesellschaft

> »Menschen, die vor jedem Staubsaugerkauf Rat bei der Stiftung Warentest einholen, orderten in der vergangenen Woche für mehrere tausend Mark Infineon-Aktien.«
> *Der Spiegel, Nr. 11/2000.*

Ein Wirtschaftssystem, in welchem über die Maßen spekuliert wird, ist auf allen Ebenen des Wirtschaftsprozesses krisenanfälliger als ein gesundes System. Verursacht wird die Instabilität vorwiegend durch die Bereitschaft aller Akteure, immer risikoreicher zu operieren. Die Bereitschaft von Anlegern, sich zu verschulden sowie riskante Geldanlagen zu wählen, steigt durch das Entstehen einer Aktienkultur und gerade in Zeiten einer Aktienrallye stark an. Dadurch sinken natürlich die Kosten für Unternehmen, (Risiko-)Kapital zu erhalten. Diese niedrigen Kapitalkosten verlocken Firmen dazu, den Anteil riskanter Investitionen auszudehnen. »Die amerikanische Investitionsquote sprang in den letzten 6 Jahren von 13 % auf 18 % des BIP, ähnlich wie die Welle in den späten 80er Jahren in Japan. Wenn sich der Umfang von Investitionen während einer Spekulationsblase stark ausdehnt, so verschlechtert sich typischerweise die Qualität der Investitionen«.[92] Dies beobachtete man auch bei dem Börsenboom vor der Weltwirtschaftskrise, als in den USA sowie in Deutschland Produktionsanlagen aufgebaut wurden, die schon während der »goldenen zwanziger Jahre« nicht ausgelastet waren (näheres dazu in Illusion 6).

Obwohl Gesetze mittlerweile völlige Willkür verhindern, mischen Banken kräftig mit, wenn Spekulation hohe Gewinnchancen verspricht. Auch die traditionell konservativen Einrichtungen müssen, um im Klima des gestiegenen Konkurrenzdrucks zu bestehen, risikofreudiger operieren und Kredite auch bei geringerer Prüfung der Kreditnehmer vergeben. Banken finden schon immer Mittel und Wege, um deutlich höhere Gewinne als Kleinanleger zu erwirtschaften, wie z.B. ihr Engagement in Hedge-Fonds (vgl. Kapitel 1.4) deutlich zeigt. Da die Gewinne langsamer steigen als die Aktienkurse, lohnen sich viele Realinvestitionen weniger als spekulative Geschäfte, weswegen auch Industriebetriebe Risiken im Spekulationsgeschäft eingehen. Wenn trotzdem die Investitionsquoten steigen, so werden Investitionsentscheidungen (und damit verbundene Aktienemissionen) mitunter wegen der erwarteten Kurssteigerung (aufgrund der Popularität einer Investition) getätigt und weniger wegen zu erwartender Gewinne.

Übermäßige Aktienkurserhöhungen führen zu Verzerrungen von Preissignalen und zu einer Verschwendung von Ressourcen. Wenn Geld in Hülle und Fülle vorhanden ist, wird es eben zum Fenster hinausgeworfen. Solange die Kurse nicht fallen, können Investitionsruinen und Mißwirtschaft durch geschicktes Taktieren, gute Geschichten und Eigenkapitalerhöhungen leicht verdeckt werden, da sowieso niemand genau hinsieht. Bei sinkenden Kursen trennt sich dann die Spreu vom Weizen.

Die Veränderung der Menschen im Aktienfieber

Des Deutschen Ruf als »Bausparer« ist seit dem Börsengang der Telekom schwer beschädigt worden. Nach der Werbekampagne war nichts mehr wie zuvor; in Folge des Weckrufs fanden sich

»Hinz und Kunz« beim Anlageberater wieder. Und immer breitere Bevölkerungsschichten entdeckten: Geld macht Spaß, vor allem wenn man ihm beim »Arbeiten« zusehen kann.

Bei der Entstehung einer Aktienkultur verändert sich die Wahrnehmung und fokussiert sich auf Geld. Geld »machen«, Geld verdienen, ohne zu arbeiten, Geld optimal »arbeiten« lassen. Dadurch verändern sich auch unsere Anschauungen und Meinungen, denn auch solche Einflüsse gestalten unser Weltbild. So verändert sich das Wertebewußtsein einer Gesellschaft: »Geld machen« wird wichtiger.

Die Geschichte lehrt Selbiges immer und immer wieder: In Zeiten florierender Spekulation wurden mitunter Haus und Hof beliehen und Kredite aufgenommen, nur um an der »Karussellfahrt« teilnehmen zu können. Und solange dieses sich dreht, wird gern selbst das Vorhandensein von Armut geleugnet, wie zur Hochzeit der Tulpenmanie in Holland: »Hunderte von Menschen, die noch wenige Monate zuvor gezweifelt hatten, ob es so etwas wie Armut in ihrem Land überhaupt gebe, fanden sich unversehens als Besitzer einer Handvoll Knollen wieder, die niemand kaufen wollte.«[93]

Menschen, die gar keine oder nur sehr geringe Ersparnisse haben, werden noch mehr brüskiert als die Mittelschicht der Gesellschaft. Ein Arbeitnehmer, der kaum Ersparnisse hat, wird fassungslos zusehen müssen, wie in seinem Umfeld Menschen durch Nichtstun in kurzer Zeit um 10 000 DM reicher werden. Über solche Leute ohne Kapital schreibt etwa der Börsenguru André Kostolany: »Wer aber tatsächlich gar kein Geld hat, der muss zunächst ein wenig arbeiten, im bürgerlichen Sinne des Wortes«.[94] Anschließend treffen sich alle an der Börse und werden reich – so einfach ist das. Doch selbst *während* eines Börsenbooms wird man nicht reich, sondern höchstens noch reicher. Und in einer Wirtschaftskrise, beispielsweise ausgelöst durch einen Börsenkrach, tragen vor allem die ärmeren Schichten der Bevölkerung, darunter jene, die sich keine Aktien leisten können, die schlimmsten Folgen.

Erbarmungslos beeinflußt eine Aktienkultur selbst jene, die

sich schlicht weigern, mitzuspielen. Denn diese werden als »blöd« hingestellt und nicht für ganz voll genommen. Man muß sich regelrecht verteidigen, wenn man keine Aktien besitzt. Erst wenn man alle Vorbehalte über Bord schmeißt und selber mitmacht, ist wieder alles in Ordnung. Der Zwang zu konformem Handeln wird durch die Tatsache verschärft, daß es um das Geld der Menschen geht. Wenn jemand ohne eigenes Zutun um 10 000 DM reicher geworden ist, dann fällt es sehr schwer, demjenigen nicht nacheifern zu wollen. Geld ist wichtig, wir sollen alle mehr davon haben wollen, und deswegen ist es *vernünftig*, an der Börse zu spekulieren – Zweifler werden verlacht. So ähnlich ergeht es jemandem, der keinen Fernseher oder kein Auto hat. Besitzt er beides nicht, ist er bereits höchst suspekt – anders zu leben als die Mehrheit ist schwierig, doch wenn es ums Geld geht, kann man doch gar nicht anderer Meinung sein! Ein Bekannter wollte einen Scheck einlösen. In der Bank wurde er gefragt, ob das Geld auf sein Konto überwiesen werden soll, worauf er antwortete, er habe kein Konto. Darauf der Angestellte: »Ja, vielleicht nicht bei unserer Bank, aber bei Ihrer?« – der Bekannte: »Ich habe überhaupt kein Konto!« – Der Angestellte: »Ja ist denn das erlaubt?«. Dies erinnert an Carl Zuckmayers »Hauptmann von Köpenick«, welcher keine Wohnung hat, aber nur eine bekommt, wenn er eine Arbeit nachweisen kann, letztere aber auch nicht hat, weil er sie nur unter der Voraussetzung bekäme, einen Wohnsitz angeben zu können.

Die entstehende Aktienkultur läßt auch viele anfängliche Skeptiker nicht kalt. Sie werden zunächst wenig Geld anlegen, um Vertrauen zu gewinnen, und nach und nach ihr Wissen um die Folgen ihres Tuns beiseite schieben. Während manche Menschen nur staunen, wie der Wert ihres Aktiendepots während einer Aktienrallye größer wird, werden andere regelrecht euphorisch. Diese Euphorie greift um sich und wird zum Glaubenssatz. Schließlich könnte das ja jeder – Armut dürfe es folglich nicht geben. Und diese Menschen beginnen den Kopf zu schütteln, wenn es immer noch Menschen gibt, die es nicht schaffen – die selbst dann nicht zu Geld kommen, wenn es auf der Straße zu liegen scheint. Eine solche Entwicklung ist fatal, da sie zu einer weiteren Entsolidarisierung der Menschen führen muß: Wer es nicht schafft, ist selbst daran schuld. Der erfolgreiche Mensch ist der »Zocker«, und dieser wird den anderen als Vorbild präsentiert. Folge ist eine »Macher-Mentalität«, die jedem Einzelnen suggeriert, daß auch *er* alles kann. Doch die Realität ändert sich nicht; erst am Ende einer Euphorie erkennen die Menschen, daß sie Luftschlösser gebaut haben und viele von ihnen einer heillosen Selbstüberschätzung erlegen sind.

Daytrader: Ein Beispiel für überflüssige Spekulation

> »Die Regeln funktionieren mit einer Wahrscheinlichkeit von Risiko und Chance. Wenn mein Risiko-Chance-Verhältnis 10 zu 90 ist, heißt das, daß 10 % Risiko da sind. Aber die Wahrscheinlichkeit, daß die 90 eintreten, ist höher als die 10 ...«.
>
> *Aus einem Interview des »Spiegel« mit Daytradern.*[95]

Der jährlich gehandelte Anteil an allen vorhandenen Aktien nimmt immer weiter zu, was darauf hindeutet, daß Aktien verstärkt für kurzfristige *Kurs*spekulationen mißbraucht werden. Im Durchschnitt wird jede Aktie der amerikanischen Technologiebörse Nasdaq mehr als zweimal pro Jahr an der Börse verkauft – vor zehn Jahren war es noch weniger als einmal.[96] Diese Entwicklung wird von sinkenden Kosten beim Handel mit Aktien ermöglicht und vor allem von Daytradern immer weiter verstärkt.

Daytrader sind Menschen, die nur tagsüber mit Aktien handeln, abends aber meist alles wieder verkaufen und nachts keine Aktien halten. Sie mieten ein Terminal an einem Börseninformationssystem, mit welchem sie Börseninformationen ohne Zeitverzögerung abrufen können. Kaufen und Verkaufen von Aktien geht blitzschnell; Daytrader kaufen Aktien und können sie schon nach 5 Sekunden wieder verkaufen, wenn der Trend nicht ihrer Prognose entspricht.

Eine Studie hat herausgefunden, daß 70 % der Daytrader mehr Verluste als Gewinne einfahren.[97] Dies erscheint sonderbar, denn die kurzfristige Flatterbewegung eines Börsenkurses sieht einer Zufallsbewegung sehr ähnlich. Eine solche entsteht beispielsweise, wenn man oft hintereinander eine Münze wirft. Jeden Wurf trage man auf Millimeterpapier auf, jeweils bei »Kopf« eine Einheit nach oben, bei Zahl eine Einheit nach unten, bei jedem Wurf rutsche man eine Einheit nach rechts. Vom Ausgangsniveau wird man sich nicht weit entfernen, schließlich ist die Wahrscheinlichkeit für »Kopf« und »Zahl« jeweils 50 %. Dies entspricht auch der Wahrscheinlichkeit von guter und schlechter Nachricht, wenn nur genügend neue unvorhergesehene Nachrichten in die Kurse eingearbeitet werden.[98] Folglich sollte ein Affe, der zu irgendwelchen Zeiten kurz hintereinander zufällig irgendwelche Knöpfe drückt und damit zufällig bekannte Aktien kauft und verkauft, nur mit einer Wahrscheinlichkeit von 50 % Verluste machen (falls keine Gebühren anfallen). Das ändert sich jedoch, sobald ein längerfristiger positiver Trend den Flatterbewegungen unterlegt ist. Es entspricht der Zufallsbewegung, die entsteht, wenn mehr positive als negative Nachrichten gemeldet werden oder im obigen Beispiel die Münze leicht verbogen ist. Wenn der Trend nur stark genug ist, machen auch Daytrader zwangsläufig überwiegend Gewinn – über die Mietgebühren, die sie an das Börseninformationssystem abführen müssen, hinaus. Und dann werden sie sich ob ihrer Genialität rühmen.

Daytrader verstärken die Flatterbewegung der Aktienkurse enorm, da so noch viel mehr Händler neue Informationen in die Aktienkurse hineininterpretieren und darauf reagieren. Dies stellt auch hartgesottene Analysten vor Probleme, da sie zwischen Flatterbewegung und Trend nicht mehr unterscheiden können.[99] Und ein Ende des Booms bei Daytradern ist nicht abzusehen. Bereits ein Siebtel der Umsätze der amerikanischen Technologiebörse NASDAQ wird von Daytradern getätigt.[100]

Illusion 4
»Aktien sind die Grundlage unseres gesamten Wirtschaftssystems«

Die Formulierung dieses Irrtums ist ein Zitat aus dem Bestseller »Der Weg zur finanziellen Freiheit. In sieben Jahren die erste Million« von Bodo Schäfer.[101] Beispielhaft zeigt Schäfers Behauptung eine fast tragisch zu nennende Verengung der Sicht unserer Gesellschaft auf. Schäfer läßt einen Umstand völlig außer Acht, auf den bereits in der Einleitung verwiesen wurde: Nur 0,04 % aller Unternehmen sind börsennotierte Aktiengesellschaften – 99,9 % der Unternehmen fallen einfach unter den Tisch. Aktiengesellschaften sind auch lediglich zu einem Fünftel am Gesamtumsatz der Wirtschaft beteiligt – nichtsdestoweniger verstehen immer mehr Menschen unter »Wirtschaft« nicht viel mehr als Börsenstatistiken und schnelle Gewinne.

Die Grundlage des Wirtschaftssystems

Größter Treibsatz für die entstehende Aktienkultur ist die permanente Darstellung von Aktienkursen in TV- und Radionachrichten sowie in der (Boulevard-)Presse. Kann es eine bessere Werbung für Aktiengesellschaften geben, als sie täglich (und noch dazu kostenlos!) zur besten Sendezeit zur Schau zu stellen? »Angesichts der verstärkten Berichterstattung über Anlagen sollte der Aktienboom nicht stärker überraschen als höhere Absatzzahlen nach einer groß angelegten Werbekampagne.«[102]

Was aber, wenn nicht Aktien, ist die Grundlage unseres Wirtschaftssystems? Trotz Aktienkultur bleibt gültig, was in einschlägigen Lehrbüchern teilweise seit zwei Jahrhunderten geschrieben steht. Die zentralen Prinzipien sind:[103]

- *Vertragsfreiheit.* Jeder kann mit jedem Verträge abschließen, solange er gewisse Spielregeln einhält, darf aber nicht dazu gezwungen werden.
- *Haftung und Rechtssicherheit.* Jeder übernimmt die Verantwortung für seine Handlungen und haftet für Schäden und Vertragsbrüche; niemand ist einer Willkür des Staates ausgesetzt – private Verträge werden von ihm garantiert.
- *Innere und Äußere Sicherheit.* Dies führt für die Wirtschaftsakteure z.B. zu Planungssicherheit; nur dann werden sie langfristige Investitionen tätigen.
- *Geldwertstabilität.* Nur unter dieser Voraussetzung kann Geld als Wertaufbewahrungsmittel dienen und den Tausch von Gütern und Dienstleistungen optimal erleichtern.
- *Privateigentum an Produktionsmitteln und freier Zugang zu den Märkten (Gewerbefreiheit).* Diese Prinzipien führen zu Konkurrenz im Wirtschaftsprozeß. Um den Konkurrenzprozeß am Leben zu erhalten, ist der Staat gezwungen, Monopolbildung und Preisdumping zu unterbinden. Nur dann drücken Preise, die sich über Angebot und Nachfrage regeln, die Knappheitssituation von Gütern aus.

Wenn ein Staat diese Grundsätze garantiert und für die Bereitstellung der dazu notwendigen Infrastruktur sorgt, kann sich eine private Marktwirtschaft entwickeln. Weiterhin sollte ein Staat etwaige Härten und Ungerechtigkeiten durch eine ausgleichende Wirtschaftspolitik vermeiden helfen und damit die Bürger von den Vorteilen dieser Wirtschaftsordnung überzeugen – und nicht nur den »Nachtwächter« spielen. Innerhalb dieses Rahmens wird sich auch ein Finanzsystem entwickeln. Grundlage des Finanzsystems ist die Zusammenführung von Menschen, die sparen, mit Menschen, die investieren wollen. Das geschieht durch *Kapitalsammelstellen*, die wir als Banken bezeichnen (vgl. Kapitel 1.1). Dort werden tendenziell kurzfristige Einlagen in langfristige Investitionen verwandelt (*Fristentransformation*, vgl. ebd.). Mit der Aktiengesellschaft wurde juristisch eine Unternehmensform ermöglicht, die Menschen mit Überschußkapital direkt an Unternehmen beteiligt und ihnen eine entsprechende Gewinnbeteiligung gewährt. Die Börse hilft lediglich Menschen dabei, ihr dort langfristig angelegtes Kapital ohne großen Aufwand kurzfristig zurückzuerhalten, indem sie für ihre Anteile rasch einen Käufer finden. Die Börse ist ein Second-Hand-Markt für Unternehmensbeteiligungen. Man könnte dafür auch Pinnwände in örtlichen Supermärkten einrichten – Finanzsystem sowie Wirtschaftssystem würden dann immer noch funktionieren; Börsen sind so gesehen verfeinerte Pinnwände – nicht essentiell notwendig, aber hilfreich.

Aktiengesellschaften entwickelten sich erst, als man riesige Mengen Kapital für teuere Investitionen benötigte. Gleichzeitig wurde hier das Haftungsprinzip von der Person losgelöst: Man haftet nur noch mit seinem in die Gesellschaft eingebrachten Vermögen, ganz im Gegensatz zu Gesellschaften bürgerlichen Rechts, wo man mit seinem gesamten Hab und Gut in der Verantwortung steht. Kapitalgesellschaften setzten sich erst im 19. Jahrhundert durch; in den USA waren bis 1850 Eigenkapitalobergrenzen für Kapitalgesellschaften üblich, in New York z.B. 100 000 US-Dollar. Noch um 1830 mußten dort Kapitalgesellschaften einzeln genehmigt werden und hatten eine »enge Bindung an scharf umrissene Zwecke«.[104] Darüber hinaus war ihre Lebensdauer auf einige Jahrzehnte begrenzt, und »corporations« durften keine Anteile von anderen »corporations« besitzen. Kapitalgesellschaften haben natürlich ihren Teil zu dem rasanten wirtschaftlichen Fortschritt der vergangenen eineinhalb Jahrhunderte beigetragen; doch weder Aktiengesellschaften noch Börsen bilden die »Grundlage unseres gesamten Wirtschaftssystems«. Gäbe es keine Aktiengesellschaften, so müßten gegebenenfalls eben wirklich *alle* Unternehmen ihre Investitionen überwiegend mit Fremdkapital finanzieren, das sie sich von Banken leihen.

Wahrnehmungsverschiebungen

»In Bewerbungsgesprächen zeige sich immer wieder, wie realitätsfremd die
Ausbildung an der Universität sei: ›Manche wissen nicht einmal, ob der DAX
vergangenes Jahr gestiegen ist oder gefallen.‹«

Aus der »Zeit«, zitiert wird R. Weinfurtner, Deutsche Bank[105]

Derjenige, der als erster den DAX in einer Nachrichtensendung erwähnte (obwohl Nachrichten keine Lebensberatung für kurzfristiges Handeln sein sollten), trat damit eine fatale Entwicklung los. Andere zogen nach, und erst dadurch wurde die Wichtigkeit erzeugt, die wir dem DAX heute zusprechen. Zunächst lenken irrelevante Indikatoren den Blick auf irrelevante Tatsachen. Durch die Darstellung von irrelevanten Dingen in seriösem Rahmen bringt man Menschen dazu, sogar Unwichtiges für wichtig zu erachten. Motiviert durch den stetigen Anstieg des DAX schichten immer mehr Menschen ihre Ersparnisse um – Aktienkurse werden so immer interessanter und zur täglichen Beigabe der Nachrichten. Weil der DAX für Menschen persönlich wichtig wird, wird er auch für gesellschaftlich relevant gehalten. Doch Indikatoren werden nicht verwendet, weil sie gut oder wichtig sind, sondern weil sie verstanden und akzeptiert werden. Fragt man Menschen nach dem wichtigsten Wirtschaftsindikator, so ist die Antwort mittlerweile häufig: »der DAX«. So wird er politisch wichtig und entsprechend »umgesetzt«: Die Regierung unterstützt Maßnahmen, die den DAX steigern und im Prinzip sogar den Bedürfnissen der Menschen widersprechen.

Wenn sich die Aufmerksamkeit einer Gesellschaft immer stärker auf die Börse fokussiert, so ist es verständlich, daß die Wirtschaftsentwicklung mit der Entwicklung der Börsen gleichgesetzt wird. Bei aktuellen Berichten über Firmendaten steht der Aktienkurs im Vordergrund – andere Ergebnisse sind weniger spektakulär, obwohl auch die Gewinnentwicklung vieler Unternehmen nach oben zeigt. Um den zwanghaften Optimismus zu erhalten, welcher nötig ist, um die Nachfrage nach Aktien zu erhöhen und so die Aktienkurse über jedes vernünftige Maß hinaus zu steigern, wird natürlich eifrig nach Begründungen dafür gesucht, daß Aktienkurse immer weiter steigen können. Fallende Aktien lassen dann wieder die Realität in den Vordergrund treten.

Bei Vorträgen über volkswirtschaftliche Fragestellungen vor Nicht-Fachleuten verengte sich das Interesse vor allem während der Aktienhysterie 1996–2000 auf verwertbare Informationen zum besseren Verständnis der Börse oder zukunftsträchtiger Entwicklungen. Wenn man etwas mit »Wirtschaft« zu tun hat, spürt man die Euphorie besonders deutlich. Ist man zufällig Volkswirt oder schreibt ein kritisches Buch über die Börse – für die Frage »Hammse mal 'nen Anlagetip?« ist keine noch so unpassende Situation zu schade. Dieses Phänomen verbreitete sich in Deutschland erst mit dem Börsengang der Telekom gesellschaftsweit, vorher hatten die Menschen vorwiegend andere Interessen. Dabei ist das Bewußtsein der Anleger zu spekulieren nur rudimentär vorhanden. Man legt sein Geld in Aktien an – und ist damit ein ehrbarer Anleger. Zumindest vordergründig. Denn irgendwie ahnen alle, daß hohe Kursgewinne nicht mit rechten Dingen zugehen können. Man beobachtet einen ständigen Wechsel zwischen der gewohnten Sphäre des realen Lebens und der Traumwelt des Reichtums durch die Börse. Im Spielkasino wissen die Mitspieler natürlich, daß sie spielen. Doch durch das Ansehen, welches der Börse allein durch die Wirtschaftsteile renommierter Zeitungen zugetragen wird, verschwimmt die Wahrnehmung komplett. Ein Papierschnipsel mit dem Wort »Aktie« darauf, dessen Wert aufgrund steigender Nachfrage und Wertschätzung immer mehr steigt, unterscheidet sich jedoch zunächst durch nichts von einer Tulpenzwiebel, der schon vor 370 Jahren genau dasselbe widerfuhr. Erst auf einer anderen Ebene wird der Unterschied zwischen Tulpenzwiebeln und Aktien deutlich, nämlich bei den Wirkungen, die die Börsenspekulation im Wirtschaftsprozeß erzeugt. Seinerzeit in Holland blieb die Struktur der Wirtschaft eher verschont, da die Tulpenzwiebel damit nichts zu tun hat, während in einer Aktienhausse die Wirtschaft einer Gesellschaft versucht, ihren eigenen Wert in die Höhe zu treiben. Dies geschieht durch die Einflußmöglichkeiten der (Groß-)Aktionäre auf die Akteure der Wirtschaft, die Aktiengesellschaften, und erschöpft sich in der gebetsmühlenhaft wiederholten Forderung, die Renditen und die Umsätze zu steigern. In diesem Sinne fällt jeder Aktionär gesellschaftliche Entscheidungen, wenn er nach hohen Aktienkursen schreit. Eine zunehmende Aktienkultur erzwingt von den Betrieben, alle Rationalisierungsreserven zu nutzen, möglichst schnell zu neuen Produkten zu kommen und so von Höchststand zu Höchststand zu eilen. In Zeiten der allgemeinen Börseneuphorie werden Aktien jedoch als völlig entpolitisierte »Wertpapiere« angesehen; die Folgen für den Angestellten interessieren nicht einmal den Kleinanleger, der selbst Angestellter ist.

Eine weitere Wahrnehmungsverschiebung kommt hinzu: Die meisten Menschen haben aus den Augen verloren, warum sie Geld sparen und nicht alles gleich ausgeben. Nachfragen ergibt stets die »richtige« Antwort: um Rücklagen zu bilden, etwa um sich im kommenden Jahr einen Urlaub oder ein Auto zu leisten, oder einfach um eine gewisse Sicherheit zu verspüren. Doch die Konsequenz daraus wird nicht mehr gezogen, daß man nämlich selbst dann spart, wenn man keine Zinsen für sein Geld erhält. Heute will man sein Geld für sich arbeiten lassen, es soll sich aus sich selbst heraus vermehren – doch Geld arbeitet nicht. Im Falle der sicheren Bankeinlage arbeitet jemand anderes für die Zinsen, im Falle der Aktienvermögen ist der Geldwert – wie oben erläutert – nicht vorhanden.

Reine Börsenspekulation ist von gewöhnlicher Kapitalanlage natürlich schlecht zu trennen. Der Unterschied läßt sich vom Anleger wohl am ehesten bei einem Bier in einer Kneipe erfahren. Hier geht es um die Motivation des Anlegers, darum, ob der Anleger überhaupt weiß, in was er da investiert, ob er die Firma kennt, weiß, welche Stärken und Schwächen sie hat, und ob der Anleger das Weite sucht, wenn seine Erwartungen an den Aktienkurs oder die Rendite nicht erfüllt werden, oder ob er sich mit den Gründen dafür auseinandersetzt. Geht es dem Investor allein um einen Anstieg der Börsenkurse, so ist er für den Wirtschaftsprozeß eher schädlich – wiewohl jede Wirtschaft natürlich Spekulanten nötig hat. Spekulation ist nicht per se abzulehnen! Wie bereits erwähnt, kann jeder Unternehmer nur über Erfolg und Mißerfolg seiner Investitionen spekulieren. Jeder Geldgeber trägt Risiken und spekuliert auf Erfolg. Während einer Aktienrallye spekuliert man jedoch nicht auf Erfolge, die sich »auszahlen«, also zukünftige Gewinne oder Dividenden, sondern vorwiegend auf einen steigenden Aktienkurs und die Fortsetzung einer Manie.

Illusion 5
»Gegen Finanzkrisen wie einen Börsenkrach kann man sich versichern«

Die Kontrollillusion

> »Man kauft Aktien und wartet, bis sie steigen. Dann verkauft man sie mit Gewinn. Aktien, die nicht steigen, kauft man nicht.«
>
> *Franz Rapf, Börsentrainer und Anlageberater*[106]

Ein Anleger sammelt Fakten aus der Vergangenheit, berücksichtigt aktuelle Informationen und macht sich damit ein Bild über die Zukunft. Wenn die gesamte Vergangenheit, die seiner Erfahrungswelt zugänglich ist, stets dadurch gekennzeichnet ist, daß Aktienkurse im wesentlichen steigen (z.B. weil er sich nicht mit weiter zurückliegenden Entwicklungen beschäftigt), so ist für ihn die Vorstellung, daß sie schlagartig an Wert verlieren könnten, kaum vorhanden. Er setzt den Trend in einfacher Weise fort, abhängig von der Art der Informationen, die er nutzt. Wenn in den letzten Jahren die Steigerung des Kurses 10 % betrug, so halten es viele für wahrscheinlich, daß der Trend anhält und der Kurs dieses Jahr ebenfalls um etwa 10 % ansteigen wird. Dabei hat die Art der Informationsdarbietung großen Einfluß auf die Erwartungsbildung von Menschen. Würde man in den Nachrichten immer und immer wieder die Information erhalten, daß ein Aktienkurs um 100 DM per anno gestiegen ist, so kommt man leicht zu der Überzeugung, daß der Kurs auch dieses Jahr etwa um diesen Wert ansteigt. Da eine Steigerung um einen konstanten Wert (wie in diesem Beispiel) lineares Wachstum des Kurses andeutet, ein relativer oder prozentualer Anstieg jedoch exponentielles Wachstum ergibt, erkennt man recht gut, wie bereits die Darstellung einer Zahl zu völlig unterschiedlicher Wahrnehmung führt.

Die Erwartung steigender Kurse vermischt sich irgendwann mit der Angst vor einer »Kurskorrektur«. Die Anleger meinen jedoch, daß sie schon rechtzeitig aussteigen werden. Hier unterliegen Menschen dem psychologischen Phänomen der »Kontrollillusion«: Sie sind überzeugt, Kontrolle über Sachverhalte zu haben, die aber in der Realität nicht durch ihr eigenes Zutun beeinflußt werden können (so ließ sich nachweisen, daß Menschen auf Kopf bzw. Zahl einer Münze höhere Beträge zu setzen bereit sind, solange die Münze noch nicht geworfen wurde). Der Akteur erkennt Gefahren zwar allgemein an, wiegt sich selbst jedoch in Sicherheit. Eine Umfrage unter (institutionellen sowie Klein-)Anlegern direkt nach dem Kurssturz vom 19. Oktober 1987 ergab, daß 47 % von ihnen glauben, »den Zeitrahmen für einen Rückschlag am Markt ziemlich genau abgeschätzt [zu] haben«[107] – was tatsächlich unmöglich der Fall sein konnte. Dieses Phänomen zeigt sich auch in Umfragen als Unterschied zwischen Selbst- und Fremdeinschätzung. In einer Boomphase geben signifikant mehr Menschen an, daß eine »Kurskorrektur an der Börse nicht mehr lange auf sich warten läßt«, als daß sie meinen, ihnen selbst drohen »größere Vermögensverluste durch eine Korrektur der Börsenkurse«.

Je länger Anleger an der Börse spekulieren, desto mehr werden sie davon überzeugt sein, die richtige Anlagestrategie zu verfolgen und keine hohen Risiken einzugehen. Wenn man Situationen wiederholt unbeschadet durchgestanden hat (z.B. jahrelanges Rauchen, unfallfreies Fahren), so meint man diese Situationen zu beherrschen und unterschätzt die persönlichen Risiken dieses Tuns dadurch noch stärker als aufgrund der »Kontrollillusion« – nicht einmal mehr der Anblick der furchtbarsten Raucherbeine hält vom Rauchen ab. So gewinnen immer mehr Menschen Vertrauen in Aktien und schichten ihr Geld mitunter in Hochrisikoanlagen um. Zusätzlich ärgert man sich darüber, nur so wenig in Aktien angelegt und deshalb nur so wenig Gewinn gemacht zu haben – die Vorbehalte fallen weiter. Mit jedem Gewinn werden Anleger noch mehr von dem »Geldesel« Börse überzeugt, legen die erzielten Gewinne und weitere Teile ihres Portfolios immer riskanter an und vergrößern damit die Möglichkeit eines Vermögensverlustes.

Ist Risikobegrenzung möglich?

Mit Hilfe aufwendiger Konstrukte lassen sich Kursrisiken minimieren. Durch den Kauf von Optionsscheinen kann man sich beispielsweise das Recht erkaufen, Aktien in der Zukunft zu einem bestimmten Preis verkaufen zu können. Der Verkäufer der Option verpflichtet sich zum Kauf der Aktien zu einem heute vereinbarten Kurs. Je nachdem, wie riskant dieses Geschäft für den Verkäufer ist, schwankt der Preis der Option, welcher sich ebenfalls auf dem Markt bildet. An diesem Verfahren werden zwei Probleme deutlich:

1. Das Verfahren ist aufwendig und kostet Geld. Ein Anleger partizipiert dann nicht mehr in vollem Umfang an Kursgewinnen, da er Gebühren für die Optionsscheine bezahlen muß.[108] Schon allein deshalb unterlassen die meisten eine Absicherung ihres Aktiendepots mit Hilfe derartiger Kontrakte.
2. Eine Risikobegrenzung ist immer nur in »Nicht-Krisenzeiten« möglich. Dies gilt gleichermaßen für institutionelle wie für Kleinanleger, denn Systemrisiken lassen sich nicht versichern. Wenn Aktienkurse auf breiter Front einbrechen, dann entstehen immer Liquiditätsprobleme, da Gelder in großem Umfang verschoben werden. Dies führte bislang immer zu Insolvenzen von Banken, Fondsgesellschaften und sonstigen auf dem Kapitalmarkt aktiven Unternehmen. Wenn sich Anleger zufällig bei einem dieser Unternehmen gegen Kursrisiken versicherten, so verfallen schlicht ihre Optionen.

Für einen Kleinanleger, der sich gegen Kursverluste absichert, ist der schlimmste denkbare Fall ein sinkender Aktienkurs. Daß eine Finanzkrise noch weitergehende Folgen haben kann, etwa den Bankrott des Versicherers, steht nur selten zur Debatte – und so glaubt er sich durch die beschriebenen Optionen in Sicherheit. Banken beziehen immer die Möglichkeiten von Unternehmenszusammenbrüchen in ihre Überlegungen mit ein, deshalb führen sie äußerst aufwendige Risikobetrachtungen durch, um gesetzliche

Vorschriften bezüglich der immer mit Risiken verbundenen Kreditvergabe und ihrer sonstigen Geschäfte einzuhalten. Doch reicht bei »worst case«-Szenarien die Phantasie aus, um sich den »worst-case« vorzustellen? Wie leicht einzusehen ist, funktioniert Risikobegrenzung immer nur so, daß man aus der vergangenen Entwicklung in die Zukunft extrapoliert. Ob nun Naturkatastrophen oder ein systemimmanenter Marsch von »Lemmingen« an die Banken und Börsen: Entwicklungen können völlig anders verlaufen und viel höhere Schäden nach sich ziehen, als von »Risikoplanern« erwartet – wie z.B. der Zusammenbruch des LTCM-Hedgefonds oder die Südostasienkrise belegt (vgl. Kapitel 1.4 bzw. Illusion 11).

Institutionelle Anleger wie Versicherungen und Banken betreiben wesentlich größeren Aufwand, um sich ein Bild von der Zukunft zu machen. Zahllose Volkswirte und Computerspezialisten erstellen Risikoanalysen; Morgan Stanley geht bei der Risikobegrenzung folgendermaßen vor:[109] Angenommen, eine Aktie hat in den letzten 4 Jahren an weniger als 1 % der Handelstage mehr als 5 % ihres Wertes verloren. Dann hat für die Investmentbank diese Aktie einen »Risikowert« von 5 %, was bei einem bestimmten Kurs der Aktie und einer bestimmten Menge an Aktien, die die Bank hält, einen bestimmten Geldwert bedeutet. Nun führt die Investmentbank ähnliche Berechnungen für alle Aktien durch, die sie besitzt, addiert die Ergebnisse und erhält einen in »normalen« Zeiten sehr unwahrscheinlichen möglichen Gesamtverlust. Durch einen Mix von Aktien, die in den letzten fünf Jahren einen möglichst geringen Kursverlust erlitten, versucht Morgan Stanley den Gesamtverlust zu minimieren. Obwohl Investmentbanken auch andere Strategien zur Risikominimierung einsetzen, wird klar, daß jede Risikovermeidungsstrategie auf Betrachtungen der Vergangenheit beruht, die morgen schon durch die Praxis widerlegt sein können.

Die Südostasienkrise (vgl. Illusion 11) liefert ein Beispiel, wie Risikoanalysen schief gehen können. Das Leistungsbilanzdefizit von Indonesien war zu Beginn der Krise deutlich kleiner als das von Thailand, weshalb viele Banken nach Ausbruch der Krise in

Thailand ihr Indonesiengeschäft nicht abbrechen wollten. Doch wenn Lemminge laufen, gibt es kein Halten mehr. Wenn sich Kapital aus einem aufstrebenden Land verabschiedet, fallen die Kurse, und Länder mit ähnlichen Fundamentaldaten sind plötzlich ebenfalls gefährdet, da ja *andere* Anleger ihr Kapital aus diesem Land ebenfalls abziehen könnten und die Kurse *deshalb* fallen würden – um Details kümmert sich niemand mehr. Um zu retten, was noch zu retten ist, flüchten alle und hinterlassen einen Scherbenhaufen.[110]

Woher kommt ein Stimmungsumschwung?

Menschen setzen Trends willkürlich fort, wobei Anfänger und Profis gleichermaßen anfällig für grobe Vereinfachungen sind. Schließlich wird nur deshalb auf Börsen so viel gehandelt, weil jeder seine eigene Urteilsfähigkeit überschätzt. Denn Käufer und Verkäufer eines Aktienpaketes meinen gleichzeitig, ein gutes Geschäft zu machen. Einer tätigt jedoch eine Fehlentscheidung, weil er zu früh oder zu spät gekauft oder verkauft haben wird, und liegt deshalb in seiner Einschätzung falsch.

Je länger ein Aufwärtstrend an der Börse anhält, desto weniger glauben Menschen, daß es auch wieder abwärts gehen könnte. Dies führt zu einer Selbstverstärkung eines Aktienbooms: Immer mehr Menschen investieren in Aktien und treiben so die Kurse immer schneller nach oben.

Über den Zeitpunkt, wann es zu einem Börsenkrach kommt, läßt sich nur spekulieren. Irgendwann fangen zu viele Menschen an, ihre Aktien zu verkaufen, und nur wenige wollen kaufen. Dann beginnen die Preise zu rutschen, die Stimmung fällt, die Preise rutschen weiter usw. Doch warum beginnen die Anleger plötzlich, ihr Aktienvermögen in Geld umzutauschen? Braucht der Auslöser für den Gesinnungswandel eine Begründung, oder findet ein derartiger Stimmungsumschwung »einfach so« statt?

- Natürlich können Stimmungsumschwünge »einfach so« stattfinden. Das gilt in besonderem Maße für den Börsenkrach 1929, dem keinerlei wesentliche Meldungen über Probleme z.B. der Industrie vorausgingen.[111]
- Wenn Währungsturbulenzen oder Finanzkrisen wie in Südostasien stattfinden, können Börsen weltweit einbrechen.
- Irgendein großer Investor braucht Geld und verkauft Aktien. Das wird von einigen Händlern als Tendenz gewertet, die deshalb dasselbe tun. Dies wird von noch mehr Händlern als Tendenz gewertet usw. Und schon hat man einen Umschwung.
- Das Angebot wurde zu stark ausgeweitet, und plötzlich ist die Nachfrage zu gering. Ein Pfund Tulpenzwiebeln ließ sich nicht verkaufen – und schon verfielen die Preise aller Tulpenzwiebelsorten (vgl. Einleitung). Genauso könnte der Börsengang eines Unternehmens den Börsenkrach auslösen, wenn es seine Aktien nicht verkaufen kann – und aufgrund dieser Erfahrung die Stimmung kippt. So wie sich die Kaufeuphorie während steigender Kurse selbst verstärkt, verstärkt sich auch die Panik bei sinkenden Kursen. Nur läuft letzteres im allgemeinen schneller ab.
- Alljährlich im Oktober sitzen Anleger noch mehr auf heißen Kohlen als während des Rests des Jahres. Rein statistisch gesehen hat der Dow-Jones-Index von 10 000 Punkten allein 9000 in den Monaten November bis April gemacht.[112] Nach einem häufig schlaffen Sommer sehen Anleger dann im September und – die Erinnerung an den »Schwarzen Freitag« im Nacken – im Oktober schwarz. Kommt jetzt noch eine sonderbare Firmenmeldung (wie z.B. im Oktober 2000 finanzbuchhalterische Schlampereien bei EM.TV) oder ein Ereignis wie im September 2001 der Terrorangriff auf die USA, verlieren sie die Nerven, und nicht nur Luftschlösser stürzen ein.

Ein Stimmungsumschwung kann viele weitere Gründe haben. Wenn die Sparquote der Haushalte nahe Null liegt und die Anleger den größten Teil ihrer Ersparnisse an der Börse angelegt haben, reagieren Aktienkurse wesentlich empfindlicher auf Veränderungen der Lebenshaltungskosten. Übersteigen die Konsumausgaben den Verdienst (z.B. aufgrund plötzlich steigender Rohölpreise) und sollen Geldersparnisse nicht verringert werden bzw. sind überhaupt nicht vorhanden, so genügt irgendein klitzekleiner externer Schock, um das Kartenhaus in sich zusammen stürzen zu lassen. Diese Gefahr besteht vor allem in den USA, da dort die Sparquote nahe Null liegt und die Verschuldung der privaten Haushalte höher ist als in Europa.

Was geschieht bei einer Kurskorrektur?

Die Folgen eines Börsenkrachs mag sich niemand so recht vorstellen, am allerwenigsten die Anleger. An rhythmisch wiederkehrenden Börseneuphorien erkennt man die Geschichtslosigkeit der Menschen: Aus der Vergangenheit zu lernen fällt schwer, vor allem in Zeiten der Prosperität. Und die Kritiker blieben stets ein kleines Häufchen von Spielverderbern; denn wer hörte schon gerne Robert Walpole im Jahre 1720 weit vor dem Höhepunkt des Südseeschwindels zu, wenn er vor dem Englischen Unterhaus sagte, die South-Sea Company werde »die gefährliche Praxis der Spekulation fördern und den Geist der Nation von Handel und Industrie ablenken. Sie wird einen gefährlichen Köder auslegen, um die Unvorsichtigen in den Ruin zu locken ...«[113] Er sollte recht behalten. »Korrekturen« kommen immer, und sie ereilen die ehedem Glücklichen manchmal mit ungeahnter Wucht. Manchmal werden die Anleger der Realität häppchenweise näherkommen, wenn ein Aufwärtstrend in eine jahre-, vielleicht jahrzehntelange Stagnation übergeht. Doch alle im Verlauf des Buches geschilderten Krisen zeigen eindringlich, daß Finanzkrisen nicht nur Auswirkungen auf das Finanzsystem haben. Unser Wirtschaftssystem ist kein Nebeneinander verschiedener Subsysteme, sondern ein hochgradig vernetztes, geradezu verworrenes System.

Es ist offensichtlich, daß durch den holländischen Spekulationscrash im 17. Jahrhundert die Summe der Geldvermögen nicht verändert wurde: es fiel lediglich der Preis für Tulpenzwiebeln. Dies gilt auch für die Geldvermögen bei einem Börsenkrach. Nicht zu bestreiten ist indes, daß durch Börsenspekulation erhebliche Geldvermögen umverteilt werden. Wenn sich die Geldmenge nur um einige Prozent im Jahr erhöht, die Aktienkurse sich über einen Zeitraum von zehn Jahren jedoch vervielfachen, nur um dann wieder auf wenig mehr als das Ausgangsniveau zu fallen, so muß es reihenweise Verlierer geben. Da jedoch viele Menschen vorsichtig genug sind, nicht ihr gesamtes Vermögen risikoreich anzulegen, werden sich auch nach einem Krach manche als Gewinner betrachten. Nur wenige Kleinanleger bieten einer Bank als Sicherheit ihr Haus, kaufen für den erworbenen Kredit Aktien und verarmen durch einen Börsenkrach. Und nur wenige Unternehmen werden über Nacht insolvent werden, weil z.B. eine geplante Neuemission von Aktien gestoppt werden muß.

Aber selbst die vorsichtigeren Anleger können sich nach einem Börsencrash der rezessiven Wirtschaftslage und einer depressiven Stimmung der Gesellschaft nicht entziehen. Denn ein Ende der Hausse wird Vermögen bzw. Ersparnisse reduzieren und den Kleinanleger wieder an eine unsichere Zukunft denken lassen. Menschen werden sich dessen bewußt, daß sie plötzlich weniger Ersparnisse besitzen. In den meisten Fällen ändert sich die Einstellung der Menschen jedoch nicht dahingehend, mit weniger Ersparnissen zufrieden zu sein, sondern sie versuchen, wieder Geld auf die Seite zu legen. Mit anderen Worten: Die Sparneigung wird ausgedehnt und folglich die Konsumneigung reduziert. Gleichzeitig vermindern sich bei den Unternehmen die Rücklagen bzw. Reserven, neues Kapital wird teurer, wenn nicht gar verknappt. Plötzlich rentieren sich Investitionen nicht mehr oder sind nicht mehr finanzierbar. Und die überhöhte Risikobereitschaft wird wieder auf das Ausgangsniveau reduziert – bei Unternehmen gleichermaßen wie bei Anlegern.

Die Dynamik eines Abschwungs

Ein Börsenkrach verschlechtert die Stimmung in der Gesellschaft sowie in den Unternehmen – und damit gleichzeitig die Zukunftserwartungen aller Akteure. Aus dem Kaufrausch während des Booms wird geduldiges Abwarten, wie seit dem Sommer 2000 auch deutlich zu beobachten. Die bereits geplante Investition wird nach hinten verschoben. Da jedoch die Erwartungen von Konsumenten und Wirtschaft aufs engste zusammenwirken, kann hier ein folgenschwerer Schneeballeffekt einsetzen, der alle Marktteilnehmer betrifft.

Wenn die Gesamtnachfrage sinkt, so führt dies zunächst zu einem Angebotsüberschuß in den Regalen, die Ware bleibt liegen. Darauf wird mitunter mit Preissenkungen reagiert, um die Waren doch noch loszuschlagen. Als Antwort auf die gesunkene Konsumentennachfrage werden die Unternehmen ihre Produktion leicht vermindern, da Lagerhaltung teuer ist. Dadurch sinkt aber die Rentabilität der Industrieanlagen, da diese ja für eine höhere Produktion ausgelegt sind. Wenn die Produktpreise jedoch gleichzeitig sinken, werden die Gewinne der Unternehmen sehr stark sinken. In der Folge müssen manche Unternehmen Kurzarbeit anordnen oder Arbeitnehmer entlassen. Der Konsum der betroffenen Arbeitnehmer verringert sich weiter und aus der leichten Kurskorrektur unmittelbar nach dem Börsenkrach wird eine größere. Eine depressive Stimmung frißt sich durch Unternehmer wie Angestellte. Ohne größere Zufälle oder staatliche Eingriffe verstärkt sich der Prozeß weiter und führt zu weiter sinkenden Preisen, vermehrter Kurzarbeit und Entlassungen. Die Konsumenten werden sich aufgrund einer unsicherer werdenden Zukunft noch weiter zurückhalten und ihren Konsum weiter einschränken. Was zu weiteren Insolvenzen und Entlassungen führt. Dieser Mechanismus führte 1929 in eine jahrelange weltweite Depression und löste auch die Depression in Japan in den 90er Jahren aus. Und wer möchte angesichts der Euphorie, die zur Jahrtausendwende die Menschen beflügelte, behaupten, daß wir mittlerweile vorsichtiger geworden wären? In einer Aktienkultur werden die Marktteilnehmer immer wieder zu Übertreibungen neigen; eine Abkühlung nach einer Aktienrallye kann sich auch heute schnell zu einem Börsenkrach ausweiten. Häufig kommen noch Finanzierungsengpässe von Kreditinstituten hinzu:

Geschäftsbanken vergeben Kredite und sind bei ihren Sparern verschuldet. Falls Kredite in größerem Umfang ausfallen oder Banken selbst Geschäfte an der Börse tätigen, kann es bei einer Kurskorrektur zu Liquiditätsengpässen kommen, d.h. Banken können zahlungsunfähig werden – und genau dieses Phänomen läßt sich häufig bei Finanzkrisen beobachten. Dann ist es eine Frage des Krisenmanagements des Staates, ob er es schafft, den daraus folgenden Liquiditätsengpaß in den Griff zu bekommen, und in welchem Ausmaß eine Finanzkrise auf die Wirtschaft übergreift. In Japan und Südostasien war zu beobachten, daß auch gesunde Betriebe keine Kredite mehr bekamen und Bankrott gingen. Hier verhindert eine Sicherung der Liquidität des Bankensektors durch die Bereitstellung von viel billigem Geld meist Schlimmeres. Doch Krisenbewältigung nach großen Börsenturbulenzen wurde erst auf sehr kleinem Niveau geübt, namentlich bei dem Zusammenbruch der Spekulationsblase 1987, als der Dow-Jones-Index binnen kürzester Zeit ein Drittel seines Wertes verlor und die amerikanische Zentralbank sofort das Zinsniveau stark reduzierte. Im Deutschland von 1929 versuchten (in panischer Angst vor einer erneuten Hyperinflation) die damalige Reichsbank und die Reichsregierung, durch Stabilitätspolitik, Beibehaltung des Zinsniveaus und durch eisernes Sparen die Finanzmärkte zu beruhigen – was in die Katastrophe führen mußte.

Wie reagiert der Staat?

Ein aus welchen Gründen auch immer einsetzender großer Kursverlust an den Börsen führt mit der Revidierung der Erwartungen zu einer sofortigen Erhöhung der Sparneigung der Akteure und zu einer verringerten Konsumneigung. Je größer der Anteil des Aktienvermögens am Vermögen der Haushalte in einer Volkswirtschaft ist, desto instabiler wird diese somit; sie kann nur so lange funktionieren, wie genügend Nachfrage nach Aktien deren Preise stabilisiert oder erhöht, also neues Kapital vorhanden ist, das nach spekulativer Anlagemöglichkeit sucht. Dadurch verstärkt sich automatisch die Notwendigkeit, solche Anlageformen zu fördern. In dem Maße, wie die Börse wichtiger wird, hängt auch die Konjunktur eines Landes immer mehr von den Aktienkursen ab, und der Staat wird immer mehr dafür sorgen müssen, daß die Börse nicht zusammenbricht.

Der Staat wird gezwungen, sich vermehrt um die »Spielhallen« zu sorgen und Gesetze zu ihrem »Wohlbefinden« zu erlassen. Dies geschieht auf mehr oder weniger subtile Weise. In den Koalitionsvereinbarungen zwischen SPD und Bündnis 90/Die Grünen war festgeschrieben, die Spekulationsfrist von einem halben auf ein ganzes Jahr auszudehnen. Das entsprechende Gesetz wurde geändert, doch wurde dadurch die Börse unattraktiver. Aus heutiger Sicht ist dies als Fauxpas zu bezeichnen; denn es paßt natürlich nicht in die steigende Börsenbegeisterung. Die Korrektur der Maßnahme geschieht über Steuersenkungen auf Spekulationsgewinne oder eine generelle Steuerfreiheit bei Veräußerungsgewinnen, also beim Verkauf von Unternehmensbeteiligungen. Letzteres beflügelte den Markt regelrecht, denn nun sind Konzerne (vorwiegend Banken und Versicherungen) in der Lage, ihre Unternehmensbeteiligungen ohne Reibungsverluste (Steuern) abzustoßen. Der Chef der Allianz-Versicherung, Schulte-Noelle, drückt die Folgen dieser Gesetzesänderung treffend aus, wenn er sagt: »Von jeder unserer Beteiligungen erwarten wir eine überdurchschnittliche Performance im Vergleich zur Branche. Wird diese nicht erreicht, ist ein Verkauf denkbar. Da gibt es keine Sentimentalitäten. Mit dem Wegfall der Besteuerung von Veräußerungsgewinnen wird sich diese Dynamik erhöhen«.[114] Nach Gutdünken können nun Unternehmen mit Unternehmen spekulieren und haben sich damit einen weiteren Schritt von ihrer Aufgabe entfernt, Güter und Dienstleistungen für die Gesellschaft bereitzustellen.

Gesetzesänderungen, die zu steuerlichen Vorteilen führen, wenn Ersparnisse in Aktien angelegt werden, intensivieren die Aktienkultur noch weiter. Auch die Förderung der privaten Rentenvorsorge hat dies zur Folge. Falls die Macht der Börse weiter steigen sollte, wäre es durchaus denkbar, daß der Staat direkt in das Marktgeschehen eingreift, falls starke Kursverluste einen wirtschaftlichen Aufschwung gefährden. Oder greift er bereits direkt ein? So warnte Alan Greenspan, der Chef der amerikanischen Notenbank FED, zwar schon 1998 vor überhöhten Aktienkursen, doch er unternahm sonst nichts, was die Börse schockiert hätte. Als Begründung für sein passives Verhalten führte er an, daß er bei einem Eingreifen voraussetzen müßte, mehr zu wissen als die Märkte – dabei muß er stets mit Unsicherheiten operieren, wenn er Geldmengenwachstum oder Inflationsziel festlegt und die Wirkung eines Zinsschrittes abschätzt.

Letztlich sorgt Greenspan aber sicherlich indirekt dafür, daß die Börse stabil bleibt oder sogar zu weiteren Höhenflügen aufbrechen kann. Viele institutionelle Marktteilnehmer rechnen in Amerika nämlich fest damit, daß die Zentralbank im Falle eines Börsenkrachs blitzschnell reagieren wird und die Zinsen stark senkt. Damit ändert sich das Risikobewußtsein der Anleger: sie spekulieren riskanter, weil sie darauf vertrauen, daß die Zentralbank mit allen Mitteln versuchen wird, Systemkrisen zu verhindern – womit die Zentralbank die Möglichkeit von Krisen verstärkt, die sie eigentlich verhindern will. Eine solche verdeckte »staatliche Versicherung« verführt dazu, ein höheres Risiko einzugehen – dies wird als »moral hazard« bezeichnet. Die Anleger vertrauen darauf, daß der Staat sie schon aus den von ihnen selbst geschaffenen Problemen »raushauen« wird, wenn die Probleme nur die gesamte Wirtschaft aus dem Lot bringen können. Während Spekulationsgewinne jedoch in private Taschen fließen, haben die Kosten zur Stabilisierung einer angeschlagenen Volkswirtschaft alle aufzubringen.

Greenspan könnte natürlich eine Geldpolitik *gegen* die Börse machen, er müßte dazu nur das Zinsniveau deutlich erhöhen. Zur Begründung könnte er die hohen Preissteigerungen von Aktien heranziehen und einen wichtigen Börsenindex in die Berechnung der Inflationsrate mit einbeziehen. In England gehen die Immobilienpreise in die Inflationsberechnung ein, gerade um Immobilienspekulation zu verhindern – eine Erweiterung auf Aktienpreise wäre ausschließlich eine Frage des Willens. Diesen Willen äußert Greenspan nicht – vielleicht weil er weiß, wie gefährlich eine solche Bemerkung für eine überhitzte Wirtschaft sein kann.

Verkehrte Welt. In den vergangenen Abschnitten wurde beschrieben, wie sich die Wirtschaft entwickeln muß, damit Börsenkurse steigen können: Die Wirtschaft treibt die Börse. Doch in der entstehenden Aktienkultur haben die Börsenkurse wenig mit der wirtschaftlichen Entwicklung zu tun. Hier läßt sich eine regelrechte Umkehrung der ursprünglichen Zusammenhänge beobachten: Die Börse treibt die Wirtschaft. Die Kurse steigen, und deshalb wächst die Wirtschaft. Die Begründung ist einfach: Die Wirtschaft floriert, weil die Anleger aufgrund von selbst wachsenden (potentiellen) Vermögen weniger sparen müssen, also mehr konsumieren. Gleichzeitig kommen Teile der Wirtschaft billig an Kapital heran und investieren deshalb viel. So werden steigende Aktienkurse immer wichtiger für das Funktionieren immer größerer Teile der Wirtschaft.

Noch greift der Staat nicht direkt mit finanziellen Mitteln in die Börsengeschäfte ein; doch wenn die Gefahr besteht, daß aufgrund sinkender Aktienkurse eine schwere Rezession im Land ausgelöst wird, ist selbst der Schritt denkbar, daß der Staat die Aktien von Unternehmen – natürlich anonym – kauft, um deren Kurse und damit die Vermögen der Bevölkerung zu stabilisieren. Dann ist nicht mehr die von der Zentralbank gesteuerte Geldmenge für das Verhalten von Konsumenten wichtig (die über das Zinsniveau unter anderem das Konsumniveau beeinflußt), sondern eine völlig andere Geldmenge ohne Realitätsbezug. Würde es der Staat tatsächlich in Erwägung ziehen, ein bestimmtes Kursniveau an der Börse zu garantieren, so wäre die Zentralbank mit einem Schlag entmachtet. Zu Ende gedacht könnten dann auch Aktien als gesetzliche Zahlungsmittel gelten. In diesem Fall bliebe angesichts der derzeitigen Aktienvermögen nur die Hoffnung, daß die Bevölkerung weiterhin darauf vertraut, daß die Vermögen und der Wert der Vermögen erhalten bleiben; ansonsten wäre eine Hyperinflation ungeahnten Ausmaßes die Folge.

Illusion 6
»Wir haben aus früheren Börsenkatastrophen gelernt«

Die Voraussetzungen für übertriebene Entwicklungen

> »In den letzten fünf Jahren sind wir in eine neue industrielle Ära eingetreten. Unsere Industrie macht Fortschritte nicht in kleinen Sprüngen, sondern in heroischen Schritten.«
>
> Aus dem US-Magazin »Forbes«, Juli 1929[115]

Von schnellem Reichtum läßt sich natürlich immer träumen, doch verbieten sich derartige Gedanken in Krisenzeiten von vornenherein. Zumeist sind die Menschen dann damit beschäftigt, sich um ihren Lebensunterhalt zu kümmern oder Probleme sonstiger Art zu lösen. Die Vermutung liegt nahe, daß Menschen gerade in Zeiten lang anhaltender Prosperität übermütig werden. So lassen sich denn auch auffällige Ähnlichkeiten zwischen den spekulativen Blasen der 20er Jahre in den USA, der 80er Jahre in Japan und der vergangenen 12 Jahre in den USA und Europa beobachten:

- Die Erwartung von umwälzendem technischen Fortschritt, der mit einer hohen Wirtschaftskraft verbunden ist. Dies waren in den 20er Jahren Elektrifizierung, Radio und Flugzeug, heute beflügelt uns die Informationstechnologie. Hoffnung sorgt für Aufbruchsstimmung: »Neue Technologien werden unser Leben verbessern«.
- Eine Auflösung von Beurteilungsmaßstäben, die Vorhersagen über die Wirtschaftsentwicklung möglich machen. Gegen Ende der 90er Jahre wird z.B. wiederholt behauptet, dank neuer Informationstechnologien gebe es keine Konjunkturzyklen mehr. Mittelfristige Vorhersagen werden aufgrund starken Strukturwandels immer schwieriger.[116]
- Eine Ausdehnung der Geldmenge bei Geldwertstabilität (also ohne Inflation der Lebenshaltungskosten).[117] Mithin ist in diesen Zeiten das Zinsniveau sehr niedrig, es gibt also viel billiges

Geld, und sichere Geldanlagen bringen wenig Zinsen. Dies ist in der zweiten Hälfte der 90er Jahren erfüllt, man sprach sogar davon, daß die Inflation für immer besiegt sei.

Eine gewisse Ungleichverteilung der Vermögen erleichtert die Entstehung von spekulativen Blasen ebenfalls; es muß Leute geben, die mit viel Geld »spielen« können. Sobald sich eine Spekulationsblase zu bilden begonnen hat, haben Menschen Geld »gewonnen«; gewonnenes Geld setzt man gerne für weiteres Glücksspiel bzw. riskante Spekulationen ein.

Die Hoffnung auf eine Fortsetzung von Trends führt immer zur Suche nach Begründungen, warum es so weiter gehen muß. Beim Aktienmarkt werden heute dazu neben den neuen Informationstechniken eine hoffnungsvoll stimmende sinkende Staatsverschuldung, da diese tendenziell zu sinkenden Zinsen führen sollte, und zusätzlich eine trotz niedriger Zinsen geringe Inflation herangezogen. Es könnte sich natürlich auch so verhalten, daß sehr viel Geld vorhanden ist, welches nach rentablen Anlagemöglichkeiten sucht, und daß weder neue Technologien noch die Staatsverschuldung eine Rolle spielen. Bereits beim Börsenboom vor dem schwarzen Freitag hagelte es Begründungen für einen immerwährenden Aufschwung. Irving Fisher, einer der bedeutendsten Wirtschaftswissenschaftler aller Zeiten und Professor an der Yale Universität in Amerika, sagte noch am Vorabend des Börsenkrachs 1929: »Die Aktienkurse haben ein dauerhaftes und hohes Plateau erreicht«.[118] Noch beschämender wird die Aussage, wenn man bedenkt, daß Fisher führender Kapital- und Finanzmarkttheoretiker war. Auch der amerikanische Aufschwung der 90er Jahre wurde wiederholt zu einem »Long Boom« hochstilisiert, in dem die alten Gesetze der Wirtschaft keine Gültigkeit mehr hätten.

Viele Wirtschaftsdepressionen in der Geschichte werden zu Recht mit spekulativen Blasen in Verbindung gebracht, doch welche Rolle die Börse dabei im Vergleich zu anderen wirtschaftlichen oder politischen (Fehl-)Entwicklungen spielte, bleibt meist im Dunkeln.

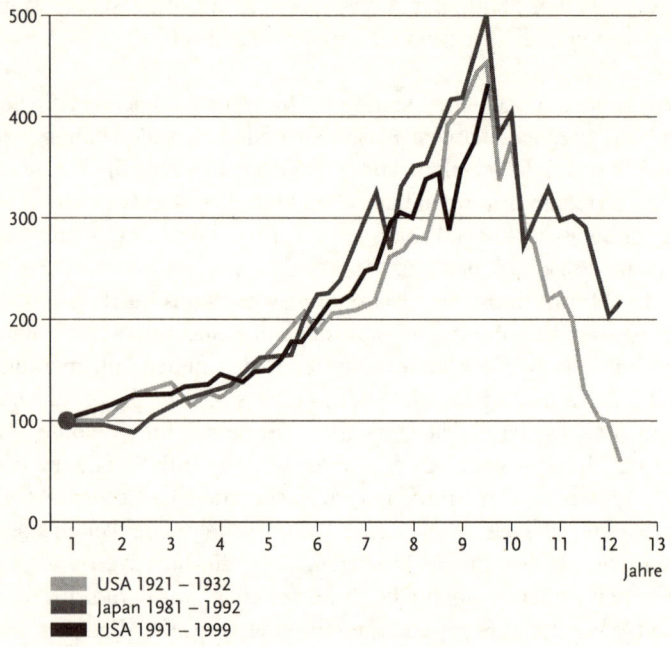

Prozent / Jahre

■ USA 1921 – 1932
■ Japan 1981 – 1992
■ USA 1991 – 1999

Abbildung 4: Anstieg der Börsenkurse in den acht Jahren vor den Kurskorrekturen am Schwarzen Freitag 1929 (hellgrau) und in Japan 1989 (grau). Die Ähnlichkeiten der Kursanstiege mit dem Verlauf des Dow-Jones-Index bis 1999 (schwarz) sind verblüffend. Quelle: The Economist, 25.9.1999.

Deshalb werden hier zunächst einige historische Abläufe geschildert, wobei deutlich wird, daß es natürlich auch andere Akteure gibt, die Krisen auslösen bzw. verschärfen. So sollte die Bedeutung des »Schwarzen Freitags« für die Depression in Deutschland nicht überbetont werden. Es wird sich zeigen, daß die Zusammenhänge weit komplizierter sind und eine Börsenkorrektur auch erst nach vielen Monaten und sogar Jahren tiefgreifende Folgen zeigen kann.

Vergleicht man die Kursentwicklungen verschiedener spekulativer Blasen miteinander, so fällt auf, daß der Kursanstieg in den acht Jahren vor dem japanischen Börsenkrach 1989 genau in derselben Art verlief wie der Kursanstieg in den acht Jahren vor dem Schwarzen Freitag 1929 (vgl. Abbildung 4). Und beide Kursanstiege sind nahezu deckungsgleich mit dem Verlauf der US-amerikanischen Aktienkurse in den 90er Jahren. In allen Fällen haben sich die Aktienkurse innerhalb dieser acht Jahre vervierfacht – der Dow-Jones stieg von 3000 Zählern im Jahr 1991 auf über 10 000 Zähler bis zum März 1999.[119] In Deutschland ergibt sich ein ähnliches Bild: Der DAX hat sich zwischen Februar 1996 und März 2000 von 2500 auf über 8000 Zähler erhöht, also mehr als verdreifacht.

Der Gründerkrach 1873

> »Die ganze Welt ist eine Stadt geworden«
> *Der Bankier Carl Meyer von Rothschild über die weltweit fallenden Aktien 1875*[120]

Dieser Krise gebührt große Aufmerksamkeit, da sie die erste in einer hoch industrialisierten Gesellschaft war – und man aus dem Krisenhergang viel lernen könnte, wenn man nur wollte. Verursacht wurde sie vor allem durch eine falsche Wirtschaftspolitik.

Zwischen 1858 und 1869 erlebte Deutschland eine Zeit guter wirtschaftlicher Konjunktur. In diese Periode fielen jedoch unter anderem zwei Kriege (1864 und 1866), weswegen Geld nur vorsichtig und in sichere Vorhaben investiert wurde. Der deutsch-französische Krieg 1870/71 brachte die entscheidende Wende; in seiner Folge brach sich »die lange zurückgehaltene Unternehmungslust freie Bahn«.[121] Drei zentrale Entwicklungen beflügelten die Märkte:
- Die Reparationszahlungen Frankreichs an Deutschland in Höhe von 5 Mrd. Franken erfolgten nahezu schlagartig. Die Reichsre-

gierung benutzte das Geld, um die Kriegsanleihen der Bevölkerung zurückzukaufen; als Folge davon suchte die Bevölkerung für das Geld nach neuen Anlagemöglichkeiten.
- Der Staat gab weitere Teile der Reparationszahlungen für das Landheer und Festungsbauten aus. Dieses Engagement führte zu mehr Geld unter der Bevölkerung, wodurch die Nachfrage nach Gütern erhöht wurde.
- Bis 1870 bedurften Aktiengesellschaften der Konzession, d.h. der staatlichen Erlaubnis, wenn sie an der Börse notiert werden wollten. »Diese Vorsicht war den Enthusiasten der Gewerbefreiheit ein Dorn im Auge«.[122] Nach Abschaffung des Gesetzes konnten sich Aktiengesellschaften ohne große Prüfung ihres Geschäftsgebarens auf den Kurszetteln notieren lassen.

Letzteres hatte einen sprunghaften Anstieg von Neugründungen zur Folge. Allein im Jahre 1872 entstanden 480, zwischen 1871 und 1873 insgesamt 928 neue Aktiengesellschaften, während in den 20 Jahren davor, zwischen 1851 und 1870, insgesamt nur 295 AG's gegründet worden waren.[123]

Da bereits weite Teile Deutschlands durch Eisenbahnlinien erschlossen waren, sollten nun auch der zweigleisige Ausbau, aufwendige Bahnhöfe sowie weniger rentable Bahnstrecken finanziert werden. Dazu gingen neu gegründete Unternehmen folgendermaßen vor: Nachdem die Konzession zum Bau einer Bahnstrecke erworben worden war, brachten die sogenannten »Enterpreneure« das Unternehmen an die Börse. Die Presse wurde mit Aktien bestochen und empfahl sie deshalb um so bereitwilliger, woraufhin die Kurse stiegen. »War der Kurs hochgetrieben, so verkauften die Gründer aus und überließen den Dummen die Zukunft.«[124] Es ist offensichtlich keine neue Erscheinung, daß in einem Börsenboom mit Hilfe von Insiderwissen und Leichtgläubigkeit viel Geld verdient und verloren wird.

Neben der Finanzspekulation florierte die Wirtschaft so sehr, daß Arbeitskräfte knapp wurden. Der erhöhte Ausstoß (von Roheisen, Steinkohle, etc.) wurde nicht durch eine Erhöhung der Produktivität erreicht, sondern durch eine Ausweitung der Arbeitsintensität und der Belegschaft. Gleichzeitig stiegen die Preise, vor allem für Investitionsgüter und Industrierohstoffe, mitunter um 50-100 % innerhalb von nur drei Jahren.[125] Da die Aktienkurse jedoch noch stärker stiegen, wirkte der Preisauftrieb nicht nachfragehemmend, sondern überwiegend stimulierend, da weitere Preiserhöhungen folgen konnten. Die Preise des täglichen Bedarfs stiegen ebenfalls an, und zwar stärker als die Löhne. Dies führte dazu, daß die Konsumindustrie wesentlich geringer wuchs als die Schwerindustrie, die Textilindustrie stagnierte bereits 1872. Die Widersprüchlichkeiten dieses Aufschwungs verschärften sich 1873 immer mehr. Arbeitskräftemangel und Preissteigerungen führten zu Arbeitskämpfen, gleichzeitig stiegen die Zinssätze an; jeder beklagte die Spekulation, obwohl alle mitmachten: »Die biologische, damals in weitere Kreise eingedrungene Daseinskampftheorie wurde als etwas Absolutes für die Menschheit hingestellt, als ob die Jahrtausende alte Rechtsidee gar nicht bestände.«[126]

Anfang Mai 1873 gab u. a. die Österreichische Credit-Anstalt Depotkündigungen und Krediteinschränkungen bekannt. Dies zog sinkende Aktienkurse und allein zwischen dem 5. und 8. Mai weitere 150 Insolvenzen nach sich. Als am Vormittag des 9. Mai 120 Zahlungseinstellungen bekannt wurden, fielen die Börsenkurse ins Bodenlose, und es kam zu einer zeitweiligen Einstellung des Börsenbetriebs. In Deutschland wurde die Hochstimmung noch für einige Zeit aufrechterhalten, doch als im Oktober die Quistorpsche Vereinsbank pleite ging, gab es kein Halten mehr. Die Kurse verloren auch an der Berliner Börse durchschnittlich um 46 %, zwei Drittel der neugegründeten Banken gingen pleite. Die Kursrückgänge führten zunächst zu Einnahmeausfällen bei Eisenbahnen, später auch im Montangewerbe. Erst mit Verzögerungen sanken Preise und Löhne, und erst 6 Jahre nach dem Aktienkrach wurde der Höhepunkt des wirtschaftlichen Niedergangs erreicht. Die einsetzende Rezession führte zu hohen Wohlstandsverlusten und zur Wiederbelebung protektionistischer Politik. Erst 1885 erreichten die Aktienkurse für gewisse Zeit wieder Werte, wie sie im

Jahr 1872 bestanden hatten. Doch selbst um 1900 waren die Verluste des Börsenkrachs noch nicht wieder wettgemacht.[127]

Der Gründerkrach war eine Krise, die in hohem Maße durch die Fehllenkung von Kapital durch eine boomende Börse verursacht wurde. Euphorie, gepaart mit krimineller Energie, dazu viel Geld und eine gute Konjunktur ließen die Zukunft beliebig rosig erscheinen. Und die Rückkehr in die Realität führte viel weiter bergab und dauerte viel länger, als unmittelbar nach dem Börsenkrach zu vermuten gewesen war.

Die Weltwirtschaftskrise 1929

Die Depression in Deutschland zwischen 1929 und 1933 unterscheidet sich fundamental vom Gründerkrach. Denn hier spielt die Börse nur eine untergeordnete Rolle; der »Schwarze Freitag« hatte – zunächst – für Europa weit geringere Folgen als in den USA. Warum wurde Deutschland dann von der Weltwirtschaftskrise trotzdem so hart getroffen? Dafür sind mehrere Entwicklungen verantwortlich:[128]

- Da Deutschland mehr Güter importierte als exportierte, hatte es ein Handelsdefizit und mußte zur Begleichung der Rechnungen Kredite aus dem Ausland aufnehmen. Gleichzeitig mußten die Reparationszahlungen in Devisen vorgenommen werden, die nur durch Exporte oder Kredite ins Land kommen konnten.
- Aufgrund der Erinnerung an die Hyperinflation 1923 legten ausländische Anleger ihr Kapital nur kurzfristig in Deutschland an. Dies war aufgrund des hohen Zinsniveaus auch rentabel, und die Kreditlinien wurden regelmäßig erneuert. Die Banken verliehen dieses aus dem Ausland geliehene Geld aber langfristig an die Industrie. Wenn ausländisches Kapital abgezogen wurde, kamen die Banken in arge Bedrängnis.
- Die Banken hatten, geschwächt durch die Hyperinflation, nur noch geringe Eigenmittel, doch sie schränkten ihre Kreditvergabepraxis nicht entsprechend ein. Die Fremdmittel überstiegen

die Eigenmittel um den Faktor 10, bei Berliner Großbanken sogar um den Faktor 15, während vor dem 1. Weltkrieg nur der Faktor 4 üblich war. Dies erhöhte die Abhängigkeit der Banken vor allem von ausländischem Kapital noch weiter.
- Finanziert von hochmobilem und hochverzinstem Fremdkapital erweiterte die deutsche Industrie, ebenso wie die amerikanische, ihre Produktionskapazitäten über die Maßen. Der Auslastungsgrad der Produktionsanlagen betrug 1929, als es noch keinen Produktionsrückgang gab, nur 50–60 % – viele Erweiterungsinvestitionen waren somit längst nicht rentabel.

In Amerika herrschte zu dieser Zeit Aufbruchstimmung wie in keinem anderen Land. Beflügelt durch Lohnerhöhungen und lang anhaltende Prosperität, durch neue Errungenschaften wie Flugzeug, Auto, Radio, Film oder Kunstseide, erlebte die Börse eine Hausse, da in den neuen Technologien riesige Gewinnpotentiale gesehen wurden. Das Land verwandelte sich in ein Spielcasino, denn man konnte sich leicht Aktien auf Kredit kaufen und an den Kursexplosionen teilhaben: »Ich habe erlebt, wie Schuhputzer Aktien im Wert von 50 000 Dollar mit nur 500 Dollar in bar kauften«, berichtet ein Zeitgenosse.[129] Ein Immobilienboom in Florida verstärkt die Hausse zusätzlich, und viele renommierte Wirtschaftswissenschaftler sagten immerwährende Prosperität und dauerhaft steigende Aktienkurse vorher. Warnende Stimmen, etwa von Roger Babson, der beim Jahrestreffen der amerikanischen Wirtschaft im August 1929 einen tiefen Kurssturz vorhersagte, gab es natürlich ebenfalls, wurden aber nicht gehört. Doch der Tag mußte kommen, an dem die Blase platzte, denn es war schon länger absehbar, daß viele Investitionen der Unternehmen über jegliches vernünftiges Ziel hinausgeschossen waren – die Lagerhaltung wuchs bereits seit längerem, genauso wie die Arbeitslosigkeit. Ausgelöst von einigen Firmenzusammenbrüchen begannen die Kurse ab August 1929 zu sinken; doch erst als der Dow-Jones-Index am Donnerstag, dem 24.10.1929 innerhalb von 24 Stunden um 12,8 % sank, brach an der Börse Panik aus. Um Schlimmeres zu vermeiden, übernahmen New Yorker Banken Kredite, die zum Kauf von Aktien aufgenommen worden waren, in Milliardenhöhe; selbst die Amerikanische Zentralbank kaufte Wertpapiere an, um die Kurse zu stützen. Doch der Aktivismus half nicht mehr, »die ›große Depression‹ war eingeläutet«.[130] Vom Höchststand im August 1929 bis zum Tiefststand in der Mitte des Jahres 1932 verlor der Dow-Jones-Index fast 90 % seines Wertes.

> **Der Leverage-Effekt**
>
> Ein Trick, die Börsengewinne zu erhöhen, ist der in den 20er Jahren in den USA häufig verwendete Leverage-Effekt. Bei diesem Hebel-Effekt leiht sich ein Unternehmer, der z.B. 10 000 DM Eigenkapital hat, weitere 10 000 DM von einer Bank und kauft sich dann Aktien für 20 000 DM. Bei einer Kurssteigerung von 2 % auf 20 400 DM macht der Unternehmer 400 DM Gewinn, das sind 4 % auf sein Eigenkapital. Nun kann der Unternehmer natürlich mit den 20 000 DM auch eine Holding gründen und dann für 20 000 DM Fremdkapital einwerben – z.B. wieder bei einer Bank. Wenn er jetzt für 40 000 DM Aktien kauft und die Kurse um 2 % auf 40 800 DM steigen, macht er auf sein ursprüngliches Kapital einen Gewinn von 8 %. Wenn der Unternehmer mehrere Holdings hintereinander schaltet und die Aktienkurse steigen, kann man so bei kleinen Einsätzen riesige Gewinne machen – allerdings potenzieren sich auch die Verluste. Heute schränken Gesetze dieses Prinzip ein, doch verwenden auch manche Hedge-Fonds (vgl. Kapitel 1.4) solche Mechanismen.

Aufgrund der Zeitverschiebung kam die Panik erst einen Tag später in Europa an; doch da die Reichsregierung in Deutschland bereits im Mai 1927 die Banken dazu gezwungen hatte, ihre Kredite an Aktionäre stark einzuschränken, verlief der »Schwarze Freitag« hier wesentlich weniger spektakulär. Schon 1928 begannen die Aktienkurse langsam aber kontinuierlich zu sinken, sie verloren bis 1931 zwei Drittel ihres Wertes. Seit 1928 dehnte sich auch der Konsum nicht mehr weiter aus, und die Arbeitslosigkeit, im

Sommer 1927 bei einem Tiefpunkt von 355 000 angelangt, stieg wieder an. Die Bevölkerung sparte mehr und die Industrie fuhr immer höhere Verluste ein. Aufgrund der Krise in den USA und in fast allen anderen Industrienationen sank der Export, und eine Konkurswelle überzog das gesamte Land. Von 1929 bis 1931 stieg die Arbeitslosigkeit von 1,9 Mio. auf 4,4 Mio. (jeweils Jahresdurchschnittswerte) an, gleichzeitig fiel das Volkseinkommen um 36 %.

Da sich Deutschland verpflichtet hatte, den Wechselkurs stabil zu halten (und dies auch von Teilen der Bevölkerung und den Kapitalanlegern – zunächst – positiv gewertet wurde), jedoch viel Kapital aus Deutschland abgezogen wurde, mußte der Export gesteigert werden. Deshalb betrieb Kanzler Brüning eine deflationäre Politik: Er beschränkte den Staatshaushalt (durch Investitionskürzungen und Senkung der Beamtengehälter), Preise und Mieten wurden gesenkt, wo der Staat diese steuern konnte, Lohnerhöhungen wurden nicht mehr zugelassen – schlicht um billiger produzieren zu können und im Ausland konkurrenzfähig zu sein. Aufgrund der politischen Radikalisierung durch die Wahlen im September 1930 und eine geplante Zollunion zwischen Deutschland und Österreich, die von den Alliierten als verdeckter Anschlußwunsch interpretiert werden mußte, zogen ausländische Kapitalanleger ihr Geld verstärkt aus Deutschland ab. In der Folge eines Bankenzusammenbruchs in Österreich kam es auch in Deutschland zu einem »Banken-Run«: Tausende von Sparern wollten gleichzeitig ihr Geld abheben und trieben die ohnehin wenig liquiden Banken in den Ruin. Nicht einmal Bankenfeiertage konnten den Zusammenbruch zahlloser Institute im Jahr 1931 verhindern.

Nun lockte selbst eine Erhöhung des Zinsniveaus kein Kapital mehr nach Deutschland – Devisen wurden knapp. Es durfte auch kein Geld gedruckt werden, um den Wechselkurs nicht zu gefährden, und so wurde auch die Reichsmark knapp. Geld, das die Regierung den Unternehmen gab, um ihnen auf die Beine zu helfen, wurde über Steuern und Sonderabgaben wieder zurückgeholt, denn der Staat wollte auf einen ausgeglichenen Haushalt achten. Doch ohne Geld konnte die Industrie nicht investieren, die Bürger nicht konsumieren und der Staat seinen Zahlungsverpflichtungen nicht nachkommen.

Erst unter dem vorletzten Kanzler Franz von Papen wurde ab September 1932 die Nachfrage der Bevölkerung erhöht: Man verteilte Steuergutscheine, welche die Wirkung von neuem Geld hatten und binnen Wochen zu einer Belebung der Wirtschaft führten. Schon einen Monat nach Beginn der Aktion war die Arbeitslosigkeit signifikant gefallen. Auch der letzte Kanzler der Weimarer Republik, Kurt von Schleicher, hielt an dieser Wirtschaftspolitik fest und intensivierte sie in den zwei Monaten seiner Amtszeit, indem er auch öffentliche Aufträge zur Belebung der Wirtschaft vergab – doch es war zu spät. Am 29.1.1933 wurde die Demokratie in Deutschland zu Grabe getragen. Fünf Jahre wirtschaftlicher Niedergang, verstärkt durch eine falsche Wirtschaftspolitik, die erst viel zu spät korrigiert wurde, und hohe Reparationszahlungen hatten den Glauben an die junge Demokratie schwinden lassen. Die Wirtschaft hatte Produktionsanlagen aufgrund der Aktienhausse überdimensioniert, die Banken hatten die Gefahren kurzfristigen Kapitals übersehen. Gebeutelt von Hyperinflation, Reparationszahlungen, Depression, Massenarbeitslosigkeit, Bankenzusammenbrüchen, ständigen Kanzlerwechseln und Notverordnungen glaubte die Bevölkerung fortan lieber einfache Wahrheiten – so verwandelte sich Deutschland ein zweites Mal in ein Monster, das ganz Europa in Schutt und Asche legte.

Ziehen wir ein vorläufiges Resümee:
- Börsenbeben verbreiteten sich schon vor 70 Jahren in Windeseile um die Erde.
- Börseneinbrüche können sehr langsam vonstatten gehen. Aus einem Schwarzen Freitag wurde ein schwarzes 1929 bis 1933.
- Auf einen Börsenkrach kann man vernünftig oder unvernünftig reagieren. Ein Rückzug des Staates aus der Wirtschaft (eine Konsolidierung des Staatshaushalts im falschen Moment) hat ähnlich fatale Folgen wie staatliche Verordnungen (Lohnstopp).

- Wirtschaftspolitik ist kompliziert. Im Nachhinein durchschaut man Dinge mitunter relativ einfach; den Wirtschaftspolitikern Deutschlands und der Alliierten kann man höchstens mangelnden Mut und Willen zur Kooperation zuschreiben; einen Königsweg aus der Krise gab es nicht.

Nach der Weltwirtschaftskrise herrschte nun lange Zeit Ruhe im Spielkasino (allerdings nur der Industriestaaten). Zwischen dem »Schwarzen Freitag« und dem nächsten erwähnenswerten Aktienkrach vergingen fast sechs Jahrzehnte. Zunächst schien es so, als hätten die Industriestaaten ihre Lektion gelernt, wie die prompte Reaktion der Zentralbanken auf die Börsenkrise 1987 zeigt.

Der »Computercrash« 1987

Während der 80er Jahre kannten die Aktien der 30 größten Unternehmen in Deutschland fast nur eine Richtung: aufwärts. Im Oktober 1987 stand der DAX bei 1458 Zählern,[131] verlor dann jedoch bis zum Januar 1988 36 % seines Wertes – trotzdem merkte die Realwirtschaft nichts davon. Was war geschehen?

Bereits im Verlauf des Jahres 1987 hatte die Deutsche Zentralbank die Zinsen mehrfach erhöht; vorausgegangen war eine lange Phase niedriger Zinsen. Auch die amerikanische Zentralbank erhöhte im September 1987 die Zinsen; davor hatten sich die Aktienkurse in den USA zwischen 1982 und 1987 fast verdreifacht. Von der Zinserhöhung ließen sich die Börsianer bis zum Oktober jedoch nicht beeindrucken – bis am Freitag, dem 16.10.1987, die Kurse um 5 % fielen. Der Auslöser für den Kurssturz läßt sich nicht einwandfrei zurückverfolgen; vielleicht machte vielen Anlegern eine Grafik in der amerikanischen Zeitung »Wall Street Journal« Angst, in der die Kursentwicklung vor 1987 mit der in der Zeit vor dem Crash von 1929 verglichen wurde – genauso wie in Abbildung 4 zu Beginn dieses Kapitels.[132]

Doch auch unzählige andere Auslöser können die Börsianer zurück zur Vernunft bringen, vor allem wenn Zinssteigerungen drohen. Häufig wurde der Verdacht geäußert, das von Präsident Reagan in Kauf genommene Staatsdefizit würde das Zinsniveau erhöhen und bedrohe die Aktienkurse. Verstärkt wurde die Krise jedoch sicher durch Computerprogramme, die bei bestimmten Kursverläufen *automatisch* Kauf- bzw. Verkaufsorders abgeben. Da viele Anlagegesellschaften exakt dieselben Computerprogramme verwendeten, verstärkte sich der Kurseinbruch, und am Montag, dem 19.10.1987 stürzte der Dow-Jones-Index innerhalb kürzester Zeit um 22 % – doppelt so stark wie am Schwarzen Freitag 1929.[133] Daraufhin fielen weltweit die Aktien, man sprach vom »Kursmassaker an den Weltbörsen«. Erschwerend kam hinzu, daß das damalige zentrale Computersystem der Börse »mit den Orders nicht nachkam und noch Kurse anzeigte, die nicht mehr gültig waren – das aber nicht bekanntgab. Zunächst merkte kaum ein Börsianer, daß er zu Preisen handelte, die viel niedriger lagen als er glaubte. Denn die mechanischen Drucker kamen nicht mit dem Ausdruck der Handelsbelege nach.«[134]

Die Politiker gingen schnellstmöglich auf Schmusekurs mit den Börsianern: Reagan willigte ein, das Etatdefizit zu verringern, sogar teilweise über Steuererhöhungen, und trat damit von seiner dogmatisch vertretenen Meinung ab, daß »Steuererhöhungen zu weniger Staatseinnahmen und geringere Steuersätze zu erhöhten Staatseinnahmen führen«.[135] Vor allem aufgrund der schnellen Reaktion der amerikanischen Zentralbank konnte eine Ansteckung der Realwirtschaft verhindert werden. Sie hatte aus der Weltwirtschaftskrise gelernt, senkte die Zinsen, machte somit Aktien attraktiver als andere Geldanlagen und brachte auf diese Weise Geld und Optimismus zurück an die Börse.

Was kann man aus diesem glimpflich verlaufenen Computerkrach lernen? Zunächst, daß mit der Beschleunigung der Informationsverarbeitung und des Wissenszugriffs durch Computerisierung auch neue Gefahrenquellen entstehen und Kursbewegungen beschleunigt und auch weiterhin übertrieben werden. Man erkennt außerdem, daß manche Börsenkrisen durch eine geschickte Finanz- und Geldpolitik, die zum Teil auf Erfahrungen aus vergangenen Krisen basiert, begrenzbar sind. Doch welche Krisen das sind, kann nicht vorhergesagt werden. Daß Schadensbegrenzung nicht immer funktioniert, zeigt das Beispiel Japans, das auch 10 Jahre nach dem Aktienkrach von 1990 noch immer mit niedrigen Wachstumsraten, Rezession und einer allgemein schlechten Stimmung in der Bevölkerung und der Wirtschaft zu kämpfen hat.

Japan: Größenwahn und die Folgen

In den 80er Jahren sahen Futurologen das Ende Amerikas nahen, Japan strotzte mit seinem korporatistischen, interventionistischen Wirtschaftssystem vor Selbstvertrauen. Nach 15jähriger ungebrochener Aufwärtsbewegung war die wirtschaftliche Leistungsfähigkeit unzweifelhaft sehr hoch. Japan hatte »aufgeholt«, es erwirtschaftete allein gegenüber den USA einen Handelsbilanzüberschuß von wöchentlich einer Milliarde US-Dollar. Doch die enormen Erträge wurden nicht mehr solide investiert, man tätigte immer riskantere Spekulationen, da hierbei die Gewinne wesentlich höher sein konnten. Spekuliert wurde nur zum Teil mit Aktien, mit Immobilien sind ähnliche Wertsteigerungen zu erzielen: 50 000 US-Dollar bezahlte man in Tokio für ein Grundstück von der Größe eines Briefbogens.[136] Die Japaner kauften US-Immobilien (z.B. das Rockefeller-Center in New York für 1,4 Mrd. US-Dollar) und bauten noble Golfanlagen. Sowohl das Selbstbewußtsein der Japaner als auch die Angst der übrigen Industrienationen vor Japan erreichten am Ende der 80er Jahre ihren Höhepunkt.

Am 29. Dezember 1989 betrug der Nikkei-Index, der die Aktienkurse von 225 japanischen Unternehmen widerspiegelte, 38 915 Punkte. Doch trotz hervorragender Wirtschaftsprognosen begannen die Kurse im Verlauf des Februars 1990 deutlich zu fallen, die Spekulationsblase hatte ihre maximale Ausdehnung erreicht. Das durchschnittliche Kurs-Gewinn-Verhältnis (vgl. Illusion 1) war rund dreimal so hoch wie damals in den USA oder Deutschland. Zunächst regierte noch Gelassenheit – die Kursstürze 1990 schienen durch die Kuwait-Krise und die dadurch gefährdete Ölversorgung verursacht.[137] Doch auch nach Ende des Krieges stellte sich keine Besserung ein, die Kurse sanken immer weiter, und selbst heute, über zwölf Jahre nach seinem Höchststand, liegt der Nikkei-Index bei einem Viertel seines ehemaligen Rekordhochs. Der bislang tiefste Wert des Nikkei seit über 17 Jahren wurde im September 2001 erreicht: 9383 Punkte.

Mit dem Einbruch der Börsenkurse geriet auch Japans Wirtschaft ins Taumeln. Da Banken Aktien und Immobilien als Sicherheiten für Kredite akzeptierten, kamen sie durch deren sinkende Preise in immer größere Schwierigkeiten und konnten die Wirtschaft immer schlechter mit Krediten versorgen. Das allseits bewunderte Wirtschaftswachstum Japans endete nicht abrupt, die Wachstumsraten wurden jedoch wesentlich kleiner. Sie lagen nicht mehr bei 4,5 Prozent, wie zwischen 1975 und 1990, sondern bei durchschnittlich unter einem Prozent in den 90er Jahren. Von einer ausgewachsenen Depression kann (bis auf das Jahr 1998, als die Südostasienkrise die japanischen Exporte stark reduzierte) nicht die Rede sein, doch die Stimmung ist schlecht, die Konsumneigung gering und die Arbeitslosigkeit steigt unentwegt an.

Da keine Inflation mehr drohte, konnten zur Ankurbelung der Wirtschaft die Zinssätze gesenkt werden, anfangs zwar mit großen Verzögerungen, doch bereits 1995 auf nur noch 0,5 %. Parallel zu den Zinssenkungen versuchte der Staat die Wirtschaft durch riesige Ausgabenprogramme, die vor allem der Bauindustrie zugute kamen, anzukurbeln. Dabei erhöhte sich die japanische Staatsverschuldung seit 1990 in 10 Jahren kontinuierlich von 60 % auf 120 % des BIP, doch die Erfolge waren lediglich von kurzer Dauer – obwohl rund 4000 Mrd. DM zur Belebung der Konjunktur und zur Sanierung des Bankensektors aufgebracht wurden. Nicht einmal das Verteilen von Einkaufsgutscheinen für 11,5 Mrd. DM führte zu einer Ausweitung des Konsums. Die Gutscheine wurden lediglich zur Bezahlung notwendiger Einkäufe verwendet. So war das Pro-Kopf-Einkommen Japans Ende 1998 geringer als 1991.

Industrie und Dienstleistungsgewerbe versuchen seit geraumer

Zeit, Kosten zu senken, um ihre schmalen Profite zu steigern. Angesichts eines hohen Rationalisierungspotenzials ist dies auch möglich. Dabei steigt jedoch die in Japan völlig ungewöhnliche Arbeitslosigkeit, Menschen verlieren den Glauben an sichere Arbeitsplätze und sparen noch mehr. Diese Entwicklung wird überschattet von einer steigenden Zahl von Rentnern, weshalb die Japaner den Glauben an ihr Rentensystem verlieren, was ebenfalls die Spartätigkeit erhöht.

Die »Liquiditätsfalle« und der Babysitter-Tauschring

Japan befindet sich in einer Liquiditätsfalle: Selbst bei Zinssätzen nahe Null sparen die Bürger Japans über die Maßen – die Steuerungsfunktion der Zinsen funktioniert nicht mehr.

Paul Krugman, weltweit angesehener Ökonom am Massachusetts Institute of Technology, weist für Japan einen einfachen Weg, um aus der Liquiditätskrise herauszukommen. Um diesen Lösungsvorschlag (der sich ebenfalls aus rein wissenschaftlichen Theorien ergibt) für jedermann verständlich zu machen, gibt er ein wundervolles (auch tatsächlich existierendes) System an, welches hier in verkürzter Form dargestellt werden soll.[138]

> **»Die Babysitting-Kooperative«**
>
> 150 Paare bilden einen Babysitter-Tauschring, wobei jedes Paar eine gewisse Anzahl von Coupons erhält. Wenn ein Paar abends ausgehen will, tut es dies kund und bezahlt die Babysitter mit Coupons. Sind die Coupons aufgebraucht, so muß man selbst Babysitten – dies sind die einfachen Spielregeln. Doch so einfach funktioniert das nicht, denn wenn Paare länger nichts vorhaben, beginnen sie, Coupons »für Notfälle« zu sammeln. Es entwickelt sich die Situation, daß immer mehr Paare lieber einige Coupons angespart haben wollen, ehe sie wieder ausgehen – mit der fatalen Konsequenz, daß zwar jeder Babysitten will, aber nicht darf. Und diese »Rezession« verschärft sich: Immer weniger gehen aus und »konsumieren«, und immer weniger Paare haben Arbeit als Babysitter. Dies liegt weder an schlechter Dienstleistungsqualität noch an mangelnden Arbeitsangeboten, son-

dern an fehlender Nachfrage. Ein Verwaltungsrat kann nun eine Vorschrift erlassen, daß Paare soundso oft ausgehen *müssen*, doch gibt es nicht eine viel einfachere Lösung? Natürlich gibt es sie, und sie liegt auf der Hand: Nachdem in der Kooperative neue Coupons ausgegeben wurden und die Paare plötzlich größere Couponreserven hatten, gehen alle wieder aus und jeder ist zufrieden.

Wenn Paare plötzlich öfters hintereinander Verpflichtungen haben, aber nicht genügend Coupons auf Lager, so können sie sich welche von der Leitung des Tauschringes leihen. Um Mißbrauch vorzubeugen, wird ein Zins erhoben, d.h. es muß eine erhöhte Anzahl an Coupons zurückgezahlt werden. Die Mitglieder werden aufgrund der Möglichkeit, Coupons zu leihen, ihre Coupon-Ersparnisse reduzieren, da man sich ja im Notfall etwas borgen kann. *Wenn dies zutrifft*, dann läßt sich über den Zinssatz die Tendenz steuern, ob Paare lieber Babysitten oder ausgehen, und sich so ein Gleichgewicht zwischen Angebot und Nachfrage schaffen.

Während des Sommers funktioniert das gut, doch im Winter ergeben sich neue Probleme: Alle wollen für den kommenden Sommer sparen. Nun könnte der Fall eintreten, daß die Leitung die Zinsen für das Borgen von Coupons bis auf Null senkt. Doch wenn es draußen stürmt und schneit, will jeder für den Sommer vorsorgen. Weil damit die Möglichkeiten zum Babysitten knapp werden, können die Paare immer weniger Coupons verdienen, mit der Folge, daß sie noch weniger ausgehen – und die Kooperative käme trotz niedriger Zinsen in die Rezession.

Welche Möglichkeit bleibt der Kooperative? Offenbar ist Babysitten im Winter weniger wert als im Sommer. Einleuchtend ist aber auch, daß die Kooperative nicht funktionieren kann, wenn alle Paare Couponreserven für den Sommer ansparen und dann nur noch ausgehen wollen. Ein Ansparen von Coupons für den Sommer darf also nur eingeschränkt möglich sein, z.B. über einen gewissen Wertverlust. Wenn Paare wissen, daß ihre im Winter angesparten Coupons im Sommer nur noch die Hälfte wert sind, dann wird ihre Bereitschaft, im Winter für den Sommer vorzusorgen, geringer. Dies läßt sich durch die Ankündigung bewerkstelligen, daß die Preise für Babysitten im Sommer steigen werden, also eine gewisse Inflation der Babysitting-Preise vorhanden ist. Das Horten der Coupons für den Sommer wird dadurch weniger attraktiv.

Japan befindet sich im Winter der Babysitting-Kooperative. Zinssenkungen sind nicht mehr möglich, die Bevölkerung spart und die Unternehmen entlassen Arbeitskräfte. Wenn sich die Regierung entschließen würde, die Notenpresse kontrolliert anzuwerfen, und damit eine kontrollierte Inflation verursachen würde, so würde sich die Konsumneigung der Bevölkerung erhöhen.

Das Unbehagen an der Forderung, die Notenpresse anzuwerfen, rührt daher, daß Inflation als etwas grundsätzlich Schlechtes angesehen wird. Für jedes einzelne Individuum stellt eine Entwertung des Geldes auch tatsächlich zunächst etwas Negatives dar. Doch kann eine Handlung des Staates, die für ein Individuum nachteilig ist, für die Gesamtbevölkerung durchaus positiv sein. Gerade für Japan wäre es vorteilhaft, einen Weg zu beschreiten, der für jeden einzelnen zunächst nachteilig erscheint – weshalb er schwer durchzusetzen ist. Aus diesem Grunde versucht Japan durch riesige kreditfinanzierte staatliche Ausgabenprogramme die Wirtschaft anzukurbeln, obwohl die Lösung viel näher läge und auch den Staatshaushalt nicht belasten würde: eine in einer Liquiditätsfalle gefangene Gesellschaft braucht eine gewisse Inflationserwartung.[139]

Fazit

Im vorangegangenen Kapitel sollte deutlich geworden sein, daß die geschilderten Krisen alle unterschiedlich verlaufen sind. Mal stand die Börse im Zentrum der Krise, manchmal verstärkte sie eine Krisensituation nur. Die in der Vergangenheit erlernten Rezepte zur Linderung oder Vermeidung einer Krise helfen manchmal, manchmal versagen sie. Doch die Luft aus Spekulationsblasen entweicht immer irgendwann. Dadurch wird die Wirtschaft stets in irgendeiner Form destabilisiert – hektische Maßnahmen bei generell stark sinkenden Aktienkursen zeugen davon, daß das auch Politiker so empfinden.

Eine Analogie drängt sich auf: Es ist sehr wichtig für die Wirtschaft, daß die Zentralbanken mit hohem Aufwand versuchen, die

Geldmenge so zu steuern, daß Konjunkturzyklen gedämpft werden. Die Zinsen werden erhöht, wenn eine Überhitzung der Konjunktur droht, und gesenkt, um sie anzukurbeln. Würde die Zentralbank Konjunkturzyklen verstärken, würde man die Entscheidungsträger entlassen, da sie den gesamten Wirtschaftsprozeß destabilisieren. Bildet sich eine Spekulationsblase, hätte die Politik eigentlich die Aufgabe, gegen diesen Trend vorzugehen – das Ende einer Aktienrallye schadet der Wirtschaft ebenso wie eine Rezession. Das Verhalten und die verbreitete Stimmung der Entscheidungsträger in der Politik zwischen 1997 und 2000 waren jedoch eher dazu geeignet, die Aktienrallye weiter zu beschleunigen, sie betrieben »prozyklische« Politik. Gerade weil jede Krise anders verläuft und es keine Patentrezepte gibt, um die Folgen eines Stimmungsumschwungs an der Börse auf die Börsianer zu begrenzen, handelt eine Regierung verantwortungslos, wenn sie die Ausbildung von Spekulationsblasen nicht unterbindet. In diesem Sinne haben wir aus früheren Börsenkatastrophen überhaupt nichts gelernt.

Illusion 7
»Was für die Börse gut ist, ist für die Unternehmen gut«

> »Spekulanten mögen unschädlich sein wie Luftblasen auf einem steten Strom der Unternehmungslust. Aber die Lage wird ernst, wenn die Unternehmungslust zur Luftblase in einem Strudel der Spekulation wird.«
>
> John Maynard Keynes[140]

Wenn Unternehmen, die keine Aktiengesellschaften sind (also 99,9 % aller Unternehmen; vgl. S. 16), Kapital für Investitionen benötigen, müssen sie bei Banken Kredite aufnehmen. Werden ihnen diese bewilligt, so können sie die Investition durchführen, müssen aber hernach die Kredite wieder zurückzahlen, zuzüglich den üblichen Kapitalmarktzinsen. Vor allem wenn Börsen bei der Bevölkerung hoch im Kurs stehen, erhalten AG's bei Aktienemissionen leicht soviel Kapital, wie sie sich wünschen. Dieses »Eigen«kapital müssen sie nicht mehr zurückzahlen; lediglich über die Dividende erhalten Aktionäre einen Zins auf ihr eingebrachtes Vermögen. Aufgrund von Skalenerträgen (also der Möglichkeit, durch größere Maschinen/Computer die Produktionskosten pro Stück zu reduzieren) und geringerer Kapitalkosten werden Großunternehmen in doppelter Weise bevorzugt. So ist es nicht weiter verwunderlich, daß Aktiengesellschaften überdurchschnittliche Renditen einfahren – zu diesem Punkt gibt es zahlreiche Studien. Der durchschnittliche Gewinn aller Kapitalgesellschaften (Aktiengesellschaften und GmbHs) hat sich zwischen 1970 und 1995 um den Faktor 8,8 erhöht, während die Gewinne aller Unternehmen nur um das 4,7-fache stiegen. Weiterhin steigen die durchschnittlichen Profite ebenfalls mit einer höheren Branchenkonzentration an, d.h., wenn wenige große Unternehmen einen hohen Marktanteil in einer Branche halten.[141] Doch auch Großunternehmen macht die entstehende Aktienkultur zu schaffen.

Unternehmen im Würgegriff der Anleger: Der Shareholder-Value

Ursprünglich wurden Aktien ausgegeben, um Kapital für den Betrieb einzuwerben, damit Investitionen getätigt werden können. Heute lohnt sich spekulatives Verhalten jedoch oftmals mehr als real zu investieren. Und so verwandeln sich immer mehr Industriebetriebe in Banken, die auch in der Produktion tätig sind – allen voran das Großunternehmen Siemens, von dem mitunter behauptet wird, es sei eine Bank mit angeschlossener Elektroabteilung. Große Teile des Gewinns erwirtschaftet Siemens mit seiner Bank »Siemens Kapitalanlage-Gesellschaft mbH« (SKAG).[142]

Bei der Lektüre von Wirtschaftszeitungen beschleicht einen der leise Verdacht, manche Unternehmen wüßten nicht mehr, wozu sie eigentlich einmal gegründet wurden. Wenn Unternehmen an der Börse sind, geht es heute weniger denn je darum, für Menschen Produkte zu erzeugen, einen gewissen Gewinn zu erwirtschaften und Arbeitsplätze zu schaffen. Das Beispiel »Kurspflege« verdeutlicht dies: Sinkt der Aktienkurs eines Unternehmens unter eine festgesetzte Schwelle, so werden Rücklagen verwendet, um die eigenen Aktien zurückzukaufen, die Kurse wieder zu erhöhen und damit für die Börsenwelt zu schönen.

Möchte ein Unternehmen nicht von anderen übernommen werden, so muß es teuer sein. Teuer bedeutet hierbei, daß seine Aktienkapitalisierung ähnlich hoch sein muß wie die vergleichbarer Unternehmen – dahindümpelnde Aktienkurse machen Unternehmen zu billigen Übernahmekandidaten. Daraus folgt, daß »unabhängige« Unternehmen immer im Trend liegen müssen. Die entstehende Aktienkultur führt auf diese Weise zu einer Vereinheitlichung der Unternehmenskulturen, da sich jedes Unternehmen am Marktführer orientieren muß. Nicht nur die Renditen müssen ständig optimiert werden, auch bezüglich der Informationspolitik, der Werbung oder der Produktinnovation muß der optimale Weg beschritten werden. Schlußendlich müssen Unternehmen nicht mehr nur für ihre Produkte Werbung machen, sondern auch für ihre Aktien. Die Unternehmensberatung Boston Consulting will herausgefunden haben, daß sich so der Aktienkurs von Unternehmen um 10-15 % erhöhen läßt. Ein mediengerechter Vorstandsvorsitzender wird von den Kapitalmärkten mit weiteren 20 % Kurszuwachs belohnt.[143]

»Shareholder-Value« besagt, daß der oberste Zweck eines Unternehmens darin besteht, Wert für den Aktionär zu schaffen. Dies meint, daß alles getan werden muß, um den Aktienkurs zu erhöhen. Urvater dieser Theorie ist Alfred Rappaport, ehemaliger Professor der Northwestern University in Amerika, der 1986 ein Buch mit dem Titel »Shareholder Value – Wertsteigerung als Maßstab für die Unternehmensführung« veröffentlichte.[144] Laut Nobelpreisträger Milton Friedman, dem Urvater der Lehre, wonach das Geldmengenwachstum wesentlicher Bestimmungsfaktor für Inflation und (nominales) BIP-Wachstum ist (Monetarismus), ist die Theorie von Alfred Rappaport in einer Gesellschaft, die Eigentum respektiert, auch völlig logisch, denn: »Es gibt wenig Entwicklungstendenzen, die so gründlich das Fundament unserer freien Gesellschaft untergraben können, wie die Annahme einer anderen sozialen Verantwortung durch die Unternehmer, als die, für die Aktionäre ihrer Gesellschaften soviel Gewinn wie möglich zu schaffen.«[145] Das Prinzip des Shareholder-Values führt ebenso zu der Forderung, daß nur noch Vorhaben finanziert werden, die eine Mindestrendite erwarten lassen. Investitionen in Bereiche, die zwar rentabel sind, aber nur wenig Zins abwerfen werden, werden nicht von Aktiengesellschaften getätigt.

Manager werden darauf geimpft, das zu tun, was der Kapitalmarkt von ihnen will. Wie schon in Illusion 1 deutlich wurde, steigen Aktienkurse, wenn der Gewinn eines Unternehmens steigt. Somit wird es ein zentrales Unternehmensziel, *maximale* Rendite zu erwirtschaften. Das ist ein entscheidender Unterschied zu einem mittelständischen Unternehmer, der bestimmt nicht im Sinn hat, permanent so viel Profit wie möglich aus seinem Betrieb herauszupressen. Durch den Zwang zur Profitmaximierung wird der Druck auf Löhne, Sozial- und Umweltstandards ein doppelter: Es genügt nicht mehr, daß ein Produkt auf dem Markt konkurrenzfähig ist und eine Firma einen gewissen Gewinn erwirtschaftet. Der gesamte Produktionsprozeß muß so optimiert werden, daß auch noch für den Aktionär die größtmögliche Dividende herausspringt. Um zu verhindern, daß ein Unternehmen »billig« für eine Übernahme wird, muß es nicht mehr nur Gewinn machen, sondern möglichst einen so hohen Gewinn wie das rentabelste Unternehmen auf der Welt erzielt. Aufgrund dieses Kriteriums droht permanent eine Angleichung der Arbeitsbedingungen, Sozial- und Umweltstandards auf niedrigstem Niveau. Unternehmerische Freiheit wird so immer weiter eingegrenzt, wenn sich jedes Unternehmen an demjenigen zu orientieren hat, welches die höchsten Kurssteigerungen vorweisen kann.

Doch lassen sich Aktienkurse durch ständige Gewinnsteigerungen überhaupt maximieren? Grundvoraussetzung dafür wäre, daß sich die Aktienkurse an der Börse aufgrund effizienter und rationaler Kriterien bilden. Finanzmärkte sind jedoch keine effizienten Märkte (vgl. Illusion 2). Kurse von Unternehmen steigen oder fallen, weil viele Anleger irgendwelchen Trends folgen – oder zufällig gerade nicht. Das Prinzip des Shareholder-Value hat jedoch die unumgängliche Voraussetzung, daß Finanzmärkte effizient sind. Wenn sie es nicht sind, so muß behauptet werden, daß die Shareholder-Value-Strategie, volkswirtschaftlich betrachtet, unvernünftig sein kann und auch nicht von den Unternehmensführern verfolgt werden sollte. Tun sie es trotzdem, so wirtschaften sie in der Weise, daß Aktienkurse maximiert werden, die mitunter aufgrund irrationaler Faktoren zustande kommen (z.B. indem Unternehmen versuchen, auf Modewellen mitzuschwimmen, da dies Aktienkurse erhöht).

Die Kritik wächst

Immer öfters beklagen selbst Vorstandsmitglieder und Vorstandschefs großer multinationaler Konzerne die Macht von Banken und institutionellen Anlegern, die nur auf kurzfristige Renditen schauen und über den Aufsichtsrat großen Druck auf die Konzernleitungen ausüben können. So argumentiert Klaus Schweickart, Vorstandsvorsitzender des Altana-Konzerns:[146] »Uns ärgert diese Verengung des Denkens, beeindrucken kann sie uns nicht – genausowenig, wie die Kurzfristigkeit in der Beurteilung unternehmerischer Entscheidungsprozesse«. Doch Schweickart hat eine nahezu unverwundbare Position, solange die Familie Quandt die Mehrheit der Aktien hält und mit der Arbeit des Vorstandsvorsitzenden zufrieden ist. Im selben Artikel sagt Schweickart: »Die Anleger brauchen eine Story, die Kursphantasien auslöst«. Die Konzernleitung soll also Business as usual betreiben, dabei aber dem lediglich auf Kurssteigerungen spekulierenden Anleger die benötigten Storys liefern. Klaus Schweickart erinnert auch daran, daß es für die Unternehmen Voraussetzungen und Grundlagen des Wirtschaftens gibt, die eine kurzfristige Orientierung am »Shareholder-Value« verbieten: »Unternehmen partizipieren in hohem Maße an den kulturellen Leistungen einer Gesellschaft. Nehmen Sie das Beispiel Bildung ...«.[147] Schweickart kommt im Folgenden zu einer »Kultur des Förderns und Anstiftens«. Doch dazu darf man nicht in die Fesseln von Fondsgesellschaften oder Banken geraten.

Aufgrund der Erlaubnis, sich an Industrieunternehmen z.B. durch Aktienkauf beteiligen zu können, haben Banken in Deutschland deutlichen Einfluß auf alle Bereiche der Wirtschaft.[148] Deutsche Banken suchen sich nicht nur die Bedingungen aus, nach welchen sie Kredite vergeben, sondern erwerben mit ihren Spareinlagen auch einen umfangreichen Beteiligungsbesitz, über den sie ganz direkt bestimmen können. Den größten Einfluß erhalten Banken jedoch aufgrund ihrer Aktienbeteiligungen. Zwar ist der Anteil der Aktien, den sie direkt halten, relativ gering (ca. 10 %), doch die meisten privaten Aktionäre übertragen ihr Stimmrecht auf die Banken, in deren Depots ihre Aktien aufbewahrt werden (Depotstimmrecht). Dadurch und durch Kundendepots für Versicherungen, Unternehmen, Staat und Ausländer sowie bankeigene Fonds erhöht sich der Anteil der Stimmen, die von Banken auf den Hauptversammlungen von Aktiengesellschaften abgegeben werden können, auf 63 %. Banken bestimmen deshalb bis auf wenige

Ausnahmen über alle großen Aktiengesellschaften, in der Regel besitzen sie in den Hauptversammlungen der Aktiengesellschaften über 90 % der Stimmanteile. Dieser Anteil nimmt tendenziell sogar noch zu, da der wachsende Anteil ausländischer Aktionäre den Hauptversammlungen deutscher Konzerne häufig fernbleibt.[149]

Natürlich lassen sich Bankmanager auch in die Aufsichtsräte der Unternehmen wählen, an denen sie beteiligt sind. Da dieselbe Person Mitglied in bis zu 10 verschiedenen Aufsichtsräten, unter Umständen in miteinander konkurrierenden Unternehmen sein darf, ist eine Einschränkung des Wettbewerbs zwischen diesen Unternehmen programmiert. Doch Preisabsprachen zwischen Unternehmen sind verboten und werden mit hohen Bußgeldern belegt – zahllose Beispiele (Reedereien, Gasversorger, Bodenleger, Mülltonnenhersteller – 17 Verfahren gegen 156 Unternehmen allein im ersten Halbjahr 1996)[150] zeugen von einem gewissen Willen des Staates, den Konkurrenzmechanismus in der Marktwirtschaft in Gang zu halten. Nachzuweisen sind Preisabsprachen zwar schwer, denn es könnte ja Zufall sein, daß die Wechselgebühren für D-Mark in andere Euro-Währungen bei Deutscher, Dresdner, Commerzbank und vielen weiteren Banken punktgenau drei Prozent betragen – doch ein bitterer Nachgeschmack bleibt.[151] So wählen Konzerne, wenn möglich, lieber den legalen Weg der Unternehmensfusion.

Fazit

Unternehmen müssen Gewinne erwirtschaften, um bestehen zu können. Die »Shareholder-Value«-Strategie fordert von Aktiengesellschaften jedoch permanente Gewinnmaximierung. Dies führt, weltweit umgesetzt, in eine fatale gesellschaftliche, soziale und ökologische Abwärtsspirale. Dazu kommt, daß Finanzmärkte nicht informationseffizient sind, weshalb die Managementstrategie des Shareholder-Value *für die Gesellschaft* mitunter uneffizient und zum Teil Ressourcenverschwendung ist.

Illusion 8
»Fusionen sind notwendiges Übel«

»Tempo und Härte, die für den Erfolg von Zusammenschlüssen
unerläßlich sind, verprellen Kunden und demotivieren Mitarbeiter«
Martin Kohlhausen, Vorstandsvorsitzender der Commerzbank[152]

Während des Aktien-Hypes von 1997–2000 und noch bis ins Frühjahr 2001 erfuhr man beinahe wöchentlich von neuen Fusionen, folglich waren »Rekorde ... hier so kurzlebig wie die Schnulzen der Hitparade«.[153] Die europäische Wirtschaft befindet sich in einem unkontrollierten Umorganisationsprozeß, dessen Folgen nicht abzusehen sind. Der Preis aller übernommenen Unternehmen hat sich in Europa von 1998 auf 1999 verdoppelt, und das Potenzial für weitere Zusammenschlüsse ist noch lange nicht ausgeschöpft.

Die Fusion von Daimler-Benz und Chrysler zog viel Aufmerksamkeit auf sich, u. a. weil sie eine vorher nicht gekannte Größenordnung besaß. Zwei auf verschiedenen Kontinenten äußerst erfolgreiche Unternehmen mit Umsätzen von jeweils mehr als 100 Milliarden DM (Daimler: 124,1 Mrd. DM, Chrysler 105,8 Mrd. DM) wurden verschmolzen. Es war eine Fusion unter fast gleich großen Unternehmen, wenngleich der Börsenwert (vor der Fusion: Daimler: 82,4 Mrd. DM, Chrysler: 54,8 Mrd. DM) der Betriebe stark voneinander abwich. Den Weg in die Schlagzeilen außerhalb der Wirtschaftsteile der Zeitungen schaffen seit 1999 nur noch fusionswütige Unternehmen, die mindestens 100 Mrd. DM wert sind. Bei der Übernahmeschlacht zwischen Mannesmann und Vodafone wurden die gebotenen Summen dann wiederum um den Faktor zwei bis drei größer: Das »Kauf«gebot von Vodafone an Mannesmann lautete auf etwa 300 Mrd. DM – natürlich nur in »Aktienwährung«. In derselben Größenordnung liegen die Börsenkapitalisierungen der Pharmariesen Glaxo Wellcome und SmithKline-Beecham. Beide Konzerne zusammen haben im Januar 2000 einen Wert von etwa 370 Mrd. DM bei einem Umsatz von 36 Mrd. DM. Ein Weltmarktanteil von wenig mehr als 7 % verdeckt, daß der entstandene Konzern bei vielen wichtigen Arzneimitteln bereits wesentlich höhere Marktanteile besitzt (AIDS, Diabetes).[154]

Aktientausch: Fusionen ohne Geld und Grenzen

In einer Aktienkultur werden Manager zu Lakaien der Finanzmärkte. Sie kämpfen um maximale Renditen und für den Börsenkurs, so wie es die Aufsichtsräte von ihnen verlangen. Doch börsenfinanzierte Übernahmen, ob feindliche oder freundliche, sind kaum zu verhindern. Denn durch »Umstrukturierungen« lassen sich »Innovationspotentiale« freisetzen, die den Aktienkurs beflügeln können. Wenn zudem Aktien nur getauscht werden müssen, damit ein Unternehmen mit einem anderen verschmilzt, spielt Bargeld keine entscheidende Rolle mehr, und Fusionen von vielen 100 Mrd. DM teuren Unternehmen werden billig – und überhaupt erst möglich.

Helfen die von Unternehmen verwendeten Konzepte überhaupt, um die eigene Unabhängigkeit behaupten zu können? Die Übernahmeschlacht zwischen Mannesmann und Vodafone um den Jahreswechsel 1999/2000 hat beispielhaft gezeigt, daß selbst völlig überbewertete Unternehmen mit einem Aktienwert von mehreren 100 Milliarden DM den Besitzer wechseln können. Lediglich etwas mehr als eine 1 Mrd. DM Kosten für die Werbeschlacht und Honorare für Investmentbanker und Anwälte mußten bar bezahlt werden.[155] Denn bei einem Aktientausch wird zur Bezahlung selbstgedrucktes »Geld« verwendet, indem den Aktionären des Unternehmens, welches gekauft werden soll, Aktien des Interessenten angeboten werden, gegen die sie ihre alten Aktien eintauschen. Steigen genügend Aktionäre auf die Offerte ein, z.B. weil die Visionen des Bewerbers schöner sind, besitzt dieser nach dem Aktientausch die Mehrheit der Aktien des zu kaufenden Unternehmens und kann im Aufsichtsrat einschneidende Strukturänderungen – wie eben die Fusion der beiden Unternehmen – durchsetzen.

Das Kaufangebot wird natürlich möglichst lukrativ gestaltet. Der Wert der angebotenen Aktien kann ohne weiteres weit über dem Marktpreis des Objekts der Begierde liegen – schließlich kostet es ja kein Geld. Wesentlich ist nur, daß den Aktionären des zu kaufenden Unternehmens nicht mehr als 49 % der Aktien des Einkäufers zufallen – sonst würde das Übernahmeobjekt den Einkäufer übernehmen. Als Resultat der Aktion wird ein neuer Konzern geboren, manchmal fast doppelt so groß wie der alte. Geld mußte dafür keines bezahlt werden und trotzdem hat man sich eines Konkurrenten entledigt.

Es ist keineswegs immer so, daß ein – gemessen an Umsatz oder Gewinn – größeres Unternehmen ein kleineres kauft – es geht nur um den momentanen Kurswert der Unternehmen. So betrug der Umsatz von Mannesmann 1998 rund 19,1 Mrd. DM, von Vodafone jedoch nur 17,7 Mrd. DM. Doch die Aktienkapitalisierung von Vodafone war vor der Übernahmeschlacht (280 Mrd. DM) höher als die von Mannesmann (150 Mrd. DM). Im Verlauf der Schlacht stiegen die Aktien beider Unternehmen steil an, es wäre also durchaus möglich gewesen, daß die Mannesmann-Aktien die von Vodafone überholt hätten.[156] Doch ist es letztendlich so wichtig, wer wen aufkauft? Schließlich verfolgen alle Konzerne nur das Ziel, möglichst hohe Renditen zu erwirtschaften – gemeinsam können sie das besser.

Wie die Wertverhältnisse durch den »Neuen Markt« durcheinandergerüttelt werden, zeigt die bereits eingangs erwähnte Fusion von American Online (AOL) und Time Warner. Hier kaufte ein recht junges Internetunternehmen mit einem Umsatz von 9,6 Mrd. DM den weltgrößten Medienkonzern mit einem Umsatz von über 54 Mrd. DM. Doch die Aktienkapitalisierung von AOL zur Zeit der Übernahme ist mit 330 Mrd. DM genau um den Faktor zwei höher gewesen als die von Time Warner.[157] Auf Basis der Aktienkapitalisierung müßte das Kräfteverhältnis im neuen Konzern bei 2:1 liegen, doch bot AOL den Time Warner-Aktionären ein wesentlich besseres Geschäft an – und blieb nur knapper Mehrheitsaktionär. Die AOL-Aktionäre machten bei dem Deal sogar

Verluste. Offensichtlich waren sich die Aktionäre von AOL über die heillose Überbewertung ihrer Internetaktien im klaren.

Fusionen: Chancen und Gefahren

> »Die Verschmelzung von katholischer und evangelischer Kirche würde enorme Synergien freisetzen und Personaleinsparungen verstatten bis hinunter in nahezu jedes deutsche Dorf. Damit könnten Kirchensteuern und Lohnnebenkosten gesenkt, Unternehmen entlastet, die Konkurrenzfähigkeit des Wirtschaftsstandortes Deutschland gestärkt und Kaufkraft freigesetzt werden.«
>
> *Tobias Nickel, »Wie ich lernte, die Börse zu lieben«,*
> *in: Blätter für deutsche und internationale Politik 03/2000.*

Warum sollen teure Entwicklungen doppelt durchgeführt werden? Zwei Forschungsabteilungen in Deutschland, in Europa oder irgendwo auf der Welt versuchen eine Arznei gegen genau dieselbe Krankheit zu finden. Geldverschwendung? Oder: Um ein Produkt zehntausendmal herzustellen, sind Maschinen nötig, die Millionen kosten. In zwei Unternehmen stehen die Maschinen jeweils einmal. Nach einer Fusion lohnt sich die Investition in Maschinen, die 30 000 Stück des Produkts herstellen, und kaum mehr als die Maschinen kosten, die 10 000 Stück produzieren. Der Energieverbrauch sinkt, man kann sich bessere Filteranlagen leisten, der Prozeß wird sauberer und das Produkt obendrein billiger. Ein Segen?

Bis auf die Problematik, daß Fusionen meist zu Entlassungen führen, scheinen diese doch auch entscheidende Vorteile für alle zu haben. Und die Vorteile werden bis aufs Äußerste strapaziert, wenn es darum geht, Fusionen zu begründen. Hinzu kommt stets noch der Hinweis auf »Weltmarktstrategien«, auf die Notwendigkeit, daß man im internationalen Wettbewerb sonst nicht mehr mithalten könne.

Bei Großfusionen werden Medien und Politiker mit Informationen der beteiligten Firmen bombardiert, welche natürlich die Meinung vertreten, eine Fusion der Unternehmen brächte nur das

Beste für die Welt. Und gern akzeptieren Bevölkerung, Kartellwächter und Politiker die »Synergieeffekte«, die größere Vorteile versprechen als an Nachteilen durch eine – wenn auch nur eventuelle – Einschränkung des Wettbewerbs zu erwarten ist.

Wie sieht die Realität aus? Im Jahr 1999 gab es fast 10 000 Konzernhochzeiten – so viel wie nie zuvor in der Geschichte. Sehr oft kann man lesen, daß schon in naher Zukunft höchstens drei bis fünf Unternehmen jeweils ein bestimmtes Marktsegment beherrschen werden, da mehr nicht »wirtschaftlich« sei. Diese riesenhaften multinationalen Kraken sind schon heute kaum zu kontrollieren – außer von ebenso unkontrollierten Finanzmärkten. Aufgrund funktionierenden Wettbewerbs und von Fortschritten in der Elektronik wird derzeit noch vieles billiger. Doch wenn sich die Unternehmen überlegen, nicht mehr miteinander zu konkurrieren, sondern gemeinsam Geld zu verdienen, dann bedeutet dies im Endeffekt auch das Ende der Vorteile von Fusionen wie sinkender Produktpreise für Konsumenten. Und wer möchte von sich behaupten, er könne Oligopole[158] kontrollieren, die erdumspannend agieren und wechselseitig strategische Allianzen bilden, Millionen von Angestellten haben und schon allein deshalb immensen Druck auf Regierungen ausüben können?

Seit Beginn der Industrialisierung gab es immer wieder Zeiten, in denen die Zahl der Unternehmensübernahmen schlagartig zunahm. Bislang waren fünf große Fusionswellen zu beobachten. So hatte z.B. die dritte Welle zwischen 1965 und 1969 ihren Ursprung in der sogenannten Diversifikationstheorie, nach der gerade große Mischkonzerne besonders stark seien, da sie Verluste aus einem Geschäftsbereich durch Gewinne in einem anderen ausgleichen können. Da sich die gewünschten Erfolge jedoch nicht einstellten, änderten die Unternehmen ihre Strategie wieder. Treibende Logik hinter der gegenwärtigen Fusionswelle ist die Globalisierung der Märkte und die damit verbundene Meinung, daß auf großen Märkten nur große Unternehmen überleben. Das Streben nach Größe verweist andere Kriterien – mitunter selbst das nach maximaler

Kapitalrendite – auf die hinteren Plätze. Doch viele Konzernführer halten davon recht wenig: »Wenn Größe das entscheidende Kriterium wäre, müssten die Dinosaurier heute noch leben«, so Porsche-Chef Wendelin Wiedeking.[159] Die gegenwärtige Fusionitis ist eine Modeerscheinung. Dabei werden die entstehenden Industriekonglomerate immer noch größer; wenn sich die Euphorie nicht bald legt, wird das Ergebnis des gegenwärtigen Konzentrationsprozesses eine Wirtschaftsstruktur sein, die überwiegend aus riesigen multinationalen Industrie- und Dienstleistungskonglomeraten besteht.

Der Ablauf fast aller Fusionen gleicht dem oben beschriebenen Schema des Aktientauschs; die meisten Konzentrationswellen wurden über die Börse finanziert. Zu Zeiten einer Börseneuphorie funktioniert der Mechanismus des Aktientauschs natürlich wesentlich einfacher, da die Anleger auf Kursgewinne spekulieren und schon allein ein Fusionsgerücht die Kurse steigen läßt. Für die Aktionäre ist es zweitrangig, ob eine Fusion zu den gewünschten Effizienzsteigerungen führt. Viele scheitern, z.B. aufgrund von Verständigungsschwierigkeiten oder unterschiedlicher Unternehmenskulturen. Doch unabhängig davon wachsen Unternehmen durch Fusionen und werden größer, internationaler und unkontrollierbarer – mit einschneidenden Folgen für die Marktwirtschaft:

- So setzen multinationale Konzerne ihre eigenen Bedingungen und verändern Marktmechanismen zu ihren Gunsten, z.B. indem sie Produkte subventionieren, bis kleinere Anbieter aus dem Marktprozeß herausfallen (»Preisdumping«), oder aufgrund ihrer dominanten Stellung »Lieferengpässe« herstellen und so Marktpreise nach oben manipulieren.
- Vom Ideal eines gerechten Marktzugangs für alle entfernen wir uns immer weiter. Ein Beispiel: Handelskonzerne wie Metro oder Aldi entscheiden darüber, welche Produkte in ihren Regalen liegen und damit unter Umständen über Leben und Tod eines mittelständischen Lebensmittelherstellers.
- Multis üben Macht auf Staaten aus. Sie bezahlen immer weniger Steuern, fordern umfassende Subventionen, und bereits die un-

ausgesprochene Drohung von potenziellen Arbeitsplatzverlusten zeigt bisweilen enorme Wirkung. Man beachte stets: Hier treten hierarchisch organisierte Konzerne gegen demokratische Staatsformen an. Wenn sich unsere Gesellschaftsform als zu uneffizient erweist, weil sie den Gesetzen des Marktes nicht standhält, müssen wir dann die Demokratie durch eine hierarchische Gesellschaftsform ersetzen?

♦ Fusionen sind der entscheidende Faktor bei der Beschleunigung der Internationalisierung von Unternehmen. Da ein weltweiter Ordnungsrahmen fehlt, können Multis Staaten gegeneinander ausspielen. Wie ein Tausendfüßler haben sie in vielen Ländern ein Standbein, welches sie mit nur geringen Mühen heben können, wenn ihnen ökologische oder soziale Standards nicht passen.[160]

Wenn die Konzernleitung einer Fusion nicht freiwillig zustimmt, dann helfen Banken nach: Vertreter der Deutschen Bank sitzen in den Aufsichtsräten sämtlicher Stahlkonzerne Deutschlands, mit der Folge, daß Banken die Unternehmensstruktur Deutschlands nach ihrem Gutdünken gestalten können. Dies geschah u. a. bei der Zusammenlegung des Stahlgeschäfts von Thyssen und Krupp gegen den Willen der Thyssen AG im Jahr 1997, welche von den Investmentabteilungen der Deutschen und Dresdner Bank durchgesetzt wurden. »Der Spiegel« vergleicht die Situation mit den USA und schreibt: »Dort wäre nämlich undenkbar, woran sich weder Deutsche noch Dresdner Bank gestört haben: daß eine Bank einen Angreifer berät – und gleichzeitig im Aufsichtsrat des Gegners sitzt.«[161] Wenn ein Aufsichtsrat Interessen anderer Unternehmen vertritt und z.B. die Fusion miteinander konkurrierender Unternehmen vorantreibt, kann er seine Kontrollfunktion nicht mehr erfüllen.

Nicht nur andere Konzerne werden nach Belieben umgestaltet, auch im Bankensektor dreht sich das Fusionskarussell immer schneller. Die Personal- und Kosteneinsparungen (v.a. im Filialbereich) sind enorm, wenn eine Bank oder eine Versicherung zehn

Millionen Kunden betreuen kann und nicht zwei Unternehmen jeweils fünf Millionen. Ob ein Computer 100 000 Konten verwaltet oder eine Million, macht keinesfalls einen Faktor 10 in Preis und Unterhalt des Computersystems aus. Aufgrund der großen Anzahl gleichartiger Geschäftsvorgänge und der großen Bedeutung der EDV scheinen Fusionen leicht durchführbar. Der schwierigste Teil von Banken- und Versicherungsfusionen besteht darin, die verschiedenen Computersysteme zu vereinheitlichen, was in der Praxis auf zahlreiche Probleme stößt. Selbst 3 Jahre nach der Fusion waren die Computersysteme der Ergo-Versicherungsgruppe noch nicht vollständig verschmolzen. Faktisch richten sich Entscheidungen häufig danach, ob das persönliche Fortkommen gesichert ist oder ein Konkurrent schlechter gestellt wird; doch die Diskussion dominieren erwartete Kosteneinsparungen: Gerade die kleinen Genossenschaftsbanken seien zu teuer (DG-Bankvorstand Thiemann), allein 1600 Volks- und Raiffeisenbanken würden in nächster Zeit als selbständige Institute noch aus der Bankenlandschaft verschwinden müssen.[162]

Großbanken und die aus Fusionen entstehenden Bankenkonglomerate sind bereits viel zu groß, um Bankrott gehen zu *dürfen*, da das unter Umständen zu ernsthaften Finanzkrisen in mehreren Ländern führen könnte, die nicht nur auf die Finanzmärkte beschränkt wären. Deshalb können Großbanken immer davon ausgehen, daß ihnen im Notfall der Staat und somit der Steuerzahler unter die Arme greifen werden. Dieses Wissen führt automatisch zur Akzeptanz hoher Risiken, im Fall des Scheiterns trägt die Allgemeinheit die Kosten.[163] Gleichzeitig macht die Internationalisierung der Bankenkonglomerate deren Kontrolle noch schwieriger. Denn »Konkurrenzfähigkeit« bedeutet auch im Bankensektor nicht »Kundennähe«, sondern »maximalen Profit«. Infolgedessen werden Banken ihren Stammsitz in den Ländern haben, wo Auflagen und Steuern möglichst niedrig sind.

Woher weiß ein Unternehmen vom anderen?

Um das Fusionskarussell zu bremsen, muß man zunächst überlegen, wie es in Gang gekommen ist. Zentraler Antriebsmotor ist die Börse, und in einer ausgeprägten Aktienkultur läuft der Motor auf Hochtouren – mittels Aktientausch, wie oben beschrieben. Doch der Fusionsmotor braucht Steuermänner, und das sind die »Mergers and Acquisitors«-Spezialisten der Investmentbanken. Diese beraten Unternehmen, die andere Unternehmen übernehmen wollen – wie z.B. Mannesmann im Vorfeld der Fusion mit dem britischen Mobilfunkanbieter Orange. Nachdem diese Übernahme abgeschlossen war, wußten die Analysten der beratenden Investmentbank Goldman Sachs sehr gut über Mannesmann Bescheid – was lag also näher, als daß die gleichen Analysten die Firma Vodafone berieten – welche in der Folge Mannesmann übernommen hat.[164]

Das Wissen um die Besitzverhältnisse, Organisationsstrukturen und Produktpaletten ist unverzichtbare Voraussetzung zur Durchführung von Unternehmensfusionen. Hierzu sind auch Aufsichtsräte prädestiniert. Eine starke Beschleunigung des Fusionskarussells wird durch das Prinzip verursacht, daß dieselbe Bank Aufsichtsräte in miteinander konkurrierenden Unternehmen stellen darf. Diese sehen sehr schnell die Einsparmöglichkeiten, die durch eine Fusion entstehen würden, und können dann darauf hinwirken. Folglich potenziert eine Fusion von Banken die Möglichkeiten, auf Firmenzusammenschlüsse hinzuwirken. Der Pool der Aufsichtsräte, in dem die neue Großbank präsent ist, weitet sich aus, und die Aufsichtsräte können ihre Informationen leicht austauschen.

Die zunehmende Aktienkultur kann auch indirekt für eine Zunahme von Unternehmenskooperationen verantwortlich sein. So fühlen sich z.B. im Bereich der Telekommunikation viele Unternehmen gezwungen, »strategische Allianzen« mit anderen Unternehmen einzugehen, um das Risiko einer Übernahme durch diesen Konkurrenten zu verringern. Dadurch kommen sich Unternehmen näher. Einer feindlichen Übernahme wird vorgebeugt, und man findet freundschaftlich zueinander – bis zur Fusion.

Es ist davon auszugehen, daß auch der Staat eine aktive Vermittlerrolle zwischen konkurrierenden Unternehmen spielt, welche zu Fusionen führen kann. So wurde in den USA eine Interessengruppe von Firmen gegründet, die allesamt Flachbildschirme herstellen, nachdem sie vom Verteidigungsministerium an einen Tisch gebracht worden waren.[165] Auch in Deutschland werden von staatlicher Seite aus Forschungsallianzen gefördert, die ähnliche Konsequenzen haben können.

Wann werden Großkonzerne gefährlich?

Eine einfache Antwort wäre: sobald sie Einfluß auf das Marktprinzip oder die Politik besitzen, also z.B. durch das Anbieten von Produkten unter ihrem Herstellungspreis Konkurrenten aus dem Markt drängen oder durch geschickte Lobbyarbeit Vorteile für ihre Anliegen herausschlagen können. Es wird weithin sichtbar, daß Konzerne diese Einflußmöglichkeiten besitzen und sie auch nutzen. Doch auf der Kartellkonferenz 1998 in Berlin sagte Wirtschaftsminister Müller, eine Erpreßbarkeit der Politik durch Großkonzerne könne es nicht geben, und die Schaffung einer Weltkartellbehörde stehe für ihn nicht zur Diskussion. Er fügte in derselben Rede hinzu: Aufgabe der Kartellbehörden ist es, »den wettbewerblichen Vorstoß der Wirtschaft ... fördernd zu begleiten«.[166] In aufgeklärten Kreisen, so möchte man meinen, diskutiert man nicht darüber, *ob* eine Überlegenheit von Unternehmen gegenüber dem Staat aufgrund ihrer wesentlich flexibleren Beschaffenheit existiert, sondern *wie* man damit umgeht und was man gegen die Vergrößerung multinationaler Konzerne tun sollte. Nur Unternehmen können überflüssige Menschen entlassen, auf Gesellschaften trifft das nicht zu – schon diese Einschränkung erzwingt Ineffizienzen in einer Gesellschaft, da diese alle Mitglieder »durchfüttern« muß. Hat eine demokratische Gesellschaft ethische Ansprüche, etwa daß es keine überflüssigen Menschen gibt und jeder gewisse Grundrechte genießen soll, so scheint ihre Unterlegenheit gegenüber den Strategien rein profitorientierter Unternehmen besiegelt.

In den USA gibt es eine lange Tradition der Zerschlagung von Großkonzernen, die auch bei dem Prozeß gegen Microsoft wieder spürbar wurde. Bereits 1888 wurde das Zuckermonopol der North River Sugar Refining Company zerlegt, 1892 der Standard Oil Trust von John D. Rockefeller und 1974 wurde die Telefongesellschaft AT&T zerschlagen. Wenn Kartellbehörden eingreifen wollen, so können sie dies. Doch derzeit fusionieren auch in Amerika Telefonunternehmen und Mineralölkonzerne wie überall sonst auf der Welt, und die Kartellbehörden schauen zu. Vielen Amerikanern, allen voran dem Chef der amerikanischen Zentralbank, Alan Greenspan, ist durchaus bewußt, wie schwer insbesondere Bankenriesen zu kontrollieren sind und welche Gefahr von ihnen ausgeht: »Wenn sich Megabanken aus Wachstums- und Konsolidierungsgründen bilden, dann entstehen zunehmend komplexe Institutionen, die ein Potenzial für Systemrisiken in der nationalen und internationalen Wirtschaft schaffen, falls sie fehlschlagen«.[167] Amerikanische Senatoren und Abgeordnete verzögerten eine Reform des US-amerikanischen Bankwesens, welches lange Zeit eine Trennung zwischen Kreditbanken, Investmentbanken und Versicherungen vorschrieb. Das zugrundeliegende Gesetz, der Glass-Steagall-Act, wurde in den 30er Jahren aufgrund der Erfahrungen des vorausgehenden Börsenkrachs erlassen, aber aufgrund der Angst, die amerikanischen Banken könnten ihre Konkurrenzfähigkeit verlieren, im November 1999 wieder aufgehoben.[168]

Fazit

Die Probleme des Größenwachstums und der Internationalisierung von Konzernen werden noch immer geleugnet. Wir sollen glauben, daß nur die drei bis fünf größten global operierenden Unternehmen einer Branche Gewinne erwirtschaften und im internationalen Wettbewerb bestehen können. Die zunehmende Konzentration wirtschaftlicher Macht wird mit Weltmarktzwängen begründet, und schon lassen die Kartellbehörden Unternehmensfusionen einer nie gekannten Größenordnung zu – obwohl Fusionswellen Modeerscheinungen sind und die Kartellbehörden schlagkräftig eingreifen könnten. Was fehlt, ist der politische Wille.

Illusion 9
»Eine Aktienkultur führt zu mehr Mitbestimmung und Gerechtigkeit«

> »... daß eine Umverteilungspolitik breite öffentliche Unterstützung fände, wenn die Menschen die wahren Verhältnisse kennen würden ...«
> *Paul Krugman*[169]

»Sozialismus bedeutet Eigentum von Produktionsmitteln in Arbeitnehmerhand – die Vereinigten Staaten mit ihrer breiten Aktionärskultur sind demnach das sozialistischste Land der Welt«. So zitiert die Wochenzeitung »Die Zeit« den amerikanischen Management-Guru Peter Drucker.[170] Wären Aktien in Arbeitnehmerhand wirklich der Schlüssel zu mehr Gleichheit und Gerechtigkeit, müßten die USA, das Land mit den meisten Aktionären, dem Paradies auf Erden zumindest einen Schritt näher sein. Doch leider öffnet sich dort nicht nur die Vermögens-, sondern auch die Einkommensschere gewaltig. Die Spitzenverdiener scheinen jegliche Bodenhaftung verloren zu haben: »Vor einer Generation waren die ärmsten 10 % der Amerikaner wohlhabender als heute, nur die reichsten 20 % profitieren vom Wirtschaftswachstum.« Doch innerhalb der Gruppe der wohlhabendsten 20 % der Amerikaner öffnet sich die Einkommensschere ebenso: »Denn die oberen fünf Prozent haben mehr profitiert als die nachfolgenden 15 Prozent, das oberste Prozent mehr als die nachfolgenden 4 Prozent, die oberen 0,25 Prozent mehr als die folgenden 0,75 Prozent – und so weiter, bis hinauf zu Bill Gates.«[171]

Amerikanische Einkommensmillionäre versuchen auch gar nicht mehr, ihre Einkommen zu rechtfertigen. Wahrscheinlich sind sie sich der möglichen Fehleinschätzung bewußt, wenn sie argumentieren müßten, hundertmal leistungsfähiger als der Durchschnittsverdiener zu sein. »Das ist eben der American way ... Wenn kleine Kinder nicht mehr hoffen können, einmal soviel Geld zu verdienen wie ich, wozu soll dieses Land noch gut sein?«, läßt sich der ehemalige Chrysler-Chef Lee Iacocca vernehmen.

Natürlich ist es keinem Menschen verboten, ebenfalls 230 Mio. US-Dollar Jahresgehalt zu beziehen, wie etwa der Chef der Citigroup, Sanford Weill, im Jahr 1997. Doch selbst in dem Land der unbegrenzten Möglichkeiten werden 99,9 % der amerikanischen Staatsbürger niemals auch nur annähernd so viel Geld verdienen können – sie dürfen höchstens davon träumen.

Die Einkommens- und Vermögensverteilung in Deutschland

Welche Auswirkungen auf Mitbestimmung und Gerechtigkeit wird die Aktienkultur in Deutschland haben? Schauen wir uns zur Beantwortung dieser Frage zunächst die Einkommens- und Vermögensverteilung in Deutschland an. Hierzu bieten sich im wesentlichen drei Erhebungen an, auf die auch die Bundesregierung in ihrem viele hundert Seiten starken Armuts- und Reichtumsbericht zurückgegriffen hat.[172]

1. Die Einkommenssteuerstatistik. Sie wird jährlich automatisch erstellt und errechnet aus den Einkommensteuererklärungen die Einkommensverteilung. Hier kann natürlich nur beim Finanzamt gemeldetes Einkommen auftauchen. Nach Abschaffung der Vermögenssteuer gibt es allerdings keine Vermögenssteuerstatistik mehr.
2. Das jährlich durchgeführte sozio-ökonomische Panel (SOEP), welches eine Stichprobenerhebung mit etwa 7000 teilnehmenden Haushalten ist, wobei u. a. nach dem monatlichen Nettoeinkommen gefragt wird.
3. Die alle fünf Jahre durchgeführten Einkommens- und Verbrauchsstichproben (EVS). Dabei führen ca. 45000 Haushalte über ihre Einkommen und Vermögen ein ganzes Jahr Buch.[173]

Da die Teilnahme an den beiden letztgenannten Erhebungen freiwillig ist, wird davon ausgegangen, daß die Umfragen keine brauchbaren Aussagen für Spitzenverdiener und Vermögen ergeben. Bei der EVS werden deshalb Einkommen von mehr als 35000 DM pro Monat eliminiert. Dann zeigt sich, daß nur etwa 60 % der gesamten Vermögen in der EVS erscheinen, der Rest muß von den Befragten »fortgeschwindelt« worden sein oder sich bei den Haushalten mit mehr als 35000 DM Monatseinkommen befinden. Trotzdem liefern die Erhebungen interessante Daten und Entwicklungstendenzen. Man muß sich jedoch bewußt sein, daß die reichsten Bevölkerungsschichten in den Erhebungen fehlen.

Die EVS ermittelt, daß etwa 56 % der verfügbaren Einkommen auf das obere Drittel der Einkommenspyramide entfallen (vgl. Abbildung 5). Dies mag ungerecht erscheinen, soll hier aber nicht weiter problematisiert werden. Selbst das ärmste Drittel der Bevölkerung erhält vom Kuchen 17 % der Einkommen; offenbar haben auch diese Bevölkerungsschichten vom Wirtschaftswachstum im großen und ganzen profitiert, sonst wäre ihr Anteil an den Einkommen wesentlich geringer. Es mag schwer fallen, Einkommensungleichheiten überhaupt zu akzeptieren, doch sind sie nicht zu vermeiden – Einkommen sind nicht nur Grundsicherung zum Lebensunterhalt, sondern ebenfalls Leistungsanreiz.

Aus der Einkommensverteilung entwickelt sich die Vermögensverteilung (vgl. Abbildung 5). Das reichste Drittel der Gesellschaft vereint auf sich 75 % der Geldvermögen, das ärmste Drittel ist nur noch mit vier Prozent beteiligt. Die Ungleichverteilung ist deutlich größer geworden, wofür zwei Gründe ausschlaggebend sind: Einerseits können Besserverdiener von ihrem Einkommen anteilsmäßig mehr sparen als Geringverdiener. Wesentliche Ursache der Verschiebung ist jedoch der Anstieg der Ersparnisse durch Zinsen. Insgesamt dehnten die privaten Haushalte ihre Ersparnisse 1998 um 251 Mrd. DM auf 5700 Mrd. DM aus; darin sind 181 Mrd. DM Zinsen und Dividenden für dieses Jahr enthalten. Die Kapitalerträge werden überwiegend nicht konsumiert, sondern wieder angelegt – was das Deutsche Institut für Wirtschaftsforschung bestätigt: » ... zu einem vermutlich nicht geringen Teil wird die alljährliche Geldvermögensbildung aus Zinserträgen alimentiert.«[174]

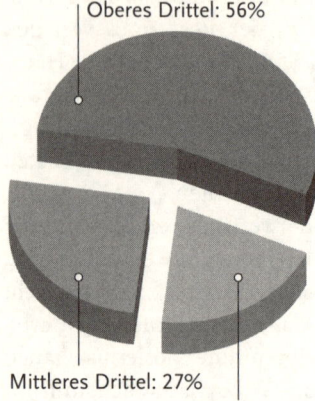
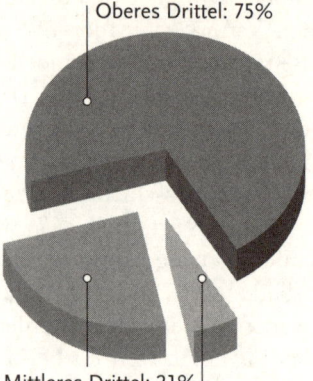

Einkommensverteilung
Oberes Drittel: 56%
Mittleres Drittel: 27%
Unteres Drittel: 17%

Vermögensverteilung
Oberes Drittel: 75%
Mittleres Drittel: 21%
Unteres Drittel: 4%

Abbildung 5: Einkommens- und Geldvermögensverteilung des unteren, mittleren und oberen Drittels in Deutschland. Quelle: EVS 1993, nach Memorandum 1998, S. 125.

Die Vermögensverteilung unterscheidet sich von der Einkommensverteilung deshalb so deutlich, weil hohe Kapitalerträge auf bereits vorhandene Vermögen erzielt werden und sich die Vermögen dadurch weiter erhöhen. Verstärkt wird die Entwicklung durch die Neigung wohlhabenderer Bevölkerungsschichten, ihr Geld riskanter (z.B. in Aktien) anzulegen, weshalb sie eine höhere Verzinsung ihres Vermögens erreichen können. Da jedoch die Summe der mit Hilfe der EVS ermittelten Vermögen nur 60 % der Gesamtvermögen beträgt, vereint das reichste Drittel noch wesentlich mehr Geldvermögen auf sich, als in der Grafik dargestellt ist. Versucht man die fehlenden Vermögen der Oberschicht mit in die Verteilung aufzunehmen, kommt man zu dem Ergebnis, daß die reichsten 10 % der Bevölkerung mehr als 70 % des Vermögens besitzen. Die reichsten 2,5 % der Bevölkerung werden über etwa 50 % des

Nettogeldvermögens verfügen, andere Quellen sprechen davon, daß die reichsten 5 % insgesamt 40 % der Vermögen kontrollieren.[175] Wie erwähnt sind genaue Zahlen aber nicht erhältlich, Reichtum ist anonym.

Ein Vergleich der EVS von 1973 bis 1993 kommt zu dem Ergebnis, daß die Ungleichheit der Verteilung zunimmt, mit Ausnahme des Jahres 1993. Vergleiche lassen sich jedoch nur schwer anstellen, da die nicht berücksichtigten Vermögen stark schwanken. Dennoch läßt sich eine Grundtendenz ablesen: Aus den Originaldaten geht hervor, daß die reichsten 10 % der Haushalte in den 70er Jahren »nur« 40 % des Nettogeldvermögens besaßen, heute hingegen sind es über 50 %.[176] Selbst wenn man die Vermögenszuwächse der Spitzenverdiener unberücksichtigt läßt, ist im Verlauf der vergangenen 30 Jahre die Vermögensungleichheit angestiegen.

Exkurs: Wieviel Ungleichheit ist noch gerecht?

Man denke sich einen Zustand, in dem niemand weiß, welche Stellung er in der Gesellschaft innehat und welche persönlichen Neigungen jemandem zu irgendwelchen Vorteilen verhelfen könnten. Dann könnte man nicht wissen, ob man auf der Verlierer- oder Gewinnerseite der Gesellschaft stünde und würde Ungleichheiten nur akzeptieren, wenn sie auch benachteiligten Schichten nutzen. Wenn eine gewisse Ungleichheit z.B. zu höherem Wirtschaftswachstum führt, so ist ihr solange zuzustimmen, wie aus den Wohlfahrtsgewinnen auch große Vorteile für die schlechter und am schlechtesten Gestellten resultieren. Doch die Verteilung der Güter sollte in dieser Gesellschaft so gerecht wie möglich sein. Bei John Rawls, dem Begründer dieser Theorie der Gerechtigkeit, liest sich der daraus folgende Gerechtigkeitsgrundsatz folgendermaßen: »*Soziale und wirtschaftliche Ungleichheiten sind so zu regeln, daß sie sowohl (a) den am wenigsten Begünstigten die bestmöglichen Aussichten bringen als auch (b) mit Ämtern und Positionen verbunden sind, die allen gemäß der fairen Chancengleichheit offen stehen.*«[177]

Die USA sind ein Beispiel für ein Land, in welchem jahrelang hohe Wachstumsraten erzielt wurden, untere Gesellschaftsschichten jedoch keinerlei Vorteil mehr aus diesem Prozeß ziehen konnten. Im

Prinzip ließe sich jedoch argumentieren, daß riesige Ungleichheiten unter der Voraussetzung gerecht sein können, daß sie auch den Ärmsten nützen. Dem steht nach dem zweiten Teil des obigen Grundsatzes entgegen, daß nicht nur *formale* Chancengleichheit (im Sinne einer Erlaubnis) für alle, unabhängig von ihrer Zugehörigkeit zu einer sozialen Schicht bestehen muß, sondern ebenfalls *faire Chancengleichheit* im Sinne von gleichen Erfolgsaussichten. Anders gesagt, es genügt nicht, nur sicherzustellen, daß jeder ein Studium absolvieren *darf*, sondern alle sozialen Schichten sollten auch denselben Anteil an Studenten stellen – was in unserer Gesellschaft nicht verwirklicht ist. Die Nichterfüllung dieses Grundsatzes hat zur Folge, daß Ungerechtigkeiten entstehen und Ungleichheiten zu groß werden. Das System wird undurchlässig: Gewinner gewinnen leicht wieder, Verlierer bleiben häufig Verlierer.

Besteht die Möglichkeit, daß die *Vermögens*verteilung einen weiteren Ansporn für die Vermögenden darstellt, ihre Leistungsfähigkeit und ihre kreativen Reserven zu mobilisieren? Eine eindeutige Widerlegung dieser Aussage ist nicht möglich, da man das Wirtschaftswachstum eines Zeitraums nicht ohne weiteres mit anderen vergleichen kann, doch man kann die Aussage auf Plausibilität testen. Ein Blick auf die Wirtschaftsdaten zeigt: In den 70er Jahren waren Wirtschafts- (+3,1 %) und Produktivitätswachstum (+3 %) höher als in den 90er Jahren (+2,3 %; +2,6 %).[178] *Wenn eine höhere Ungleichverteilung der Vermögen jedoch keine spürbar höheren Wachstumsraten nach sich zieht, die auch schlechtergestellten Bevölkerungsschichten nutzen, so bedeutet dies zwingend, daß eine Erhöhung der Ungleichverteilung nicht zu rechtfertigen ist.* Dementsprechend wäre es geboten, die Vermögensungleichheit wenigstens auf den Stand der 70er Jahre zu reduzieren. Durch das Wirtschaftswachstum der vergangenen 30 Jahre wurden untere Bevölkerungsschichten nicht mehr bessergestellt, als dies auch ohne Vergrößerung der Ungleichheit geschehen wäre. Die Erhöhung der Verteilungsungleichheit war für die Gesellschaft sinnlos. Falls die entstehende Aktienkultur die Ungleichverteilung der Einkommen und Vermögen noch vergrößert, wäre sie schon aus diesem Grunde abzulehnen.

Welche Auswirkung hat die entstehende Aktienkultur auf Einkommen und Vermögen?

Was muß geschehen, damit durch Aktien eine höhere Vermögensgerechtigkeit entsteht – bzw. welchen Einfluß kann die entstehende Aktionärskultur auf die Vermögensverteilung haben? Wenn die Vermögensverteilung gerechter werden soll, müssen Kleinanleger aus dem unteren Bereich der Einkommenspyramide überproportional von der Börse profitieren. Sie müssen dazu (in Prozent von ihrem Einkommen) *mehr* Geld in Aktien anlegen als wohlhabendere Bevölkerungsschichten. Das ist nicht plausibel, da wohlhabendere Schichten einen höheren Anteil ihres Einkommens sparen und wesentlich höhere Vermögenswerte besitzen *können*. Außerdem können besser verdienende, wie oben dargestellt, riskantere Anlageformen wählen und erhalten auch aufgrund größerer Anlagesummen höhere Renditen bzw. Zinsen.

Beachtet man, welche Bevölkerungsschichten heute wie viele Aktien besitzen, tritt noch ein viel schwerwiegenderes Argument hinzu. Zwar befinden sich etwa 15 % der Aktien in Privatbesitz. Innerhalb der Gruppe der Privatanleger ist das Aktienvermögen jedoch äußerst ungleich verteilt. Man kann abschätzen, daß das reichste Prozent der Haushalte etwa 75 Prozent aller Aktien hält, die reichsten zwei Prozent der Haushalte dürften 90 % des Produktivvermögens[179] in Deutschland besitzen. Auch das Argument, die explosionsartige Zunahme des von Aktienfonds verwalteten Vermögens bedeute eine Zunahme der Partizipation von Kleinanlegern an Kurssteigerungen, dürfte an diesem Bild wenig ändern – auch hieran besitzen wohlhabendere Bevölkerungsschichten wesentliche Anteile. Wertsteigerungen kommen weit überproportional sehr wohlhabenden Haushalten zugute. Selbst wenn Aktienkurssteigerungen zu höheren Vermögen bei Kleinanlegern führen – die Vermögen der Spitzenverdiener werden weitaus schneller steigen und die Vermögensverteilung sich weiter zu ihren Gunsten verschieben, obwohl dies keinerlei »kreative Reserven« freisetzen wird, die eine derartige Umverteilung rechtfertigen könnten.

Welche Auswirkung hat die entstehende Aktienkultur auf die Mitbestimmung?

Nicht selten hört man die Meinung, daß seit dem Werbefeldzug um die Telekom-Aktie auch Kleinanleger über einen relevanten Anteil am Produktivvermögen der Gesellschaft *verfügen*. Dabei kommt es in erster Linie nicht darauf an, wieviele Menschen Aktien besitzen, sondern wie hoch der Anteil der Aktien ist, der sich in den Händen der Arbeitnehmer befindet. Obwohl immer mehr Menschen Aktionäre werden, läßt sich der gegenteilige Trend beobachten, daß der Einfluß der Privatanleger trotz steigender Zahl an Aktionären sogar zurückgeht. Damit gehört die Idee eines Volkskapitalismus, in dem die Bevölkerung am Produktivvermögen teilhat und Beschäftigte über ihren Aktienbesitz in den Betrieben mitbestimmen können, ins Reich der Phantasie: Zwischen 1980 und 1998 verringerte sich der Anteil der Aktien, die von Privathaushalten gehalten werden, von 21 % auf 15 %. Gleichzeitig stieg der Anteil der Aktien, die von institutionellen Anlegern verwaltet werden, zwischen 1980 und 1998 von 27,5 % auf über 50 %. Die Entwicklung, daß immer mehr Menschen Kapital nicht direkt in Aktien investieren, sondern den Umweg über Aktienfonds wählen, führt dazu, daß die Anleger gerade *nicht* an den Entscheidungen eines Unternehmens partizipieren, sondern dem institutionellen Anleger ihre Rechte übertragen. Durch das Depotstimmrecht (vgl. Kapitel 1.1) geben auch die meisten Kleinaktionäre ihre Möglichkeit der Partizipation an Unternehmensentscheidungen ab. Dies ist ein deutlicher Hinweis darauf, daß wir uns während der Entstehung der Aktienkultur eben gerade nicht zu einem »Volk von Unternehmern« entwickeln. Unternehmer treffen Entscheidungen innerhalb von Unternehmen, wir lassen (Investitions-)Entscheidungen von Aktienfonds oder Banken treffen, und institutionelle Anleger haben lediglich den Auftrag, durch geschickte Wahl ihrer Unternehmensbeteiligungen höchstmögliche Renditen zu erwirtschaften.

Das Modell der Beteiligung der Mitarbeiter an ihrem Unternehmen ist auch ansonsten fragwürdig. Wenn Kleinanleger von dem Unternehmen, das sie beschäftigt, Aktien halten oder als Lohnbestandteil erhalten (Investivlohn), werden sie automatisch weniger willens sein, sich für ihre Belange als Arbeitnehmer einzusetzen. Schließlich wirken Regelungen, die den Arbeitnehmer begünstigen, dämpfend auf den Aktienkurs, da sie im allgemeinen Kosten verursachen und somit den Unternehmensgewinn schmälern. Aktienbeteiligungen sind in der Regel nichts mehr als der Versuch, den Interessensgegensatz zwischen Arbeitgebern und Arbeitnehmern zu verschleiern. Es ist ein äußerst kluger Schachzug der Wirtschaftsführer, unselbständig Beschäftigte an den Aktienvermögen zu beteiligen; denn einerseits wird der Arbeitnehmer dadurch prächtig motiviert, andererseits haben Arbeitnehmer kaum die Chance, an wichtigen Entscheidungen mitzuwirken.

Das zentrale Problem von Belegschaftsaktien besteht jedoch darin, daß ein Bankrott des Unternehmens gleichzeitig zu Arbeitsplatzverlust *und* dem Verlust des Aktienvermögens des Beschäftigten führt, weil dann der Aktienkurs gegen Null geht. In dem Maße, wie Aktienoptionen gewährt werden, wird die direkte Entlohnung tendenziell sinken (bzw. nicht weiter z.B. im Umfang der Produktivität steigen); schließlich sind Löhne Nebenkosten, die den Gewinn des Unternehmens schmälern – und via Aktie auch die Vermögen der Beschäftigten. Damit fallen auch die treibenden Kräfte fort, die Lohnerhöhungen durchsetzen.

Der Druck auf die Arbeitnehmer läßt sich noch erhöhen, indem man den aktuellen Aktienkurs in der Eingangshalle eines Unternehmens anzeigt[180] und gleichzeitig den Beschäftigten vermittelt, daß bei Absinken der Kurse unter einen bestimmten Wert eine feindliche Übernahme droht. Man erkennt: Der Interessengegensatz zwischen Unternehmern und Angestellten bleibt auch in einer Aktienkultur bestehen. Im Gegensatz zu den frühen Zeiten der Industriellen Revolution, als unselbständig Beschäftigte ein Bewußtsein davon besaßen, lediglich Befehlsempfänger zu sein, sollen sie sich heute wie Unternehmer fühlen. Doch eine Emanzipation, die lediglich dazu führt, daß der Angestellte vom Aktienkurs abhängig und so zum Durchsetzungsgehilfen des Shareholder-Values wird, bleibt ein äußerst zweifelhafter Gewinn – für den Einzelnen wie für die Gesellschaft.

Illusion 10
»Private Vorsorge ist eine vernünftige Ergänzung der Rente«

> »Volkswirtschaftlich gibt es immer nur ein Umlageverfahren«
> Gerhard Mackenroth, 1952[181]

Diskussionen über die Rente überziehen die Republik seit Jahrzehnten mit einem Informationskauderwelsch, der seinesgleichen sucht. In der Fassung aus dem Jahr 2001 geht es darum, der Bevölkerung klar zu machen, daß sie selbst für die Rente vorsorgen muß, da das bisherige System sonst nicht mehr funktioniert. Mit »bisherigem« System ist das Umlageverfahren und seine hälftige Finanzierung von Arbeitnehmer und Unternehmer gemeint. Beim Umlageverfahren zahlt ein Arbeitnehmer einen bestimmten Teil seines Bruttogehalts in die Rentenkasse, der Arbeitgeber ergänzt diesen Betrag um ebensoviel (*paritätisches* Umlageverfahren). Die Rentenkasse überweist das Geld nahezu unverzüglich auf das Konto eines Rentners.[182]

Dieses System soll immer mehr durch privates Sparen auf die Rente ergänzt und ersetzt werden. Es wird behauptet, daß – geringe Inflationsraten und stetiges Wirtschaftswachstum vorausgesetzt – das Ersparte plus dessen Verzinsung in einigen Jahrzehnten die Alterssicherung stark verbessern wird. Vordergründig klingt es durchaus plausibel, privat für die Rente zu sparen und sich so abzusichern. Dieses Tun erscheint jedoch in einem völlig anderen Licht, wenn *alle* auf die Rente sparen.

Daß hinter der Rentendiskussion keine unabhängigen Rentenexperten stecken, leuchtet ein, schließlich nehmen Fondsgesellschaften durch privates Sparen auf die Rente Milliardenbeträge ein. Das könnte die Börsen beflügeln und deren Einfluß noch weiter stärken. Gerade Menschen, die ein Interesse daran haben, daß der Einfluß der Börsen immer weiter steigt, werden sich mit

Nachdruck für eine private Vorsorge aussprechen. Doch ist es weder wünschenswert, den Einfluß der Börse zu erhöhen und damit das Shareholder-Value-Denken weiter zu stärken, noch ist es notwendig. Denn die Vorteile einer privaten Vorsorge für die Rente sind mehr als zweifelhaft. Vernünftig kann eine private Vorsorge für die Rente aus drei Gründen sein:
1. Das Leistungsniveau ist höher.
2. Durch eine Mischung aus verschiedenen Rentensystemen sinkt das Risiko eines Ausfalls von Rentenzahlungen z.B. aufgrund von Wirtschaftskrisen oder Änderungen in der demographischen Entwicklung.
3. Die Rente wird gerechter.

Nichts davon trifft zu. Dies mag überraschend klingen, schließlich sehen wir uns dem Dauerfeuer von Rentenexperten und Investmentfonds ausgesetzt, die uns zumindest die ersten beiden Thesen täglich glauben machen wollen: Zukünftig sinken die Renten, da immer mehr Rentner immer weniger Beschäftigten gegenüberstehen, und um das zu verhindern müssen wir privat für die Rente vorsorgen. Doch privates Sparen auf die Rente führt höchstens für einige wenige und auf Kosten aller anderen zu höheren Renditen als ein Umlageverfahren.

»Die Woche« schrieb am 19.6.1998: »Jeder spart für seine eigene Rente und muß seinen Beitrag nicht an eine anonyme Kasse entrichten. Er kann sein Guthaben wachsen sehen und allmählich ein Vermögen ... aufbauen. Selbst bei magerer Verzinsung ist für eine Durchschnittsrente nur halb so viel Kapital nötig wie beim Umlageverfahren ...«. Um diesem populären Standpunkt beizukommen, muß man leider etwas weiter ausholen:
- Im nächsten Abschnitt wird gezeigt, daß obige Rechnung nur aufgeht, solange nur wenige die Möglichkeit der privaten Vorsorge nutzen.
- Private Rentenvorsorge ist unsicher. Beim Ausbruch der Mexiko-Krise stellte Präsident Clinton (zusammen mit IWF und Welt-

bank) unverzüglich ein Hilfspaket über 50 Mrd. US-Dollar bereit, womit er ebenfalls amerikanischen Rentenfonds aus der Patsche half. Dadurch rettete die Gemeinschaft in Form ihrer Steuerzahlungen ein privatwirtschaftliches System. Die Beschäftigten legten einen Teil ihres Gehaltes »um«.

- Je mehr Vorschriften die Anlagestrategien privater Rentenfonds regeln, um Risiken zu begrenzen, desto geringer wird die Rendite ausfallen.

Ein zentrales Argument gegen private Rentenvorsorge bleibt die Tatsache, daß es keine zu 100 % sichere Geldanlage gibt und geben kann. Nach zwei Jahrzehnten steigender Aktienkurse ist völlig in Vergessenheit geraten, daß diese auch über längere Zeit sinken können. Um die Marke von 1000 Zählern dauerhaft zu überschreiten, benötigte der Dow-Jones-Index 26 Jahre. In diesem Zeitraum (1966–1992) erbrachte ein entsprechender amerikanischer Aktienmix im wesentlichen Gebühreneinnahmen für Fonds und Banken.[183] Das klingt sonderbar, schließlich zeigen die allermeisten Aktien-Charts, die sich über einen langen Zeitraum erstrecken, fast ausschließlich steigende Kurse. Denn allzu gern wird verschwiegen, daß auch die Verbraucherpreise ansteigen.

Will man die Veränderungen der Kurse unverfälscht wiedergeben, so muß man die Inflation herausrechnen. Außerdem ist es sinnvoll, einen Aktienindex heranzuziehen, der bereits seit sehr langer Zeit existiert und viele Unternehmen enthält. Der amerikanische S&P-Aktienindex erfüllt diese Bedingungen, er wird seit 1871 ermittelt und enthält 500 amerikanische Unternehmen (vgl. Seite 35). In der üblichen Darstellung von Abbildung 6a erkennt man, daß die Kurse im wesentlichen steigen, denn diese Auftragung verschleiert die ständige Geldentwertung. Die Daten für Abbildung 6b wurden inflationsbereinigt, wobei noch zwei zwanzigjährige Zeiträume gekennzeichnet wurden, an deren Ende die Aktienkurse niedriger als zu Beginn des Zeitraumes waren. Im Graphen finden sich noch weit mehr und noch längere Zeiträume dieser Art. Wenn man zufällig gegen Ende oder kurz nach den

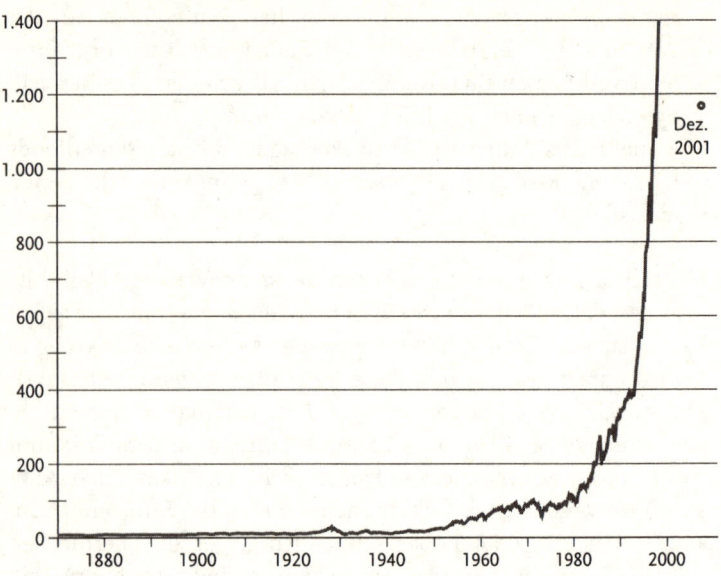

Abbildung 6a: S&P-Aktienindex von 1871 bis Januar 2000 – Originaldaten.

gekennzeichneten Zeiträumen in Rente geht, so würde die Rendite von Aktienersparnissen mitunter negativ ausfallen.

Es ist verständlich, daß gerade in Zeiten steigender Aktienkurse private Rentenvorsorge attraktiv erscheint – obwohl sie genau dann am gefährlichsten ist. Nimmt man zur Kenntnis, daß in der Vergangenheit nach übermäßigem Kursanstieg häufig sehr lange Zeiten niedriger Kurse aufgetreten sind, ist Aktiensparen auf die Rente letztlich verantwortungslos. Daraus folgt ebenfalls, daß auch *jede* Ergänzung des Umlageverfahrens durch private Anlagen Risiken erhöht und nicht vermindert.

Dieses schwerwiegende Argument gegen private Vorsorge auf die Rente wird noch durch einen weiteren, sehr viel weniger be-

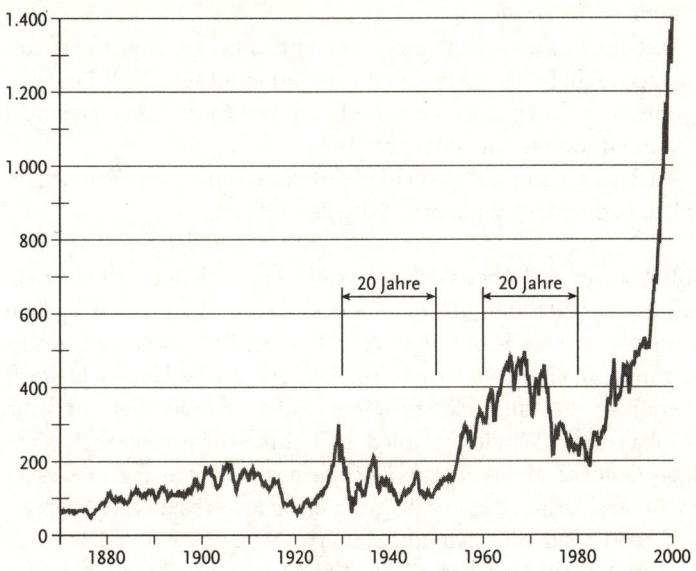

Abbildung 6b: S&P-Aktienindex von 1871 bis Januar 2000 – Daten inflationsbereinigt. Quelle: Siehe Abbildung 3.[184]

kannten Aspekt ergänzt: Umlageverfahren und private Vorsorge gehorchen – volkswirtschaftlich betrachtet – genau derselben Logik.

Keine höhere Rente bei privater Vorsorge

Im folgenden wird nicht auf spezielle Finanzierungsprobleme der Sozialversicherungen eingegangen, sondern gezeigt, warum eine kapitalgedeckte Rentenfinanzierung im Prinzip der solidarischen Umlagefinanzierung entspricht.[185] Dies meint dreierlei:
- Beide Rentensysteme reagieren gleichermaßen auf einen Anstieg der Zahl der Rentner, und es ergeben sich Schwierigkeiten,

wenn der Anteil der Rentner in einer Gesellschaft sehr hoch wird.
- Das *durchschnittliche* Rentenniveau kann bei einer privaten Vorsorge nicht höher als beim Umlageverfahren sein. Daß Einzelne entweder durch das eine oder das andere System bessergestellt werden, widerspricht dem nicht.
- Auch eine Kombination beider Verfahren kann – volkswirtschaftlich betrachtet – zu keinen Vorteilen führen.

Mittels eines einfachen Gedankenspiels läßt sich deutlich machen, daß es zwischen den beiden Modellen keinen Unterschied geben kann, was die Höhe der durchschnittlichen Renten betrifft. Angenommen, in einer modernen Gesellschaft gäbe es kein Geld, doch überall wären Tauschbörsen eingerichtet, auf welchen sich die Bevölkerung in Windeseile mit den für ihren Lebensunterhalt wichtigen Gütern versorgen kann. Weiterhin sollen in dieser Gesellschaft zwei Drittel der Bevölkerung einer Erwerbstätigkeit nachgehen, wobei sie mit Gebrauchsgütern, Naturalien und Dienstleistungen entlohnt würden. Geld ist nicht existentiell notwendig für eine Gesellschaft, es erleichtert jedoch den Handel mit Gütern enorm.

Weiterhin angenommen, das nicht erwerbstätige Drittel dieser Bevölkerung ohne Geld wären Kinder, befände sich in Ausbildung oder in Rente. Offensichtlich müssen die erwerbstätigen zwei Drittel der Bevölkerung für die nicht erwerbstätigen Bevölkerungsschichten mitarbeiten und ihnen die Güter des täglichen Bedarfs, darüber hinaus auch Wohnraum oder Luxusartikel solidarisch überlassen. Die erwerbstätige Bevölkerung kann offensichtlich nicht nur für sich arbeiten, sondern sie muß teilen – mit Kindern, Auszubildenden – und natürlich mit Rentnern. In einer hochkomplexen, arbeitsteiligen Welt ist das kaum vorstellbar, aber es verdeutlicht, daß der erwerbstätige Teil der Bevölkerung den nicht erwerbstätigen Teil *immer* in der *Gegenwart* versorgen muß. Denn der nicht erwerbstätige Teil der Bevölkerung kann nicht während seines Erwerbslebens Naturalien und Gebrauchsgüter ansparen, um dann während der Rente von diesen zu leben. Und selbst wenn die Ernährung von Dosengemüse und Räucherschinken theoretisch möglich ist, so ist sie bestimmt nicht erstrebenswert.

Also muß der erwerbstätige Teil den nicht erwerbstätigen versorgen, und das bleibt natürlich auch so, wenn wir in unsere Modellgesellschaft Geld einführen, welches die Erwerbstätigen den Rentnern zum Teil überlassen können oder Rentner angespart haben können. Ein Umlageverfahren kommt von der Funktionsweise dem Zustand einer Gesellschaft ohne Geld recht nahe: Der Erwerbstätige verzichtet auf einen Teil seiner Naturalien und überläßt sie dem Rentner, der auf die Solidarität der Erwerbstätigen angewiesen ist; der Generationenvertrag ist ein Solidarvertrag. Und er funktioniert, weil die noch Erwerbstätigen wissen, daß sie während ihrer Rente von den dann Erwerbstätigen versorgt werden.

Im Falle des Prinzips einer privaten Rentenvorsorge spielt Psychologie eine gewisse Rolle. Denn auch jetzt müssen die Erwerbstätigen ihre hergestellten Güter mit denen teilen, die nicht mehr erwerbstätig sind. Denn bei einem System der privaten Rentenvorsorge sind sie gezwungen, einen Teil ihres Lohns zu sparen und nicht auszugeben. Dadurch haben sie auch in diesem System weniger Konsummöglichkeiten. Nur glauben die noch Erwerbstätigen jetzt nicht mehr, für die Rentner mitzuarbeiten, sondern geben sich der Illusion hin, daß diese ihnen ihre Produkte abkaufen. Sie glauben, einen gerechten Preis für ihre Güter zu bekommen, und die Rentner meinen, die käuflich erworbenen Güter stünden ihnen sowieso zu, da sie ja früher darauf gespart hätten. Doch es gibt keinen Unterschied zum Umlageverfahren:

In einem Umlageverfahren glaubt der Erwerbstätige, im Rentenalter von den dann Erwerbstätigen Geld zu bekommen und sich Güter kaufen zu können, und zahlt deshalb *jetzt* Geld an die Sozialkassen. Ein Rentner kauft *genau mit diesem* Geld die von den Erwerbstätigen hergestellten Güter. Im System der privaten Rentenvorsorge glaubt der Erwerbstätige, im Rentenalter mit Hilfe seines Ersparten Güter kaufen zu können und überweist deshalb *jetzt* Geld auf die Sparkasse. Der Rentner löst in diesem System seine

Ersparnisse auf – er geht auf die Sparkasse, verkauft z.B. Aktien und hebt Geld ab: es ist *genau das Geld*, das der momentan Erwerbstätige, der auf seine Rente spart, gerade eingezahlt hat; *genau mit diesem* Geld kauft der Rentner die von den Erwerbstätigen hergestellten Güter. Umlageverfahren und private Rentenvorsorge funktionieren nach *genau derselben* Logik.

In jeder Gesellschaft können Menschen genau alle in einer bestimmten Periode produzierten Güter konsumieren, und wenn sie diese Güter mit nicht Erwerbstätigen teilen müssen, so haben die Erwerbstätigen weniger. Dies gilt unabhängig davon, wie die nicht Erwerbstätigen die Güter erwerben – ob sie ihnen geschenkt werden, ob sie dafür Teile des Geldes der Erwerbstätigen benutzen oder ob sie ihre Ersparnisse auflösen und doch wieder nur das Geld der Erwerbstätigen benutzen.

Wenn der Rentneranteil steigt ...

Die Analogie der Systeme läßt sich auch bei einer plötzliche Änderung der Erwerbsstruktur sehr deutlich erkennen. Angenommen, die Hälfte der Erwerbstätigen erreichen z.B. aufgrund einer ungünstigen Altersstruktur in kürzester Zeit das Rentenalter. Infolgedessen arbeiten in unserer Modellgesellschaft nicht mehr zwei Drittel, sondern nur noch ein Drittel der Bevölkerung, während zwei Drittel nicht mehr erwerbstätig sind. Wenn sich die Produktivität der Volkswirtschaft nicht ebenfalls schlagartig deutlich erhöht, wird das arbeitende Drittel der Bevölkerung kaum imstande sein, die nicht arbeitenden zwei Drittel zu versorgen. Dies gilt völlig unabhängig davon, ob die nicht mehr arbeitenden zwei Drittel der Gesellschaft viel Geld angespart haben oder nicht.

Weiterhin angenommen, die noch Erwerbstätigen können die gesamte Bevölkerung gerade noch versorgen und der Marktmechanismus funktioniert weiterhin. Wenn plötzlich weniger Menschen arbeiten, so sinkt das Angebot an Gütern, die Nachfrage bleibt jedoch konstant. Folge davon: Die Preise der Güter steigen. Das verringert den Wert der Löhne der noch Erwerbstätigen, da sie sich dafür weniger kaufen können. Natürlich führen die Preissteigerungen auch zu einer Entwertung der Ersparnisse der Rentner, und sie können sich von ihrem Ersparten plötzlich ebenfalls weniger kaufen. Wenn die Zahl der Rentner stark ansteigt, dann können sich auch in einem privaten Rentensystem die Rentner immer weniger leisten. Wenn aufgrund der demographischen Entwicklung die Zahl der Rentner zunimmt, dann muß ein Erwerbstätiger eben für mehrere Rentner arbeiten. Ähnliches passiert auch beim Umlageverfahren: Eine plötzliche Verdopplung der Rentner und infolgedessen der Rentenzahlungen würde die Rentenbeiträge extrem erhöhen, zu einer hohen Inflation führen und es sowohl den Erwerbstätigen als auch den Rentnern schwer machen, sich zu versorgen – genau wie bei einem System privater Vorsorge.

Das Beispiel zeigt, daß es einerlei ist, ob ein Erwerbstätiger mit dem Rentner teilt, indem ein Teil seines Bruttogehaltes an das Sozialamt oder auf ein privates Sparkonto fließt. Ist damit gesagt, daß die Renten zwangsläufig sinken werden? – Nein! Bei einer steigenden Zahl von Rentnern muß zwar der Rentenbeitrag steigen oder das Rentenniveau sinken – unabhängig vom Finanzierungsmodell. Gleichzeitig steigt jedoch die Produktivität an. Fortschritt bedeutet, daß immer weniger Menschen in immer kürzerer Zeit immer mehr produzieren können – nicht zuletzt ist genau das der Sinn von Technik. Wenn jedoch die Produktivität steigt, und die Produktivität steigt beständig seit dem Zweiten Weltkrieg, so kann auch das Lohnniveau selbst in Zeiten der Globalisierung steigen. Und natürlich können dann auch immer weniger erwerbstätige Menschen immer mehr nicht erwerbstätige Menschen versorgen. Da kein Ende dieser Entwicklung abzusehen ist, wird die Gesellschaft in hohem Wohlstand leben können, selbst wenn die Zahl der Rentner zunimmt. *Solange der Zuwachs an Rentnern kleiner als der Zuwachs der Produktivität ist, steigen bei sonst gleichbleibenden Bedingungen auch die Nettolöhne und somit der Wohlstand der Bevölkerung.*

Dies ist auch durchaus realistisch. Bei pessimistischen Schätzungen, ohne weitere Reformen und bei gleichbleibendem Leistungsniveau, würde der Beitragssatz der Rentenversicherung von ca. 20 % im Jahr 1999 auf nicht viel mehr als 27 % steigen – im Jahr 2040, wenn der Höhepunkt des Rentneranteils an der Gesamtbevölkerung erreicht wäre.[186] Das bedeutet, daß der Rentenversicherungssatz jährlich um 0,75 % (entsprechend ca. 0,17 Prozentpunkte) steigen müßte. Falls die realen Nettolöhne um mehr als diesen Betrag steigen, ergeben sich für die Beschäftigten keinerlei Kaufkraftverluste. Bereits ein Wirtschaftwachstum von mehr als einem Prozent, das über Produktivitätssteigerungen erzielt und mittels Lohnsteigerungen an die Beschäftigten weitergegeben würde, genügt völlig, um ihre Kaufkraft zu sichern. In den 90er Jahren stieg die Produktivität jährlich um mehr als 2,5 % an – folglich ist in Zukunft selbst bei deutlich geringerem »Fortschritt« als heute die Alterssicherung ohne Kaufkraftverluste der Erwerbstätigen finanzierbar.

Um sich klarzumachen, was aufgrund der zunehmenden Zahl an Rentnern in den nächsten 40 Jahren geschieht, unterteile man die Bevölkerung in Erwerbstätige und nicht Erwerbstätige. Der Anteil der Erwerbstätigen an der Bevölkerung betrug 1998 44 %. Hält man sich diese Zahl vor Augen, werden die in der Rentendebatte diskutierten Zahlen viel weniger schockierend, da neben Rentnern auch Arbeitslose, Schüler, Auszubildende, Mütter etc. auf »Transferleistungen« der Erwerbstätigen angewiesen sind. Wenn, wie häufig behauptet, in 40 Jahren jedem Erwerbstätigen ein Rentner gegenübersteht,[187] so bedeutet dies (da gleichzeitig die Arbeitslosigkeit, aber auch die Zahl der Auszubildenden und Schüler sinken wird), daß die Gesellschaft dann aus etwa 36 % Erwerbstätigen, 36 % Rentnern und 28 % »sonstigen« (vgl. oben) bestehen wird. Die Zahl der Rentner hat dann um etwa 30 % zugenommen, und um diesen Betrag müssen auch die Beiträge steigen, wenn sich die gesamte Gesellschaft an der Finanzierung gerecht beteiligt.

Da beide Rentensysteme nach derselben Logik funktionieren, wäre es fatal, wenn die Kapitalrenditen der Rentner bei privatem Sparen höher *wären* als beim Umlageverfahren. Würden bei sonst gleichen Bedingungen und einem Wachstum von 2 % in einem Umlageverfahren Rentner jährlich 2 % höhere Renten erhalten, so wäre dies auch für die Erwerbstätigen möglich. Falls in einem System privater Vorsorge die Einkommen der Rentner schneller steigen würden (z.B. um durchschnittlich 3 %), so *müßten* die Einkommenssteigerungen der Erwerbstätigen hinter denen der Rentner zurückbleiben. *Das Volkseinkommen ist begrenzt und muß unabhängig vom Rentensystem zwischen Rentnern und Beschäftigten aufgeteilt werden.*

Bisher ist lediglich gezeigt worden, daß die beiden Rentensysteme zum gleichen durchschnittlichen Rentenniveau führen, falls nicht eines davon ein höheres Wirtschaftswachstum nach sich zieht. Ob es hier Unterschiede gibt, klärt sich bei einem Blick nach Amerika.

Unterschiedliches Wirtschaftswachstum in unterschiedlichen Rentensystemen?

Als weiterer Vorteil des Kapitaldeckungsverfahrens wird genannt, daß dadurch große Summen Geld angespart werden, die für Investitionen verwendet werden können, da sie nicht konsumiert werden. Die Investitionsquote, welche der Sparquote entspricht,[188] hängt vom Umfang der Konsumwünsche einer Gesellschaft ab. Je mehr gespart wird, desto mehr kann man zukünftig konsumieren. Falls beim Kapitaldeckungsverfahren mehr gespart wird, so würde es zu einem höheren Wirtschaftswachstum führen können als das Umlageverfahren. Und da beim Umlageverfahren die Sozialabgaben überwiegend konsumiert und nicht gespart werden, klingt das auf den ersten Blick auch einleuchtend. Mithilfe des Gedankenspiels einer Gesellschaft ohne Geld kann man aber leicht einsehen, daß auch dies nicht der Fall sein kann. Es sei wiederholt, daß unser Modell dabei kaum strapaziert wird, denn Geld ist im wesentlichen ein Mittel zur Senkung des Aufwands beim Gütertausch.

Im Folgenden sei wieder angenommen, daß ein Drittel der Bevölkerung in Rente sind und zwei Drittel erwerbstätig. Ein bestimmter Prozentsatz des erwerbstätigen Teils ist nötig, um alle Konsumgüter und Dienstleistungen herzustellen, die auf dem Markt nachgefragt werden. Die restlichen Erwerbstätigen können in der Investitionsgüterindustrie für den Erhalt der bestehenden Anlagen und Infrastruktur sorgen sowie Erweiterungsinvestitionen vornehmen. Der Anteil der Bevölkerung, welcher nötig ist, um alle Verbrauchsgüter zu produzieren, ist in einer sparsamen Bevölkerung natürlich kleiner als in einer Bevölkerung, welche in Saus und Braus lebt. Je nachdem können mehr oder weniger Menschen in der Investitionsgüterindustrie arbeiten. In einer Gesellschaft ohne Geld kann man sich sehr leicht vorstellen, daß »sparsam« bedeutet, lieber für die Zukunft zu investieren, als in der Gegenwart zu konsumieren.

Die USA, deren Bürger für ihren Konsumhunger bekannt sind, hatten trotz eines hohen Anteils privater Vorsorge am Rentensystem Ende 1998 zum ersten Mal seit 1930 eine (private) Sparquote von Null vorzuweisen, während sie in Deutschland noch etwa 10 % beträgt. Den Konsumhunger der Amerikaner stillen die EU und Japan mit Hilfe ihrer florierende Exportwirtschaft, anstatt selber zu konsumieren. Für den Erlös kaufen sie amerikanische Wertpapiere.[189] Amerikaner geben im Durchschnitt ihren laufenden Verdienst fast vollständig aus. Die verschiedenen Rentensysteme spielen offensichtlich keine Rolle bei der Höhe der Ersparnisbildung. Die USA muß sich seit Jahrzehnten ausländisches Kapital leihen, da sie nötige Investitionen und ihren Konsumrausch nicht selbst finanzieren kann. Oder anders ausgedrückt: Um ihren Konsumhunger zu stillen, müssen die USA seit vielen Jahren weit mehr Güter importieren, als sie exportieren können. Dazu sind sie nur in der Lage, weil der US-Dollar Weltreservewährung ist (vgl. Illusion 11).

Dieses Beispiel widerlegt eindringlich einen einfachen Zusammenhang zwischen der Sparquote und dem verwendeten Rentensystem. Selbst wenn einige psychologische Phänomene zu einer gesteigerten Sparquote bei der privaten Rentenvorsorge führen würden, wären die Unterschiede zu klein, um einen Systemwechsel oder auch nur eine Ergänzung des Umlageverfahrens zu rechtfertigen. Es stimmt zwar, daß wenn mehr gespart wird, auch mehr investiert werden kann. Doch wenn heute in Deutschland der Anteil der Investitionen am Bruttoinlandsprodukts bei 20 % liegt (in den USA bei 17 %), dann werden es in einem privaten Rentensystem nicht mehr sein; denn dazu müßte die Bevölkerung ihre Konsumgewohnheiten generell ändern.[190]

Kann das Ausland helfen?

Häufig wird argumentiert, man könne sein Erspartes im Ausland anlegen, um einer Entwertung der Ersparnisse aufgrund einer ungünstigen Bevölkerungsentwicklung zu entgehen. Auch dabei treten schwerwiegende Probleme auf. Denn der überwiegende Teil des Geldes, welcher ins Ausland fließt, fließt in Länder mit vergleichbarer demographischer Entwicklung. Von den Folgen einer Zunahme der Zahl der Rentner werden nahezu alle Industriestaaten gleichermaßen getroffen. Selbst aufstrebende Volkswirtschaften wie China werden im Jahr 2030 große Probleme mit der Altersstruktur ihrer Bevölkerung haben. Durch die hohe Zahl von Rentnern wird überall ein sehr hoher Bedarf an Geld zum Zwecke des Konsums entstehen, weshalb weltweit Ersparnisse aufgelöst werden müssen. Wenn jedoch viele Anlagegesellschaften Wertpapiere verkaufen, um an das benötigte Geld zu gelangen, besteht die Gefahr von massiven Kurseinbrüchen, weshalb Rentner im Durchschnitt keinerlei großartige Renditen mehr haben werden. Wie oben beschrieben: Dies ist nicht Folge der Weltfinanzmärkte, sondern Ausdruck einer Knappheitssituation. Selbst wenn die demographische Entwicklung in einigen Ländern anders verliefe, wäre es fraglich, ob man einer Entwertung des Ersparten entgehen könnte. Denn wenn sehr viele Menschen Vermögenstitel im Ausland aufbauen und sie in harten Zeiten wieder abbauen, führt das zu einer enormen Nachfrage an inländischer Währung, die das Zinsniveau, die Inflation und den Wert der Währung relativ zum Ausland erhöhen wird und so die Konjunktur und die Kaufkraft sehr stark beeinträchtigt.

Fazit

Ein Sozialsystem kann auch kaputt geredet werden. Bei Rentenbeiträgen von 27 % oder sogar 30 % würde es genauso funktionieren wie heute. Zugegeben: Der Zeitgeist macht es fast unmöglich zu argumentieren, daß Umlageverfahren und Privatvorsorge nach derselben Logik funktionieren, vor allem wenn private Rentenfonds vorrechnen, daß ihre Rendite wesentlich höher ist als beim Umlageverfahren. Daß das nur gilt, solange Aktienkurse steigen und nicht alle privat vorsorgen, ist hoffentlich ebenso klar geworden wie die Tatsache, daß überdurchschnittliche Renditen für Privatanleger bei der Rente eine Benachteiligung der Menschen bedeuten, die auf das Umlageverfahren angewiesen sind. Gerade dieser unsoziale Aspekt macht einen Großteil der Attraktivität privater Rentenfonds aus, da er Angst auslöst. Jeder flieht, so schnell er kann, aus dem umlagefinanzierten Rentensystem.

Doch sollte diese Entwicklung gestoppt werden. Denn nur wohlhabendere Schichten können in relevantem Umfang privat für die Rente vorsorgen. Selbst wenn die Gesellschaft einen Systemwechsel wollen würde, wären die Schwierigkeiten immens, da im Verlauf der Systemumstellung ein Kapitalstock von 2700 Mrd. DM aufgebaut werden müßte und die Umstellung mindestens 60 Jahre dauern würde.[191] In der schwierigen Zeit zwischen 2030 und 2040 werden die meisten Menschen immer noch vom Umlageverfahren abhängen, sozial schwache Schichten werden immer auf umlagefinanzierte Rentenzahlungen angewiesen sein (ob nun steuer- oder beitragsfinanziert, ist dabei völlig gleichgültig). Auch eine Ergänzung des Umlageverfahrens ist nicht sinnvoll: Wenn *alle* Beschäftigten *teilweise* auf die Rente sparen, so können sie ebenfalls keine überdurchschnittlichen Renditen erwirtschaften; der Durchschnitt wird genauso hoch sein wie in dem Fall, da alle Beschäftigten ausschließlich das Umlageverfahren nutzen oder ausschließlich privat sparen.

Das Umlageverfahren funktioniert bei höheren Beiträgen genauso wie heute. Das heißt, die Renten sind sicher – falls sich die

Bevölkerung mit den Rentnern solidarisch erklärt, ihre Sozialabgaben durchschaut und akzeptiert. Außerdem bräuchten die Beiträge bei weitem nicht so stark ansteigen, wie in Horrorszenarien gern verbreitet wird, würde man das Umlageverfahren konsequent anwenden. *Konsequent heißt, daß Beamte, Selbständige und die Bezieher von Vermögenseinkommen ebenfalls Sozialabgaben entrichten, versicherungsfremde Leistungen (z.B. die Anrechnung von Kindererziehungszeiten) steuerfinanziert und die Beitragsbemessungsgrenzen aufgehoben werden.* Dies würde natürlich zu einer immensen Umverteilung von Einkommen sowie Vermögen führen und entspricht nicht dem Zeitgeist. Doch würde es die Beiträge zur Rentenversicherung dauerhaft um mehrere Prozentpunkte reduzieren.

In der im Jahr 2001 beschlossenen »Riester-Rente« wird unselbständig Beschäftigten *vorgeschrieben*, einige Prozent ihres Lohns zu sparen. Da beide Rentenmodelle derselben Logik gehorchen, hat dies die gleiche Wirkung wie eine Erhöhung der Rentenversicherungsbeiträge, nur werden die Beiträge nur noch von den Arbeitnehmern erhoben und nicht mehr paritätisch von Arbeitgebern und Arbeitnehmern. Durch diesen »Trick« wurde das paritätische Sozialversicherungsmodell, welches Arbeitgeber und Arbeitnehmer zu gleichen Teilen an den Kosten des Sozialsystems beteiligt, zu Grabe getragen. Da die Bevölkerung aufgrund des Zwangs zur Ersparnisbildung ihr freiwilliges Sparverhalten mit Sicherheit reduzieren wird, wird man nicht einmal eine Erhöhung der Sparquote erreichen.

Umlageverfahren können prinzipiell gerechter ausgestaltet werden als Kapitaldeckungsverfahren, auch wenn beide dazu neigen, Einkommensunterschiede zu verstärken. Ein individuelles Kapitaldeckungsverfahren fixiert den Blick immer mehr Richtung Börse und klammert den Solidaritätsaspekt von vorneherein aus, da jeder nur für sich selbst sorgt. Doch wie unsere geldlose Modellgesellschaft gezeigt haben sollte, sind die nicht mehr Erwerbstätigen auf die Solidarität der Erwerbstätigen in jedem Fall angewiesen. Innerhalb des Umlageverfahrens muß der Aspekt der Solidarität stets aufs neue betont werden, das ginge am einfachsten durch Transparenz. Die Rentendebatte des Jahres 2000 endete stets bei kleinkarierten, undurchsichtigen Zahlenspielereien, volkswirtschaftliche Aspekte tauchten kaum auf.

Wenn aus irgendeinem Grund, z.B. weil sich die Ölpreise im Jahr 2007 plötzlich verzehnfachen und eine hohe Inflation auslösen, die Ersparnisse angehender Rentner immer weniger wert sind, müssen sie wieder auf die Solidarität der Gemeinschaft hoffen. Wenn ab dem Jahr 2000 die Aktien 20 Jahre eine Seitwärtsbewegung vollziehen, ebenfalls. Das Argument, die Rentenfonds könnten ja Ölaktien halten, wenn deren Wert just in diesem Augenblick enorm ansteigen würde, verfehlt die Einsicht, daß die Verteuerung eines Gutes (z.B. von Öl) reale Auswirkungen auf Wachstum, Beschäftigung, Arbeitslosenquote etc. hat – das zeigten nicht zuletzt die Ölkrisen der 70er Jahre. Natürlich kann sich der eine oder andere durch Aktien schadfrei halten, doch wenn alle es tun, funktioniert dies nicht: Inflation würde die Kursgewinne in Nichts auflösen.

Die Rentendebatte ist ein schönes Beispiel dafür, wie zwei gleichwertige Systeme aufgrund unterschiedlicher Interessenlagen gegeneinander ausgespielt werden – obwohl zwischen ihnen kein Unterschied in der Leistungsfähigkeit besteht. Offensichtlich soll das solidarische Umlageverfahren sturmreif geschossen werden, indem immer mehr Rentenfonds zugelassen und staatlich gefördert werden – zunächst nur, um eine Ergänzung zum Umlageverfahren zu ermöglichen. Doch wird damit eine Entwicklung entfacht, die eine hohe Eigendynamik beinhaltet (psychologische Phänomene sprechen für privates Sparen) und schlußendlich dafür sorgen wird, daß das deutlich sicherere und sozialere Umlageverfahren dem angelsächsische Modell der Eigenvorsorge weichen wird – was natürlich im Sinne der Aktionäre ist, da so Milliarden Richtung Börse gelenkt werden.

Illusion 11
»Deregulierte Finanzmärkte sind die bessere Alternative«

> »Wir waren ganz, ganz dicht an einer Kernschmelze des
> internationalen Finanzsystems, des gesamten Bankensystems.«
>
> George Soros

Probleme mit fixierten Wechselkursen: Südostasien, Rußland und Argentinien

In der vergangenen Dekade ereignete sich eine Reihe von Krisen, die alle nach sehr ähnlichen Mustern abliefen und die es vorher so noch nicht gegeben hatte. In allen Fällen war nicht der Spekulationsrausch der Bevölkerung der Auslöser der Krise, sondern institutionelle Anleger (v.a. Banken) zogen kurzfristig verliehene Gelder aus Ländern ab, die mehr oder weniger erfolgreich versuchten, die westlichen Industriestaaten wirtschaftlich einzuholen. Ob 1994 in Mexiko, 1997 in Thailand, Malaysia, Südkorea, den Philippinen oder Indonesien, 1998 in Rußland oder 1999 in Brasilien: Die Voraussetzungen der Krisen in diesen Ländern waren immer dieselben:

- Der Wert der jeweiligen Landeswährungen war berechenbar oder sogar fest an eine Leitwährung, zumeist den US-Dollar gebunden. Ausländische Anleger vertrauten darauf, daß der Wert der Währungen nicht unerwartet sinken würde. Deshalb waren die Länder für ausländisches Kapital attraktiv, doch wurde den Ländern Kapital nur für kurze Zeit angeboten (»hot money«) und die Kredite laufend verlängert.
- Die Länder hatten im allgemeinen höhere Inflationsraten als die USA, weshalb Produkte in den Krisenländern teurer wurden und sich schlechter exportieren ließen. Dies hat wachsende Handels- und Leistungsbilanzdefizite zur Folge, wozu ebenfalls bei-

trägt, daß die Bevölkerung ausländische Produkte im Vergleich zu inländischen immer billiger erstehen kann.
- Die Zentralbanken müssen große Summen ausländischer Devisen halten, um auf dem Devisenmarkt die Landeswährung zu einem politisch gewünschten Wechselkurs kaufen und verkaufen zu können. Diese Währungsreserven werden geringer, wenn Länder mehr Güter importieren als exportieren, bzw. allgemein, wenn sie ein Leistungsbilanzdefizit aufweisen. Dann müssen sie Kredite im Ausland aufnehmen, da sie mehr Devisen benötigen, um ausländische Waren zu kaufen, als sie Devisen durch den Verkauf inländischer Waren verdienen. Währungsreserven schwinden ebenfalls, wenn sich die Meinung verbreitet, daß eine Landeswährung überbewertet ist. Denn dann ist nur noch die Zentralbank bereit, zu dem hohen Wechselkurs die inländische Währung in ausländische zu tauschen. Gleichzeitig wird auch die Bereitschaft sinken, dem Land Geld zu borgen.

Anleger (häufig ausländische Banken) müssen natürlich darauf vertrauen können, daß sich das Risiko ihrer Geldanlage nicht erhöht. Dafür ist Voraussetzung, daß die Banken, denen sie Geld leihen, mit diesem Geld solide wirtschaften *und* daß die versprochenen festen Wechselkurse stabil bleiben. Wenn dieses Vertrauen schwindet, brechen schwere Zeiten für ein Land an, da dann die Anleger beginnen, ihre Kredite nicht zu verlängern bzw. ihr Geld abzuziehen. Unabhängig davon, aus welchen Gründen dies geschieht, führt dieser Prozeß fast zwangsläufig zu einer Währungskrise. Dies ist z.B. in Mexiko geschehen, als aufgrund innenpolitischer Probleme (die Ermordung eines Präsidentschaftskandidaten und der Rebellenaufstand in Chiapas) und einer Erhöhung der Zinsen in den USA ausländische Anleger ihre Anlagen immer stärker umschichteten. Nachdem die USA einen Rettungskredit von 50 Mrd. US-Dollar geschnürt hatte, konnte die Zahlungsunfähigkeit Mexikos gerade noch abgewendet werden; der Preis war »lediglich« eine Abwertung des Pesos um 50 %, ein Rückgang des mexikanischen Bruttoinlandsprodukts um 10 %, nahezu eine Verdoppelung der Arbeitslosigkeit und eine Inflationsrate von 35 % im Jahre 1995.

Die Mexikokrise und alle anderen genannten Krisen hatten ihren Ursprung in einer langsam zunehmenden Kapitalflucht, die die Anleger irgendwann an der Sicherheit ihrer Geldanlage zweifeln ließ. Doch wenn Anleger beginnen, ihr Kapital vermehrt aus einem Land abzuziehen, so treten Devisenspekulanten auf den Plan. Sie haben es auf die Währungsreserven abgesehen, wenn sie im Inland von einer Bank Milliardenbeträge der inländischen Währung abheben (z.B. nachdem sie als Sicherheit ausländische Wertpapiere hinterlegt haben) und dieses Geld dann in US-Dollar umtauschen. Diese US-Dollars besorgt sich die Bank auf dem Devisenmarkt. Wenn sich nun auch noch herumgesprochen hat, daß eine spekulative Attacke gegen eine Währung im Gange ist, so ist auf jeden Fall nur noch die Zentralbank des Landes bereit, die inländische Währung zu dem von ihr garantierten Kurs in US-Dollars umzutauschen, was ihre Währungsreserven schnell schmälert. Wenn sich viele Devisenhändler verbünden, können sie mit Sicherheit davon ausgehen, daß der Zentralbank irgendwann ihre Reserven ausgehen. Dann müßten andere Teilnehmer auf dem Devisenmarkt die Währung tauschen. Zu welchem Kurs dies geschieht, läßt sich nicht vorhersagen, auf jeden Fall aber wird er unter dem bisherigen liegen, da die Marktteilnehmer dann Gewinn machen – und die Währung wäre abgewertet worden.

Um einer solchen unkontrollierten Abwertung zuvorzukommen, wird die Zentralbank nicht ihre gesamten Währungsreserven verpulvern, sondern bereits im Vorfeld versuchen, die Wechselkurse neu zu bestimmen, gerade so, daß die Teilnehmer auf dem Devisenmarkt wieder Vertrauen in die Währung haben können. Doch dies gelingt meist nicht; aus einer geringen Wechselkurskorrektur der Zentralbanken wurde in der Vergangenheit meist eine wilde Abwertungsspekulation. Die Zentralbanken mußten die Kontrolle über die Wechselkurse aufgeben und die Entscheidung darüber an andere Marktteilnehmer abtreten.

Die Folgen für die Bevölkerung waren stets fatal: Wenn die

Währung eines Landes binnen Monatsfrist zwei Drittel ihres Wertes verliert, kosten alle importierten Güter, insbesondere auch importierte Nahrungsmittel, schlagartig das Dreifache. Dadurch kommt es unausweichlich zunächst zu einer hohen Inflation, in der Folge zu Produktionsrückgängen und Entlassungen. Aufgrund der Währungsabwertungen kam es in allen eingangs genannten Ländern zu einem starken Anstieg der Arbeitslosigkeit, teilweise führte die eintretende Verelendung zu Aufständen und Plünderungen.

Am schlimmsten waren die Auswirkung der Währungsturbulenzen in Rußland; sie warfen ein relativ hoch entwickeltes Land fast auf den Tauschhandel zurück. Rußland ist jedoch ebenfalls ein Beispiel für ein Land, in welchem Devisenhändler leichtes Spiel hatten, indem sie ein völlig marodes Finanzsystem nur vorschnell zum Einsturz brachten – die Folgen der Krise jedoch enorm verschärften.

Bereits seit Jahren befand sich Rußland kurz vor der Zahlungsunfähigkeit. Renten und Löhne wurden monatelang nicht bezahlt. Regierung und Parlament machten auf »kreative« Art und Weise Druck auf den IWF, um die Freigabe von Milliardenkrediten zu erzwingen: »Wenn Ihnen die Position der Regierung und der Duma nicht paßt, müssen Sie damit rechnen, daß die nächste Regierung aus Militärs oder Kriminellen besteht« – so Kommunistenchef Sjuganow. Doch neue Kredite gelangten oft gar nicht über die Grenze; sie wurden überwiegend zur Erfüllung des Schuldendienstes verwendet und entsprachen deshalb einer IWF-internen Umbuchung, wie Anfang 1999, als Kredite in Höhe von fast 5 Mrd. Dollar die Zahlungsfähigkeit Rußlands sicherstellten.

Mittlerweile erkennen sowohl westliche Berater als auch Unternehmer und Manager, daß der Rat, nach Auflösung der UdSSR den Rubel sofort konvertibel zu machen und den Kapitalverkehr sehr schnell freizugeben, »falsch und absolut kontraproduktiv« gewesen ist, so Rolf-Ernst Breuer, damals Chef der Deutschen Bank.[192] Und weiter meinte er, daß unter diesen Umständen kurzfristig angelegtes Kapital mehr Schaden als Nutzen angerichtet habe.

Eine undemokratische Mafia-Kultur, in der eine Handvoll Industriemonarchen den Großteil der Wirtschaft kontrollieren, ergab, verbunden mit ungeschickte Forderungen des IWF, ein Milieu, in dem Wirtschaftswachstum nicht möglich war.

1996 wurde der Rubel fest an den US-Dollar gebunden. Da ausländische Kreditgeber aber keinerlei Vertrauen in russische Staatsschuldverschreibungen hatten, legten sie ihr Kapital nur sehr kurzfristig an, und der russische Staat mußte horrende Zinsen von bis zu 100 % für das Geld bieten. Auch russische Banken nutzten das aus, indem sie im Ausland relativ niedrig verzinste Kredite aufnahmen und dafür russische Staatspapiere kauften. Dies war wesentlich lukrativer als reale Investitionen im Inland.[193] Aufgrund der Politik, ausländisches Geld zu immensen Zinsen bei festen Wechselkursen ins Land zu locken, war die Auslandsverschuldung Rußlands kaum mehr zu bewältigen. Auch war bekannt, daß die russischen Währungsreserven nicht übermäßig groß sind, und so war es nur eine Frage der Zeit, bis der überhöhte Rubelkurs von der Zentralbank nicht mehr verteidigt werden konnte.

Devisenhändler hatten ihre Strategie in Südostasien perfektioniert, und so fiel am 17.8.1998 die Wechselkursbindung des Rubel. Er verlor binnen kürzester Zeit die Hälfte seines Außenwertes. Schlagartig stiegen die Preise wieder an, nachdem 1997 erstmals seit dem Zusammenbruch der UdSSR für russische Verhältnisse Preisstabilität herrschte. 1997 war auch das erste Jahr des Jahrzehnts, in dem die russische Wirtschaft leicht expandierte. Doch aufgrund der Folgen der Währungs- und Wirtschaftsturbulenzen schrumpfte sie 1998 wieder. Die Realeinkommen sanken um 18 %, das Rentenniveau fiel von 127 % auf 80 % des Existenzminimums. Die Zahl der Menschen, die mit weniger als einem US-Dollar pro Tag auskommen müssen, hat sich zwischen 1989 und 1999 verzehnfacht. Nach der Währungskrise leben 27 % aller Russen unter der Armutsgrenze, vor der Krise waren es nur 18 %. Andere Quellen sprechen davon, daß sogar 53 % der Bevölkerung unter der Armutsgrenze leben. Die Wirtschaftsleistung Rußlands betrug 1998 nur noch 55 % des Niveaus von 1990; die Ausgaben der russischen Zentralregierung beliefen sich nur noch auf 20 Mrd. US-Dollar, das ist soviel, wie die Deutsche Bundesregierung in einem einzigen Monat ausgibt.[194]

Argentinien und der IWF

Argentinien war aufgrund seines seit 1991 mit dem US-Dollar fixierten Wechselkurses für ausländische Investoren attraktiv, was ihm hohe Wachstumsraten bescherte – zumindest bis 1997. Nachdem nebst anderen Ländern auch Brasilien, der Haupthandelspartner von Argentinien, seine Währung aufgrund einer massiven Währungskrise abwerten mußte, wurden argentinische Produkte im südamerikanischen Raum immer teurer. Dies wurde aufgrund des sehr hoch bewerteten US-Dollars noch verstärkt, Argentiniens Exporte sanken generell. Als Folge wurde die Leistungsbilanz negativ, die Verschuldung stieg immer weiter an und der Staatshaushalt wurde stark defizitär. Natürlich wurden auch die Anleger mit der Zeit unruhig, weshalb sie immer höhere Zinsen für ihr Kapital forderten. Dies führte einerseits zu einem exorbitanten Anwachsen des Schuldendienstes, andererseits wurde durch die horrenden Zinsen und die entstehende Geldknappheit die inländische Rezession extrem verstärkt.

Der IWF begleitete die Krise höchst aufmerksam, doch war er unfähig oder nicht willens, kreative, sozial verträgliche Lösungen zu erarbeiten (wie z.B. eine Neujustierung der Währung). Selbst als das Land schon in den letzten Zügen lag, forderte der IWF, was er immer fordert – und Argentinien gehorchte stets: nach einer umfassenden Privatisierung der Industrie sowie der Finanzwirtschaft (wobei vor allem internationale Konzerne zugriffen), nach der Öffnung der Grenzen, nach einer Liberalisierung des Gesundheitswesens und nach einer Flexibilisierung der Arbeitsmärkte forderte der IWF selbst während der katastrophalen Wirtschaftskrise der Jahre 1999-2001, deretwegen nach offiziellen Angaben mittlerweile 39 % der Bevölkerung unter der Armutsgrenze leben, rigorose Sparprogramme und einen ausgeglichenen Staatshaushalt.

Erst nachdem das Land nicht mehr in der Lage war, seine Schulden weiterhin zu bedienen, begannen IWF wie auch Argentinien selbst langsam zu erkennen, daß die krampfhafte Bedienung ausländischer Gläubiger das Land nicht rettete und der fixierte Wechselkurs dem Land seit Jahren ausschließlich Schaden zugefügt hatte (obwohl er anfangs nützte). Doch geschah dies alles erst, nachdem die Arbeitslosenquote bis auf 20 Prozent gestiegen war, Plünderungen und Gewalt die Innenstädte verwüstet hatten und die Regierung komplett zurückgetreten war.

Ausgelöst durch die Krisen in Südostasien und Rußland wurde die Forderung laut, daß Länder ihre Finanzsysteme nicht generell für Ausländer öffnen sollten. So Martin Kohlhausen, Vorstandsvorsitzender der Commerzbank: »Ungewöhnliche Umstände können ungewöhnliche Maßnahmen erfordern.« Er sprach sich dafür aus, daß Rußland Kapitalverkehrskontrollen einführen sollte, um die Not im Land zu lindern. Auch Paul Krugman weist darauf hin, daß China gerade deshalb von den Krisen der 90er Jahre weniger betroffen war, weil es keinen freien Devisenmarkt hat.[195] Vergleicht man diese und ähnliche Aussagen mit der noch unmittelbar vor der Südostasienkrise vorherrschenden, dogmatisch vertretenen Ansicht, daß deregulierte Finanzmärkte für alle Beteiligten die bessere Wahl seien, so erkennt man, wie überrascht und erschüttert alle Welt von den neuartigen Krisen der 90er Jahre war. Doch nachdem keine weiteren Hiobsbotschaften mehr folgten und die Aktienkurse zumindest der Industriestaaten wieder stiegen, ging man schnell zur Tagesordnung über.

Die Krisen der 90er Jahre wurde durch faule Kredite und kurzfristig mobiles Kapital verursacht, welches zu einem sich selbst immer weiter beschleunigenden Abzug von Milliardenkrediten führte. Doch das gewaltige Ausmaß der Finanzmarktkrisen der 90er Jahre ergab sich erst aufgrund schlagartiger Änderungen von Wechselkursen, die nicht die ökonomischen Realitäten widerspiegelten. Der Wechselkurs einer Währung sollte so sein, daß die Leistungsbilanz eines Landes ausgeglichen ist. Erkennen Devisenhändler hohe Leistungsbilanzdefizite bei Schwellen- oder Entwicklungsländern und haben die Zentralbanken nur noch relativ geringe Währungsreserven, so könnte eine Spekulation gegen die Währung Erfolg haben. Die negativen Folgen trägt dann die Bevölkerung.

Sind flexible Wechselkurse die bessere Alternative?

»Ich vergleiche Währungsarrangements oft mit ehelichen Verbindungen: Welches System auch vorherrscht, das Gegenteil wirkt immer attraktiver.«
George Soros, »Die Krise des globalen Kapitalismus«, S. 232

Sämtliche internationalen Systeme fixierter Wechselkurse sind gescheitert, da sie zu starr waren (vgl. Kapitel 1.3). Angesichts der genannten Verwerfungen, die feste Wechselkurse auch im nationalen Rahmen erzeugen, scheinen flexible Wechselkurse die bessere Alternative zu sein. Doch auch dann können schwerwiegende Probleme auftreten. Denn selbst Systeme mit flexiblen Wechselkursen sind vor extrem starken Kursänderungen nicht gefeit, die im Falle des Zusammenbruchs eines Festkurssystems Entwicklungs- und Schwellenländern schweren Schaden zufügen. Eine Studie des IWF untersuchte 116 Fälle von Währungsabwertungen von mehr als 25 % innerhalb eines Jahres. Das ernüchternde Ergebnis war, daß *fast die Hälfte aller Fälle in Ländern mit flexiblen Wechselkursen auftraten*. Der Schluß des IWF daraus ist eindeutig: »Der Augenschein legt nahe, daß, entgegen der herkömmlichen Meinung, Kursverzerrungen und Währungszusammenbrüche bei festen und flexiblen Wechselkursen gleich wahrscheinlich sind.[196]

Wechselkurse werden von Devisenhändlern (überwiegend Angestellte von Banken) »gemacht«, die mit Devisen ähnlich wie Börsianer mit Aktien handeln. Wie Börsianer neigen auch Devisenhändler zur Übertreibung von Trends. Durch gemeinsame Einschätzung vieler Händler können sich deren Erwartungen automatisch erfüllen. Wenn viele Händler meinen, eine Währung könnte teurer werden, und sie die Währung deshalb kaufen, so wird – aufgrund der gestiegenen Nachfrage – der Preis der Währung steigen. Deshalb können sich Wechselkurse von einem Gleichgewichtskurs entfernen, der sich aus der Nachfrage nach Devisen aufgrund von realwirtschaftlichem Waren- oder Dienstleistungshandel ergäbe. Die Deutsche Bundesbank meinte dazu 1997, »... daß sich flexible Wechselkurse auch über längere Zeiträume hinweg von ihrem ökonomisch zu rechtfertigenden Niveau entfernen können und dadurch unter Umständen gravierende Verzerrungen in den internationalen Wettbewerbspositionen sowie Zahlungsbilanzprobleme verursachen.«[197]

Devisenhändler können um 10 Uhr vormittags Euros kaufen und sie nachmittags um 15 Uhr wieder verkaufen – dabei verbuchen sie Gewinne für die Banken, wenn sich der Wechselkurs mittlerweile in die richtige Richtung bewegt hat. Würden sie das nicht tun, würden Banken weniger Gewinn machen – das ist alles. Den Verlust trägt manchmal niemand (wie häufig in den USA, deren Zinsniveau durch einen starken US-Dollar gedrückt wird) oder die Allgemeinheit (wie in der EU, wo die Inflationsrate im Verlauf des Jahres 2000 bis nahe 3 % stieg und deshalb die europäische Zentralbank die Zinssätze stark anhob).

Devisenhändler sorgen natürlich nicht absichtlich dafür, daß sich Wechselkurse von einem Wert entfernen, der sich ökonomisch rechtfertigen ließe. Denn daß die von ihnen unterstützten Trends mitunter falsch sind, wird erst nach einer gewissen Zeit deutlich. Dann muß es jedoch möglich sein, die Kurse auf politischem Wege zu korrigieren. Da die gehandelten Devisen pro Tag den zehnfachen Wert der Devisenreserven der 10 einflußreichsten Industriestaaten übersteigen, können die Industriestaaten nur bei dauerhafter internationaler Kooperation das Treiben von Devisenhändlern beeinflussen – einmalige Interventionen von Zentralbanken führen zu nichts und auch die Wirkung koordinierter Aktionen verpufft, wenn kein dauerhafter Wille der Zentralbanken erkennbar ist, den Markt zu bändigen.

Erst eine hohe Unsicherheit von Wechselkursen führt dazu, daß auf den Devisenmärkten Gewinne durch Spekulation erwirtschaftet werden können. Dehnt sich die Spekulation immer weiter aus, verstärken sich auch die Wechselkursschwankungen, und zu spekulieren wird immer rentabler. Gleichzeitig müssen sich Unternehmen, die mit realen Gütern oder Dienstleistungen handeln, gegen mögliche Wechselkursschwankungen versichern. Je größer die möglichen Schwankungen sein können, desto nötiger und teurer wird die Versicherung. So wird Handel durch flexible Wechselkurse im Rahmen deregulierter Finanzmärkte unnötig verteuert.

Eine einfache Antwort auf die Frage nach dem richtigen Wechselkurssystem ist offenbar unmöglich. Weder eine Deregulierung noch eine Überregulierung der Märkte führt zu einem wünschenswerten Ergebnis. Für welches Konzept man sich schlußendlich entscheidet, hängt auch davon ab, auf welchem Entwicklungsstand sich ein Land befindet:

- Die Wechselkurse von Entwicklungsländern schwanken mitunter bereits bei einigen größeren Transaktionen extrem stark. Ein Anleger möchte jedoch möglichst geringe Währungsrisiken eingehen, weshalb er ein Land mit stabilen Wechselkursen selbst bei niedrigerer Verzinsung seines Kapitals gegenüber einem »unsicheren Kandidaten« bevorzugen wird. Wenn ein Entwicklungsland ausländisches Kapital anwerben möchte, so ist es günstiger, feste Wechselkurse anzustreben, da dann das Land für ausländisches Kapital attraktiver und das Zinsniveau niedriger sein wird.[198] Gleichzeitig haben die Währungskrisen der 90er Jahre gezeigt, daß fixierte Wechselkurse leicht zerstört werden können, v.a. wenn langjährige Leistungsbilanzdefizite die Devisenreserven der Zentralbanken schmälern, da dann die heimische Wirtschaft mehr ausländische Devisen benötigt als das Ausland die inländische Währung nachfragt.
- Industriestaaten können sich den Luxus flexibler Wechselkurse leisten. Da unterschiedliche Zentralbankkulturen, Konjunkturzyklen, Produktivitäts- und Lohnentwicklungen zu differenzierten Reaktionen der Zentralbanken auf Zins- oder Inflationssignale führen, müssen sich die Wechselkurse anpassen können. Nur im System flexibler Wechselkurse können Zentralbanken die Geldmenge nach dem Bedarf ihres Wirtschaftsraumes steuern. In Systemen fester Wechselkurse werden die Steuerungs-

möglichkeiten der Zentralbanken beschnitten, sie können sich nur noch um die Konstanz der Wechselkurse kümmern.

> **Die Wirkung von Fiskalpolitik bei verschiedenen Währungssystemen**
>
> In Systemen mit flexiblen Wechselkursen und hoher Kapitalmobilität hat der Staat kaum die Möglichkeit, durch Neuverschuldung und eine Erhöhung seiner Ausgaben die Wirtschaft dauerhaft anzukurbeln. Zunächst steigt durch die Nachfrage des Staates auf dem Kreditmarkt das Zinsniveau an und die Währung wertet auf – Importe werden billiger. Die erhöhten Staatsausgaben führen im wesentlichen zu einer Belebung der Konjunktur bei stark erhöhten Importen und steigenden Preisen. Fiskalpolitik ist wenig wirksam, jedoch auch nicht völlig unwirksam, da die verschiedenen Mechanismen unterschiedlich schnell wirken. In einem System mit fixierten Wechselkurse wird die Zentralbank die Reaktion des Wechselkurses und somit eine Zunahme der Importe verhindern, indem sie das Zinsniveau senkt und Devisen mit der eigenen Währung kauft. Damit erhöht sich die Geldmenge, die nachfragewirksam die Wirtschaft ankurbeln kann, aber es erhöht sich natürlich auch das Preisniveau.

Die Wechselkurse sind für ein Land zu wichtig, um den Spielen des freien Marktes überlassen zu werden. Sowohl flexible als auch fixierte Wechselkurse müssen ohne Schaden für ein Land geordnet korrigiert werden können, wenn offensichtlich ist, daß die Kurse nicht mehr die wahren Wertverhältnisse zwischen Währungen widerspiegeln. Devisenmärkte sind Teil der Finanzmärkte, welche weltweit immer weiter dereguliert wurden. Deshalb lassen sie sich nicht steuern, unabhängig davon, ob Länder flexible oder feste Wechselkurse wünschen. Bleibt die Frage, ob durch die Einführung von Einheitswährungen in immer größeren Regionen die Probleme aus der Welt geschafft werden könnten.

Der Euro: Einheitswährung als Lösung?

»Wenn ein Land negative Schocks erleidet, die – zum Beispiel – im Vergleich zu anderen Ländern niedrigere Löhne verlangen, dann kann diese Anpassung durch Veränderung eines Preises, nämlich des Wechselkurses, leichter erreicht werden als durch die anderenfalls notwendige Veränderung von Tausenden unterschiedlicher Lohnsätze.«

Milton Friedman, Urvater des Monetarismus[199]

Die Einführung einer Einheitswährung in Europa hatte mehrere Vorteile. So entfiel die Möglichkeiten der Wechselkursspekulation vollständig. In kleineren Ländern, z.B. in Portugal, sank durch die Einführung des Euro das Zinsniveau beträchtlich. Ebenso wurde der innereuropäische Handel durch den Wegfall der Währungsunsicherheiten weiter beflügelt. Auch besteht die Hoffnung, daß durch die Einführung des Euros Europa weiter zusammenwächst.

Doch den Vorteilen stehen erhebliche Nachteile entgegen, gegenüber denen die Wechselkurskapriolen zwischen Euro und US-Dollar vernachlässigbar sind. Zu Beginn der Währungsunion wurden die Währungen der Teilnehmerländer zu wohldurchdachten endgültigen Kursen aneinandergekettet. Geldmengensteuerung und Zinsniveaus werden nun zentral von einer Bank für ganz Europa gesteuert. Doch die Wirtschaft in den Teilnehmerländern, vor allem in den unterschiedlichen Regionen des Euroraums, entwickelt sich nicht im Gleichtakt:

- Regionen können Schocks unterworfen werden; Wiedervereinigungen, Naturkatastrophen oder politischen Fehlentscheidungen können die wirtschaftliche Entwicklung einer Region in Europa stark beeinflussen. Solche Krisen, aber auch unterschiedliche Konjunkturverläufe machen regional unterschiedliche Zinssätze erforderlich, z.B. um lokal die Konjunktur zu unterstützen und sie in anderen Regionen nicht zu überhitzen.
- Unterschiedliche Sozial- und Umweltstandards führen zu unterschiedlichen Arbeitskosten. Im Euroraum werden vor allem nach

Abschaffung der nationalen Währungen diese Kosten noch weitaus besser vergleichbar sein, was den Konkurrenzkampf zwischen den Regionen weiter entfachen wird. Ohne vertiefte europaweite Kooperation auf sozial- und umweltpolitischer Ebene werden Lohndruck und Umweltdumping noch zunehmen.
- Entwickelt sich eine Region weniger produktiv als eine andere, so wird in dieser Region die Arbeitslosigkeit tendenziell ansteigen. Bei konstanten Löhnen steigen in der weniger produktiven Region die Lohnstückkosten stärker an als in der Region höherer Produktivität, wodurch erste weniger konkurrenzfähig wird und weniger Güter verkaufen kann. Dies führt schlußendlich immer zu einer Erhöhung der Arbeitslosigkeit, falls die Löhne (z.B. aufgrund von Tarifverträgen) nicht schnell genug sinken.

Um die unterschiedlichen Produktivitätsniveaus auszugleichen, existiert in Deutschland ein Länderfinanzausgleich. Solche Strukturhilfefonds gibt es auch auf europäischer Ebene; verglichen mit dem innerdeutschen Umverteilungsvolumen besitzen sie jedoch einen geringen Umfang. Der notwendige Strukturausgleich in einem einheitlichen Währungsraum ist gigantisch, um ein Auseinanderdriften der Regionen zu verhindern, wie man an den Problemen des wiedervereinigten Deutschlands erkennt: Die Wachstumsraten in Westdeutschland sind höher als in Ostdeutschland, obwohl in den neuen Bundesländern noch großer Aufholbedarf bestünde – die Milliardentransfers von West nach Ost sind sogar noch zu niedrig. Trotzdem: Einige hochproduktive Regionen Ostdeutschlands zählen zu den Gewinnern, während andere Regionen zurückfallen – in identischer Weise wird sich der Euro auswirken: Die Kluft zwischen hochproduktiven Zentren und ländlichen Regionen wird noch größer werden, als dies bereits heute der Fall ist.

Flexible Wechselkurse wirken als Puffer zwischen Regionen mit unterschiedlichem Produktivitätswachstum. Wenn bisher Länder ihre Währung abwerteten, so taten sie dies nur in Notfällen; denn dieser Schritt bestraft ein Land mit verteuerten Importprodukten und einem im Zuge der deshalb steigenden Inflationsrate ebenfalls steigenden Zinsniveau. Die Möglichkeit, Entwicklungsunterschiede durch Wechselkursanpassungen auszugleichen, besteht in der Folge nicht mehr. Dazu heißt es etwa in der »Frankfurter Allgemeine Zeitung«: »Mit der Einführung einer einheitlichen europäischen Währung in großen Teilen Europas wird Deutschland endlich seine Produktivität und Effizienz zeigen und ausspielen können ... Dann kann sich kein Land dem Leistungswettbewerb mehr durch Abwertung seiner Währung entziehen.«[200] Das ist durchaus nicht zynisch zu verstehen.

Solange es keine einheitliche europäische Steuer-, Sozial- und Umweltpolitik gibt, werden die eingangs genannten Vorteile einer Einheitswährung schwer getrübt – Gewinner der Währungsunion sind vorwiegend die Konzerne. Sie können noch leichter Standorte gegeneinander ausspielen, Steuerparadiese als Standorte wählen und Sozialstaaten unter Druck setzen. Der Konsument erhält dafür *mitunter* billigere Produkte – der Beschäftigte verspürt *mitunter* gleichzeitig einen höheren Lohndruck, höheren Leistungs- und Konkurrenzdruck und hat weniger Freizeit. Konsument und Beschäftigter sind *mitunter* ein und dieselbe Person.

Fazit

Am Beispiel der Devisenmärkte wurde gezeigt, daß deregulierte Finanzmärkte keinesfalls gute Ergebnisse liefern – genauso wenig wie falsch regulierte; offenbar geht es stets darum, vernünftige »Mittelwege« zu beschreiben. In Kapitel 3 soll ein Ausweg aus diesem Dilemma skizziert werden.

Illusion 12
»Die Aktienkultur fördert Innovation und Flexibilität zum Nutzen aller«

Der Begriff der Flexibilität ist ein schillernder und schwammiger Begriff, der ursprünglich eine Materialeigenschaft beschrieb, z.B. die Fähigkeit eines Baumes, sich im Wind zu biegen, seine ursprüngliche Form aber nicht zu verlieren.[201] Heute wird der Begriff verwendet, um die Bereitschaft zu Veränderung einzufordern. Veränderung meint dabei Anpassung der Institutionen, der Unternehmensorganisation und des persönlichen Lebenswandels an die Erfordernisse des Wirtschaftssystems, damit es effizient funktionieren kann. Wobei der Begriff »effizient« synonym zum Begriff »billig« verwendet wird.

Der Begriff der Flexibilität wirkt auf uns mittlerweile ähnlich fatal wie der Begriff der Globalisierung: Ihr haben wir uns zu unterwerfen – sonst verkämen wir zum Entwicklungsland. Kritik wird schnell ins Lächerliche gezogen; bei »Flexibilität« ist das besonders einfach, denn die Negation von »flexibel« ist »unflexibel« – ein zweifelsfrei negativer Ausdruck. Wer ist schon gern »unflexibel«? Doch ist diese Frage nicht falsch gestellt?

Aktienkultur: Innovation für Innovation für Innovation ...

Mit dem Entstehen einer Aktienkultur und dem damit steigenden Einfluß von (institutionellen) Anlegern auf Investitionsentscheidungen von Großunternehmen beobachtet man gleichzeitig ein Klima des ständigen Wandels in der Gesellschaft. Um Aktienkurse zu steigern, wünscht sich die Börse permanent Innovationen; Frage ist, zu wessen Nutzen das geschieht.

Häufig verstehen Manager heute unter einer »Vision« nicht viel mehr als das, was man in der Wirtschaftspresse sowieso tagtäglich zu lesen bekommt: Größer und flexibler zugleich, auf jeden Fall effizienter muß ein Unternehmen werden. Man erreicht das durch Ausschöpfen aller Innovationspotentiale, die Bildung strategischer Allianzen und mit Hilfe eiliger Fusionen. Natürlich soll dies zum Wohle aller geschehen – doch der Grund für den ganzen Aufwand, die anvisierte höhere Kapitalrendite, ist vorwiegend für die Aktionäre von Vorteil. Visionen beschränken sich heute auf Konzepte, den »Shareholder-Value« zu bedienen. Weiter reichen die Träume der von den Finanzmärkten kontrollierten Manager auch gar nicht mehr – Belegschaft, Gesellschaft und Umwelt bleiben ausgeblendet. Innovationszyklen werden sowohl beschleunigt als auch verkürzt: Produkte werden häufiger verändert und ihre Haltbarkeit ist für ein Unternehmen ein Manko, kein Qualitätsmerkmal. Die Frage nach Ziel und Zweck dieses Tuns, nach sozialen oder ökologischen Folgewirkungen klingt geradezu antiquiert.

Leicht läßt sich einsehen, daß es so etwas wie sinnlose Innovation gibt. Selbst rein ökonomisch kann zu viel Innovation schädlich sein und reales Wachstum behindern. Damit Innovationen umgesetzt werden, bedarf es realer Investitionen. Wenn immer mehr investiert wird, bleibt immer weniger Raum für Konsum. Wenn das BIP weniger stark wächst als Investitionen in den Bereichen Forschung, Entwicklung oder Bildung (absolut) zunehmen, so sinkt der mögliche Konsum, und es wird investiert um der Investition willen. Überspitzt formuliert: Das BIP wird größer, jedoch nicht, weil alle mehr haben, sondern weil alle mehr investieren. Alle sind pausenlos damit beschäftigt, neue Maschinen zu entwickeln und herzustellen. Wenn sie fertig sind, sind sie schon fast veraltet und werden stillgelegt, bevor sie maximalen Gewinn für den Investor erbringen. Ökonomisch korrekt formuliert: Es existiert eine optimale Investitionsquote. Wenn die Quote höher ist, werden Ressourcen vergeudet, die nie mehr für den Konsum zur Verfügung stehen werden. Das Wachstum des Konsums ist dann kleiner als bei einer geringeren Investitionsquote.

Beispielsweise wurde eine Lehre, die im Druckergewerbe vor 20 Jahren absolviert wurde, aufgrund des Strukturwandels völlig entwertet. Der Drucker muß heute völlig neu lernen (... in die

Zukunft investieren) und dazu Zeit und Mittel aufwenden, die dem Konsum entzogen werden (er druckt keine Zeitungen). Beschleunigt sich der Strukturwandel weiter, muß der Drucker immer öfter in seine Zukunft investieren und die Investition wird in immer kürzerer Zeit entwertet. Irgendwann wird der Drucker mehr lernen als produktiv für ein Unternehmen zu arbeiten. Wenn er trotz der höheren Produktivität z.B. während eines Jahrzehnts insgesamt weniger produziert, wird Innovation sinnlos. Wenn in einer Gesellschaft der Anteil der Investitionen am BIP und die Produktivität immer stärker steigen, so müssen sich, ähnlich wie in obigem Beispiel, alle Menschen immer häufiger mit neuen Technologien zurechtfinden – und immer mehr lernen. Gesamtgesellschaftlich scheint Singapur (Investitionsquote lange Jahre bei 40 %) diesbezüglich fast »leerzudrehen«: In den letzten Jahren verzeichnet das Land exorbitante Investitionsquoten, die das BIP steigerten, aber der reale Konsum stagnierte nahezu.[202] *Doch Investitionen verfehlen ihren Zweck, wenn sie nicht dazu führen, den Konsum zu erhöhen, sondern lediglich weitere Investitionen nach sich ziehen!*

Die hier vorgebrachte Begründung, weshalb Innovation nicht als Selbstzweck propagiert werden sollte, ist eine rein ökonomische. Zuviel Innovation verwandelt die Wirtschaft in ein System, welches nur noch dazu da ist, die Welt zu verändern – und zu sonst nichts: Wir entwickeln mit Hochdruck veraltete Technologien. Doch es gibt noch einen weiteren begrenzenden Faktor für Innovation: den Menschen.

Soziale Probleme nehmen natürlich desto stärker zu, je schneller sich Strukturwandel vollzieht. Hier soll nicht auf die offensichtlichen Probleme wie Verteilungsungerechtigkeit und soziale Verwerfungen eingegangen werden, wenn Teilbereiche der Industrie bzw. der Dienstleistungsbranche in kürzester Zeit nicht mehr benötigt werden und mitunter viele 1000 Menschen entlassen werden. Hier sollen die Anpassungskosten diskutiert werden, die Menschen zu bezahlen haben, wenn sie sich in permanentem Wandel befinden.

Der Mensch mußte sich immer in irgendeiner Weise an bestimmte Gegebenheiten anpassen, hatte also stets Anpassungskosten im Sinne einer eingeschränkten persönlichen Freiheit zu tragen. Doch was »zu hohe« oder »angemessene« Anpassungskosten sind, kann weder in DM angegeben werden, noch läßt sich sagen, wann »Kosten zu hoch« ausfallen. Die Gesellschaft hat zu entscheiden, ob sie gewisse Kosten tragen will. Gegenwärtig wird der Anpassungsdruck an eine sich ständig wandelnde Ökonomie immer größer – es wird verlangt, daß wir uns ebenfalls ständig wandeln sollen. Doch geht das überhaupt?

Vom Kosovo-Krieg über Wirtschaft lernen

Wie flexibel sind Menschen? Gibt es einen Maßstab, der die Bereitschaft andeutet, ohne großen Zwang Sicherheiten aufzugeben? Ein erschütternder Großversuch trug sich im Kosovokrieg zu.
Man denke an ein Dorf im Kosovo im März 1999. Die meisten der ursprünglich 1000 Einwohner wurden aus ihren 200 Häusern vertrieben, alle wurden gedemütigt, manche vergewaltigt, viele Häuser wurden niedergebrannt – nur die Rohbauten blieben unversehrt, da sie nicht brennen. Manche Einwohner wurden noch als menschliche Schutzschilder mißbraucht, danach erschossen und in Massengräbern verbuddelt. Häufig hörte man, die vertriebenen Menschen an den Grenzen zu ihrem Land zu belassen, sei unverantwortlich, unmenschlich und unsinnig. Denn diese gedemütigten Menschen würden alles wollen, nur nicht mehr zurück in ihre Ruinen, um ihre Verwandten auszugraben und die verkohlten Überreste ihres Hab und Guts zu finden. Doch kaum sind die Minen von den Hauptstraßen beseitigt, gibt es kein Halten mehr. Alle wollen »heim«. Sind die Menschen dann am kaum mehr als solchen erkennbaren Hof angelangt, sind auch schon die Reporter zur Stelle, um die ersten Eindrücke in einem Interview einzufangen. Die einfachen Antworten lauten: »Jetzt werden wir erst mal hier aufräumen«, und die Rückkehrer beginnen sofort nach Verwandten, Angehörigen, Bekannten und Nachbarn zu suchen.

Welcher Fehleinschätzung erlagen Leute, die die Vertriebenen dauerhaft über ganz Europa verteilen wollten – was war passiert? An diesem Beispiel erkennt man wie sonst selten, was Menschen ausmacht: Heimat, Zusammengehörigkeit, Zugehörigkeit, Sicherheit, Langfristigkeit, Vertrauen, Sozialstruktur, Familie, Freunde, Beziehungen. Das sind alles Begriffe, die man im Kapitalismus nie hören wird.[203] Weil sie dort nicht hingehören? Vor allem weil sie in der neuen Spielart des hochbeschleunigten, hochflexiblen Kapitalismus nichts zu suchen haben *sollen*. Die »Kultur des neuen Kapitalismus«[204] hat für Menschliches keinen Platz.

Was heißt Flexibilität? Gerade die Negation obiger Substantive: nichts Langfristiges, also keine Beziehungen, kein Vertrauen, keine Sozialstruktur etc. Der US-amerikanische Ökonom und Autor Edward Luttwak stellt dazu fest: »Turbo-Kapitalismus ist wunderbar und effizient für die Konzerne, er macht nur leider unsere Gesellschaft kaputt«. In den USA ziehen Menschen im Schnitt acht Mal während ihres Arbeitslebens um. Die Folgen davon wurden häufig beschrieben, für die eigene Familie kann man sie sich leicht vorstellen, wenn man seine Kinder jährlich in eine andere Schule steckt. Die angelsächsischen Länder sind uns bei der Umgestaltung in eine flexible Gesellschaft ein gutes Stück voraus: »In Amerika und England gilt als selbstverständlich, daß der Mensch sich anpassen muß – wie ein Stück Knetmasse.«[205] Immer mehr Menschen leben in permanentem Wandel. Sie leben jenseits von sozialen Bindungen, da sich die »Investitionen« in neue Freunde nicht »lohnen«: die Frustrationen beim nächsten Ortswechsel sind ja bekannt. So entsteht eine Schicht mobiler Wanderarbeiter, die bestenfalls leistungsbewußt ihre Pflicht zu erfüllen weiß, aber nicht ihr Leben – mit kriminellen Folgen (vgl. Epilog).

Flexibel wie Joschka Fischer?

»Um die europäische Wirtschaft dynamischer zu gestalten, müssen wir sie auch flexibler machen. ... Die Produkt-, Kapital- und Arbeitsmärkte müssen allesamt flexibel sein: Wir dürfen nicht Rigidität in einem Teil des Wirtschaftssystems mit Offenheit und Dynamik in einem anderen verbinden. Anpassungsfähigkeit und Flexibilität stehen in der wissensgestützten Dienstleistungsgesellschaft in Zukunft immer höher im Kurs.«

Aus dem Arbeitspapier »Der Weg nach vorne für Europas Sozialdemokraten« von Gerhard Schröder und Tony Blair

Die Sozialdemokratie hat sich – durch ihre Nicht-Kritik am Schröder-Blair-Papier – von der Idee einer humanen Gesellschaft verabschiedet. Der Mensch soll sich systemischen Zwängen unterordnen, die schicksalhaft über ihn kommen. Er soll Sicherheiten aufgeben und sich spezialisieren und lernen, und das mit dem Wissen, daß er sich ein Jahr später neu zu spezialisieren hat. Obwohl die allermeisten Menschen von ihren Arbeitsplätzen abhängig sind und schon deshalb ein umfassendes Interesse an langfristiger Arbeitsplatzsicherheit haben, sollen sie sich von befristetem Vertrag zu befristetem Vertrag hangeln und damit zufrieden sein – weil das die Zeichen der Zeit seien. Auch an eine Stadt bzw. an ein soziales Umfeld soll sich der Mensch nicht mehr binden, man soll mal ins Ausland gehen, zunächst für drei Monate, dann doch für drei Jahre.

Die Forderung nach umfassender Flexibilität widerspricht ganz offensichtlich grundsätzlichen Verhaltensweisen der Menschen. Im Prinzip und im Einzelfall sind viele der im Einleitungszitat gestellten Forderungen gut, modern und auch für die Persönlichkeitsbildung vorteilhaft. Doch unterläuft den Strategen moderner Geoökonomie ein folgenreicher Fehler, wenn sie fordern, daß das *jeder* können *soll*. Andere können das schließlich auch und haben Erfolg damit. Doch wer sind diese »anderen«, die Erfolg haben? Dies läßt sich mit einem kleinen Interviewausschnitt zwischen einer gewerkschaftsnahen Zeitung und dem amerikanischen Soziologen Richard Sennett klären:[206]

Journalist: »Sie sprechen davon, daß die Flexibilisierung den Menschen eine essentielle Form der Selbstinszenierung verwehrt, nämlich ihr Leben als Geschichte zu erzählen, wie wir das von unseren Großeltern kennen. Wir halten dagegen mit der Biographie von Joschka Fischer: kein Abitur, kein Hochschulabschluß, Revolutionär, Taxifahrer, Abgeordneter, Minister, Oppositionsführer der Grünen, vielleicht bald Außenminister. Keine klassische Karriere, aber diese Biographie läßt sich erzählen. Sehen so nicht die modernen Leben aus, müssen wir die Menschen nicht ermutigen und befähigen zu solch unorthodoxem Lebenswandel?«

R. Sennett: »Bei allem Respekt: Dabei handelt es sich um einen sehr elitären Lebensentwurf. Die wenigsten Menschen verfügen über die inneren Ressourcen, einen solchen Entwurf umzusetzen. Diese »Nietzscheschen Übermenschen« hat man den Arbeitnehmern immer schon als Vorbilder vorgehalten. Beim »gemeinen Volk« löst dies in der Regel Scham statt Inspiration aus, signalisiert es doch, daß es einer besonderen Stärke bedarf, um überhaupt jemand zu sein. Doch eine Gesellschaft besteht nicht nur aus außergewöhnlichen Figuren. Wir müssen gesellschaftliche Normen finden, die nicht an Supermann oder Übermenschen orientiert sind. Wir alle verfügen über Stärken und Schwächen. Aus dieser Mischung sollten wir ein menschliches Leben definieren.«

Die Forderung nach maximaler Flexibilität bedeutet, daß die Anpassungsgeschwindigkeit jedes Akteurs und jeder Institution so groß wie möglich sein soll, am besten unendlich. So führen die neuen Formen der globalen Ökonomie zu einer Bruchlinie quer durch alle Gesellschaften der Erde: in anpassungsfähige und nicht anpassungsfähige Menschen. Es darf schwer bezweifelt werden, ob der »flexible« Mensch ein von Weitsicht geprägter, besonnener, fortschrittlicher Bürger sein kann. Dies drückt der Soziologe Oskar Negt folgendermaßen aus: »*Der flexible, allseitig verfügbare Mensch ist nicht der Mensch mit kreativen Reserven, mit Vorrats- und Lagerhaltungen, ... die ihm ermöglichen, sich auch eigensinnig und widerständig zu verhalten; der flexible Mensch ist der konditionierte Typ des außenge-*

leiteten, anpassungsfähig und anpassungsbereit, deshalb im Grunde auch für jedes politische Herrschaftssystem verwendbar. Es ist im Grunde der leistungsbewußte Mitläufer. Ist das die Krone der Schöpfung einer Gesellschaft, die zum ersten Mal in der Geschichte keine Mangelökonomie mehr zur Grundlage hat und vor Reichtum überquillt?«[207] Ob die Fähigkeit zur Flexibilität mit Willen oder Können zu tun hat, ist dabei gleichgültig: Hier verwandelt sich ein liberales System, das den Menschen dienen soll, zu einem alle Lebensbereiche durchdringenden autoritären System, das von seinen »Wirtschaftssubjekten« grenzenlose Anpassungsfähigkeit verlangt.

Der Vorgang der »Flexibilisierung« hat immense Anpassungskosten zur Folge, wenn Menschen nur noch damit beschäftigt sind, sich irgendwo hinein- und wieder herauszufinden. Dann wird das Fundament der Gesellschaft zerstört: Zugehörigkeit. Dazu gehört zwingend die *Freiheit*, sich auch langfristig binden zu *können*. Aus dem in ein Umfeld eingebetteten sozialen Wesen Mensch soll der entwurzelte Einzelkämpfer werden – das meinte Margret Thatcher, als sie sagte: »*Ich kenne keine Gesellschaft, ich kenne nur Individuen*«. Will man dagegen eine liberale Gesellschaft erhalten, so muß es jedem einzelnen überlassen werden, zu entscheiden, ob er sich fest an einen Ort bindet, ob er der gescheuchte Geschäftsmann sein will oder ob er sich für einen beliebigen Mittelweg entscheidet. Will man dieses Recht auf Selbstbestimmung durchsetzen, so muß man der Wirtschaft ein Korsett anlegen, welches der Gesellschaft die Gestaltungsmacht über sich selbst sichert. Ein Wirtschaftssystem, welches permanenten Wandel erzwingt, paßt nicht zu einer freiheitlichen Gesellschaft selbstbestimmter Menschen. Im folgenden Kapitel werden Vorschläge diskutiert, wie das durchdrehende System gebändigt werden kann.

Raus aus dem Finanzmarktdiktat

»Märkte wissen noch nicht einmal, wie sie sich selbst regulieren müssen, um zu überleben – geschweige denn um demokratische Gemeinschaften zu fördern. Sie sind unfähig, jene Art regulierender Antikörper hervorzubringen, die sie bräuchten, um sich vor den sich selbst erzeugenden Viren des Monopols und der ansteckenden Gier zu schützen.«
Benjamin R. Barber, amerikanischer Soziologe[208]

Die Finanzmärkte: Wirklichkeit und Anspruch

Bücher, die Aktien als vorteilhafte Geldanlage preisen, gibt es massenhaft. Auch die Wirtschaftsteile der Zeitungen übertreffen sich im Enthusiasmus über die goldene Zukunft, die uns dank der gewachsenen Rolle der Börsen ins Haus steht. In dem vergangenen Kapitel sollte jedoch deutlich geworden sein, daß eine Aktienkultur ihre Schattenseiten hat und zu tiefgreifenden Veränderungen in der Gesellschaft führt:

- Die Menschen verändern sich, man beobachtet eine zunehmende Leistungsorientierung. Jeder versucht *sein* Glück; zunehmende Individualisierung und Egoismus sind die Folge.
- Die Verteilungsungerechtigkeit nimmt zu.
- Während einer Aktienrallye kommt es zu einer Fehllenkung und Vergeudung von Kapital. Modische Technologien werden subventioniert, der Blick auf einfache Zusammenhänge geht im Hurrageschrei unter.
- Unternehmen kümmern sich verstärkt um ihren Aktienkurs und richten sich nach dem Konzept des »Shareholder-Value«. Damit orientieren sie sich an mitunter vernunftwidrigen Aktien-

kursen und am kurzfristigen Denken institutioneller Anleger. Profitmaximierung wird oberste Prämisse, es besteht die permanente Gefahr einer Senkung von Kosten verursachenden Sozial- oder Umweltstandards.

- Nicht-Aktiengesellschaften und Kleinbetriebe werden in noch stärkerem Ausmaß benachteiligt als aufgrund von deren Größennachteilen sowieso schon üblich.
- Durch die Fusionswelle entstehen immer größere Konzerne, die den Marktmechanismus zu ihren Gunsten beeinflussen und durchaus einzelnen Staaten ihren Willen aufzwingen können.
- Es verstärkt sich die Meinung, die Privatwirtschaft könne alle Probleme lösen, der Staat würde nur stören. Doch Unternehmen finanzieren nur Projekte, die rentabel sind, bzw. eine Mindestverzinsung versprechen.
- Spekulative Blasen platzen immer irgendwann. In der Folge können die Zukunftserwartungen der Wirtschaftsteilnehmer erschüttert und so die gesamte Wirtschaft erfaßt werden.
- Derivatemärkte wachsen explosionsartig, die Folgen dieses Treibens lassen sich kaum einschätzen. Obwohl manche Geschäfte sicherer werden, könnten die Finanzmärkte als Ganzes destabilisiert werden.
- Die Menschen werden gezwungen, umfassend flexibel auf Herausforderungen aller Art zu reagieren. Diesem Anspruch kann nicht jeder gerecht werden.
- Die Unternehmen befinden sich in einem Zwang zu permanenter Innovation, welche den Sinn und Zweck von »Wirtschaft« vergessen läßt (»Leerdrehen«).
- In der Aktienkultur vergessen wir die »Dritte Welt« vollends. Maximale Rendite bei Kapitalanlagen in Entwicklungsländern zu fordern ist absurd; viele Länder können nicht einmal ihren Schuldendienst bedienen.

Einige der Probleme tauchen nur während einer Aktienrallye auf, andere sind untrennbar mit der Aktienkultur verbunden. Manche Probleme haben direkt mit einer Aktienkultur zu tun, andere haben noch viele weitere Ursachen, etwa der Zwang zu umfassender Flexibilität. Deshalb wäre es ein Trugschluß zu meinen, man könnte die aufgeworfenen Probleme durch einige Reformen an der Institution »Börse« in den Griff bekommen. Bereits obige Aufzählung macht deutlich, daß man die Auswirkungen der entstehenden Aktienkultur quer durch die gesamte Gesellschaft zu spüren bekommt. Menschen, Unternehmen und Gesellschaft verändern sich und versuchen, sich den neuen Gegebenheiten anzupassen – ein einzelner Staat wird die Entwicklungen kaum aufhalten können.

Zu der Forderung nach umfassender Flexibilität kommt es durch ein Zusammentreffen verschiedener Entwicklungen. Holzschnittartig dargestellt könnte man sagen: Die Globalisierung der Warenmärkte sowie die Deregulierung der Finanzmärkte erhöht den Konkurrenzdruck zwischen Menschen, Unternehmen und Staaten. Gleichzeitig wird vermittelt, daß dieser Prozeß von Vorteil sei, wenn man sich den Herausforderungen stellt. Das führt zu einer immensen Aufwertung des Konkurrenzprinzips. Industriestaaten können nur durch Innovation Kosten- und Entwicklungsvorteile erhalten; permanenter Wandel und damit der Zwang, sich ständig neuen Situationen zu stellen, erfordert von allen umfassende Flexibilität. Durch eine Aktienkultur, die für den Anleger maximale Kapitalrenditen erzielen will, wird dieser Prozeß entscheidend verstärkt.

Übersteigt die Erfordernis nach Flexibilität ein vernünftiges Maß, so verliert die Gesellschaft ihr menschliches Antlitz. Doch den Konkurrenzmechanismus – und damit den Zwang zu Flexibilität – reduzieren zu wollen, wird schnell als ein »Weg zurück zum gescheiterten Sozialismus« interpretiert. Apologeten des ungezügelten Marktes denken gern in Extremen: Jeder Eingriff sei störend, der Staat muß schrumpfen und sich zurückziehen, alles muß dereguliert und privatisiert werden. Im Folgenden werden Ideen dargestellt, die Mittelwege beschreiben: Der Markt bleibt erhalten, doch soll er sozialverträglich ausgestaltet werden.

Daß die Anpassungskosten, welche eine Aktienkultur der Gesellschaft abverlangt, zu hoch sind, wurde in Illusion 12 thematisiert. Je nachdem, wie weit diese Kosten gesenkt werden sollen, müssen auch die Einschnitte in die deregulierten Finanzmärkte größer werden. Die größten Anpassungskosten entstehen, wenn Krisen das Finanzsystem erschüttern. Dies waren häufig Börsenturbulenzen, doch in jüngerer Vergangenheit waren noch zwei weitere Auswüchse deregulierter Finanzmärkte für schwerwiegende Krisen mitverantwortlich:

- »Hot money« bzw. kurzfristig mobiles Kapital: Wenn Länder, an deren Börsen viele ausländische Anleger investiert haben, Krisensymptome zeigen, wird der Abzug der Gelder zu Kursstürzen führen und so die Krise verschärfen. Ebenso werden Bankkredite an Entwicklungsländer so kurzfristig wie möglich gehalten.
- Falsche Wechselkurssysteme: Kommt es zu Krisen, reagieren die Wechselkurse. Da diese den Ländern überlassen sind und es auch keine internationalen Abkommen zur Stützung von Wechselkursen mehr gibt, werden in Folge der Kapitalflucht Importprodukte schlagartig teurer, was Bevölkerung und Wirtschaft des sowieso schon angeschlagenen Landes noch weiter in Bedrängnis bringt.

Somit ist es unvermeidbar, im Folgenden nicht nur die Börse zu diskutieren, sondern weit darüber hinaus zu blicken.

Was sollten Finanzmärkte leisten?

Viele Entwicklungen auf den deregulierten Finanzmärkten verlaufen nicht ideal. Doch wie weit sich unser Finanzsystem bereits von einer wünschenswerten Entwicklung entfernt hat, erkennt man besonders deutlich, wenn man einmal die Anliegen an ein Finanzsystem auflistet, das der Komplexität der Probleme einer hochindustrialisierten Gesellschaft gerecht wird. Auf einem solchen »Wunschzettel« müßte beispielsweise notiert werden:

- Ein Weltfinanzsystem soll politische und gesellschaftliche Stabilität fördern und gesellschaftlichen Entwicklungsprozessen freie Hand lassen. Krisenregionen muß unbürokratisch und zwang-

los, im Extremfall durch faire Insolvenzverfahren und verstärkte Anlegerhaftung geholfen werden.
- Finanzströme sollen nachvollziehbar und kontrollierbar sein, v.a. der Verbleib von Großkrediten und Derivaten.
- Ein Finanzsystem soll den Handel mit Gütern und Dienstleistungen ermöglichen. Daraus folgt nicht die Notwendigkeit, alle Güter zu möglichst geringen Preisen an jeden Ort der Welt schaffen zu können. Denn Handel ist kein Selbstzweck, sondern soll Bedürfnisse von Menschen (als Konsumenten) befriedigen. Er darf Menschen (als Arbeitnehmer) nicht etwa aufgrund eines ruinösen Standortwettbewerbs dazu zwingen, sich den Gesetzen des Marktes unterzuordnen.
- Das Finanzsystem muß in eine Gesellschaft eingebettet sein, welche öffentliche Räume für Bürger bereitstellt, die nicht nach marktwirtschaftlichen Prinzipien organisiert sind. Dies deutet darauf hin, daß ein solches System nicht nur profitorientiert sein kann. Damit ist zugleich gesagt, daß notwendige Regulative nicht nur marktkonform sein können.
- Soziale und ökologische Standards sollten von einem Land durchgesetzt werden können, ohne daß es aufgrund der entstehenden Kosten (von anderen Ländern, von Multis, internationalen Organisationen) geächtet wird.
- Ein Weltwirtschaftssystem darf nicht dazu führen, daß (Fehl-) Entscheidungen von Unternehmen negative Auswirkungen auf ganze Gesellschaften haben.
- Es soll Entwicklungen fördern, die die Entwicklungs- und Schwellenländer gegenüber den Industriestaaten aufholen läßt. Das Wirtschaftswachstum soll nachhaltig – also umwelt- und ressourcenschonend – sein, und es soll der gesamten Gesellschaft zugute kommen. Insbesondere bevölkerungsnahe Infrastruktur (z.B. Kanalisation und Schulen) und Wohnraum werden vom derzeitigen System kaum unterstützt.
- Entwicklungshilfe soll fester Bestandteil des Systems werden. Seit 1980 sinkt der Anteil an Entwicklungshilfe kontinuierlich, obwohl ihre Notwendigkeit zunimmt. Staatliche Entwicklungs-

hilfe sollte stark ausgeweitet werden. (Das Wort »Entwicklungshilfe« sollte durch »Armutsbekämpfung« und »aufholende Entwicklung« ersetzt werden, da »Hilfe« mittlerweile nach »Einwerben von Almosen« klingt, was nur noch an Weihnachten gelingt.)
- Ein Weltfinanzsystem soll wirtschaftliche Macht begrenzen und eine Kontrolle von Großfusionen ermöglichen.
- Steuerparadiese sollten ausgetrocknet werden. Diese sind Hauptverursacher des beobachteten Steuerdumpings auf Gewinn- und Vermögenseinkommen: »Auf der Welt gibt es 37 Steuerparadiese, die man als eine Form der legalisierten Kriminalität bezeichnen kann.«[209] Schon deshalb kann es in einem gerechten Finanzsystem für ein überzogenes Bankgeheimnis keinen Raum geben.

Natürlich ist es zwecklos, einen Weltrat installieren zu wollen, der dann plant, welche wirtschaftlichen Aktivitäten sinnvoll sind und welche nicht – die Ineffizienz einer staatlichen bzw. andersweitig autoritären Lenkung der Wirtschaft ist allseits anerkannt. Doch zu wenig Kontrolle wirft ebenso große Probleme auf. Alternative Weltwirtschaftsmodelle müssen offensichtlich zahlreiche Elemente aufweisen, die den unkontrollierten Fluß von Kapital behindern. Wenn Kapital sich selbst überlassen wird, so sucht es sich die Anlageform, die maximale Rendite abwirft, und das muß mitnichten die Anlageform sein, die der Bevölkerung am meisten nutzt. Mitunter schadet es ihr erheblich.

Die Konsequenzen ziehen

Für nahezu jeden Reformvorschlag, den man macht, wird man von irgendjemandem gemaßregelt werden, daß dieser Vorschlag nicht durchführbar, da realitätsfern sei. Natürlich ist es nicht einfach, ein komplexes, weltumspannendes Finanzsystem umzubauen. Wenn Veränderungen leicht durchsetzbar und durchführbar wären, gäbe es darüber keine endlosen und doch zu nichts Wesentlichem führenden Debatten innerhalb und zwischen zahllosen Organisationen und Staaten.

Ein System wird von denjenigen gewollt, die Nutzen daraus ziehen. Diese versuchen logischerweise, die Vorteile zu verabsolutieren und die Nachteile zu relativieren. Im Falle deregulierter Finanzmärkte funktioniert das besonders gut, da aufgrund der Komplexität des Themas viele Zusammenhänge nur schwer vermittelbar (z.B.: Was hat die Börse mit Sicherheit am Arbeitsplatz zu tun?) und einfache Lösungen nicht möglich sind. Andererseits wird mit Sachzwängen argumentiert, die die Entwicklungen der vergangenen Jahre als zwangsläufig beschreiben. Dazu kommt, daß die Befürworter eine Sprache wählen, die jeden Bedenkenträger alt aussehen läßt: Weil Innovation und Fortschritt modern ist, erscheint Besonnenheit und Nachdenklichkeit nicht zeitgemäß. Der Hinweis darauf, daß deregulierte Finanzmärkte nichts mit Modernität zu tun haben oder Börseneuphorien die Bevölkerung seit Jahrhunderten rhythmisch in Extase versetzen, richtet da wenig aus. Selbst ansonsten kritische Menschen haben diesbezüglich Denkblockaden, da sie nicht mehr an Alternativen glauben oder sich nicht trauen, von anderen Verhältnissen zu träumen.

In der Vergangenheit haben sich Veränderungen stets nur dann ereignet, wenn von einer Seite enormer Druck ausgeübt wurde; das gilt für den Zusammenbruch der DDR genauso wie für Arbeitskämpfe oder die Einführung von Umweltschutzstandards. Wenn niemand etwas fordert, geschieht auch nichts. Das Lernen aus Fehlern ist leider ebenfalls unwahrscheinlich – außer vollmundiger Lippenbekenntnisse und einiger »Runder Tische«, die mehr Transparenz im Bankensektor forderten, tat sich nach der Südostasienkrise nicht viel. Aktienmärkte dürfen trotz der Katastrophe von 1929 weiterhin Blasen bilden, vergangene Krisen werden mehr oder weniger schnell verdrängt.

Die hier zu diskutierenden Reformelemente scheinen bisweilen sehr abstrakt und auf den ersten Blick nicht mehrheitsfähig zu sein, und nur die wenigsten davon sind im nationalen Alleingang zu verwirklichen. Doch halt! Günter Grass formuliert deutlich, warum Resignation unzulässig ist: »Wir sind immer Minderheit gewesen, und das Erstaunliche ist, wenn man sich den Geschichtsprozeß ansieht, wieviel man aus der Minderheit heraus bewirken kann.«[210] Zu ergänzen ist, daß im Falle deregulierter Finanzmärkte vermutlich deren Befürworter in der Minderheit sind. Weltweit dürfte daran kaum Zweifel bestehen, doch auch in Deutschland ist die Opposition vor allem seit den Protesten in Genua im Sommer 2000 deutlich gewachsen. Was fehlt, sind Sachwissen, Phantasie und der Wille der Medien, über neue Bewegungen kontinuierlich zu berichten.

Im Folgenden werden Vorschläge unterbreitet, wie es weitergehen soll. Dabei wird nicht nur über den Umbau abstrakter Institutionen geredet, sondern ganz unten angefangen: bei jedem Einzelnen. Mit dem Anwachsen der gesellschaftlichen Akzeptanz von anderen Regeln als den momentan vorherrschenden können Reformideen, wie sie auf den Seiten 221–238 skizziert sind, zu konkreten Forderungen entwickelt werden. Den Zeitplan bestimmen wir. Um deutlich zu machen, daß es nicht um Wege zurück zu isolierter Kleinstaaterei gehen kann, bildet ein kurzer Abriß über internationale Finanzorganisationen und deren nötige Umgestaltung den Abschluß des Kapitels.

Gegen eine anonyme Aktienkultur: Wissen, was mit dem Geld geschieht

> »Kritische Aktionäre fragen nicht, wie hoch die Dividende ist, sondern woher sie stammt.«
>
> *taz*, 4.3.2000

Seit die Telekom mit Millionenaufwand für ihre Volksaktie warb, hat die Gesellschaft einen neuen Zeitvertreib entdeckt: Zocken. Früher tat man das mit Spielkarten oder Spielbrettern und belligte höchstens Nachbarn durch den unvermeidlichen Lärm. Heute spielt man mit den Produktions- und Arbeitsbedingungen einer ganzen Gesellschaft. Doch der individualisierte Einzelne mit seinen Ersparnissen von einigen zehntausend Mark mag nicht so recht erkennen, welche Macht institutionelle Anleger erhalten, wenn sie mit Milliardenbeträgen Aktien von Unternehmen kaufen und verkaufen. Die Beträge stammen von Millionen Kleinanlegern, die sich über ihre Kursgewinne freuen – und die Fonds dazu zwingen, mehr von demselben zu bieten. Diese Dynamik wurde im Verlauf des Buches eindringlich geschildert – sie zu durchbrechen ist die Aufgabe der Bürger.

Eine immer wieder vernommene Forderung von vielen Spitzenverbänden der Wirtschaft und Politikern lautet, daß die Gesellschaft zu einer Gesellschaft von Unternehmern werden soll. Doch legen viele Unternehmer dieses neuen Typs ein recht sonderbares Gebaren an den Tag: Sie tätigen Investitionen, ohne zu wissen, in was. Sie ziehen sich aus dem Investment zurück, wenn woanders mehr zu holen sein könnte. Was wäre, wenn der Chef eines mittelständischen Betriebs so wirtschaften würde? – Wer in anonyme Fonds investiert, ist kein »Investor« oder »Unternehmer«, sondern lediglich gierig.

Mit gewinnmaximierenden Anlagen trifft man immer auch die Entscheidungen dafür, daß man Sharholder-Value *will*. Aufgabe der vergangenen Kapitel war es, darzustellen, daß das glitzernde Aktienspiel kein bloßes Spiel ist – sondern die Gesellschaft als

Ganze betrifft. Der folgende Abschnitt will zeigen, daß Alternativen nicht weit entfernt warten. Die dazu notwendige Frage ist sehr einfach: »*Was geschieht mit meinem Geld?*« Wenn sich Sparer Gedanken über ihre Anlagen machen und Gefallen an einem bestimmten Investment finden, tritt der Renditeaspekt automatisch in den Hintergrund. Eine Philosophie, die nicht mehr Renditemaximierung zur obersten Prämisse macht, sondern die Unterstützung von sinnvollen Projekten, hat viele Folgen. Ein interessierter Anleger wird kritische Technologien wie Kernenergie oder Unternehmen, die Waffen exportieren, natürlich eher meiden als ein Anleger, der nur maximale Renditen im optimalen Risikomix fordert.

Neben sozialen und ökologischen Effekten wäre dadurch auch eine Entschleunigung der Finanzmärkte möglich. Wenn sich Menschen aktiv für ein Investment entschieden haben, so darf man hoffen, daß sie sich auch in viel höherem Maße an ein Projekt gebunden fühlen, als dies bei Aktien eines multinationalen Konzerns oder einem abstrakten Fonds der Fall ist. Wie bei Bausparverträgen und Lebensversicherungen mit Laufzeiten von Jahrzehnten könnte so eine Chance bestehen, langfristiges Denken und Handeln auch bei gewöhnliche Kapitalanlagen zu etablieren. Da jeder die Auswirkungen abstrakter Geldanlagen zu spüren bekommt, sollte es auch jeden interessieren, für was sein Geld verwendet wird.

Es gibt bereits einen großen Markt für »saubere« Kapitalanlagen; er wird im allgemeinen unter dem Begriff »*Ethisches Investment*« zusammengefaßt. Verglichen mit dem konservativen Anlagemarkt fristet er jedoch nur ein Nischendasein: Ende 1999 waren zwar nur 1,16 Mrd. DM in Umweltfonds investiert (das entspricht nur 0,15 % des gesamten Fondsvermögens), doch der Markt erfreut sich wachsender Beliebtheit: Bis Mitte des Jahres 2000 hatte sich diese Summe bereits auf fast 2 Mrd. DM erhöht. In den USA fließen etwa 12 % der Anlagegelder in »Social Responsible Investment (SRI)« – wobei die Anlagekriterien häufig windelweich sind. Dort genügen bereits einige Ausschlußkriterien (z.B. keine Rüstungsgüter) für den sozialverträglichen Anstrich eines Fonds. Auch in England fließen etwa 10 Prozent in »social investment«, dort *müssen* Rentenfonds darüber berichten, ob und in welchem Umfang sie ethische Kriterien in einem Fonds berücksichtigen. Durch einen solchen Berichtszwang könnte auch in Deutschland ethischem Investment breitere Aufmerksamkeit zuteil werden.[211]

Wie bei gewöhnlichen Anlageformen existieren auch bei ethischen Fonds sowohl sichere als auch riskante Beteiligungen; Investments in diesen Bereich müssen keinesfalls nur mit »Spielgeld« getätigt werden, dessen Verlust einen Anleger nicht weiter kümmern würde. Vielmehr sind Unternehmen gerade in diesem sensibleren Bereich um transparente und sichere Finanzierungen und Investments bemüht. Außerdem sind Spareinlagen in »ethisch korrekten« Banken genauso wie bei allen anderen Banken durch Einlagesicherungsfonds (z.B. der Volksbanken und Raiffeisenbanken) vor eventuellen Pleiten geschützt. Die Renditen »ethischer«, »ökologischer« oder »nachhaltiger« Anlagen variieren von Null bis zu marktüblichen Werten, je nach Art der Anlage und Wünschen der Anleger: Manche Unternehmen, Banken oder Vereine, vor allem in kirchlicher Trägerschaft, bitten den Anleger, auf Zinsen zu verzichten. Nur dann können sie zinsgünstige Kredite z.B. an finanzschwache Initiativen in sozialen Bereichen vergeben.

Was sind ethische Geldanlagen? Einerseits haben alle Fonds, die nach ethischen Gesichtspunkten gestaltet sind, Ausschlußkriterien für bestimmte Unternehmen. Ausgeschlossen werden häufig Investments in:
- militärische Forschung, Produkte oder Dienstleistungen,
- die Atomindustrie, (Teile der) Gentechnologie,
- Unternehmen, die vermeidbare Umweltbelastungen verursachen oder in Entwicklungsländern zu unzumutbaren sozialen oder ökologischen Bedingungen produzieren,
- Unternehmen, die Frauen benachteiligen ...

Meist müssen die Firmen auch bestimmte Bedingungen erfüllen, z.B.
- die Herstellung von ökologisch sinnvollen Produkten oder Dienstleistungen (regenerative Energien, ökologische Verkehrssysteme, natürliche Bekleidung ...) und/oder
- hervorragende soziale Merkmale aufweisen (gute Sozialleistungen im Betrieb, fairer Handel mit Entwicklungsländern, aktive Förderung diskriminierter Gruppen ...).[212]

Die Fonds sollten die Unternehmen sowie deren Produkte bewerten und nachvollziehbar argumentieren. Es erfordert natürlich einen gewissen Aufwand, sich ein Bild über die Möglichkeiten verantwortungsbewußter Geldanlage zu machen. Dazu seien einige Tips und vor allem einige nützliche Adressen angegeben.

- Schwarze Schafe gibt es überall. Dazu existieren »schwarzgraue« Listen über Anbieter ethischer Geldanlagen, die z.B. nicht sämtliche Informationen bekannt geben, welche nötig wären, um die behaupteten Kriterien nachzuvollziehen. Solche Unternehmen kann man damit von vornherein umgehen (zu finden z.B. bei www.oeko-invest.de, einem Online-Magazin für »verantwortungsvolles Investieren«).
- Oekom-research bewertet Firmen nach ihrer sozialen, kulturellen und Umweltverträglichkeit. Die Firma vergibt dabei die Noten A plus (sehr progressive Unternehmen) bis D minus (Unternehmen erfüllen gesetzliche Bestimmungen – sonst kein Engagement). Das Zustandekommen der Ratings ist schnell nachvollziehbar, eine Beschreibung der Fragebögen würde den Raum des Buches sprengen [www.oekom.de]. Natürlich gibt es zahlreiche Bücher, die sich intensiv mit diesem Thema auseinandersetzen, z.B. »Öko-Rating: Unternehmen im Umweltcheck« von Haßler und Deml (erschienen im Ökom Verlag).
- Solche Ratings verwenden Banken, Versicherungen und Investmentfonds, wenn sie ethische Fonds zusammenstellen. Im Internet finden sich zu alternativen Anlageformen in Windeseile

Hunderte von Einträgen, z.B. unter www.oneworldweb.de/gruene_seiten/finanzen oder www.dfg-vk.de/links/book52b.htm. Da Konzerne das Urteil von Konsumenten fürchten, können solche Ratings mitunter viel bewirken. So verbannte z.b. die Telekom, nachdem sie von Gutachtern scharf kritisiert worden war, in kurzer Zeit umweltschädliches PVC aus ihren Telefonkarten.

- Die meisten alternativen Anlagemöglichkeiten gibt es im Bereich der regenerativen Energieerzeugung, da dort mitunter hohe Renditen erzielt werden. Auf den Internetseiten des unabhängigen »Instituts der Regenerativen Energiewirtschaft« (www.iwr.de) findet man eine große Zahl möglicher Direktbeteiligungen an Windparks oder etwa Biogasanlagen.
- In überregionalen Tageszeitungen wird neben den üblichen Anzeigen für Investmentfonds häufig auch für Direktbeteiligungen an Windkraftanlagen geworben.

Auch in ethischen Fonds finden sich multinationale Konzerne, die dem Sharholder-Value verpflichtet sind – da sie im allgemeinen die Rendite der Fonds steigern. Es ist eine reine Gewissensfrage (und keine Risikofrage), wie weit man sich von Standardgeldanlagen entfernen will. Will ein Anleger Geld in alternativen Bereichen anlegen, so sind ethische Fonds nicht generell zu bevorzugen. Denn durch die Beteiligung an Neuemissionen kann man Unternehmen direkt unterstützen, die »ethische« Investitionen durchführen, oder man kann sich direkt an Projekten beteiligen (als Kommanditist, stiller Teilhaber ...). Nur auf diese Weise wird neues Geld direkt in Unternehmen gespült, deren Projekte sich leicht nachvollziehen lassen.

Über Beteiligungen kann man sich am einfachsten bei Banken informieren, die sich auf kritische Kundschaft spezialisiert haben. Eine Bank, die keine transparenten, nachvollziehbaren Geldanlagen unterbreiten kann, läßt sich jedenfalls meiden. Bei manchen Banken wird einem sogar im Jahr 2000 noch gesagt, daß man der erste sei, der in ethische Fonds investieren wolle. Doch wenn einem die angebotenen Geldanlagen nicht passen, sollte man einfach zur nächsten Bank gehen. Auch auf die Gefahr hin, mich zu wiederholen: Alle Banken sind Mitglied bei Einlagesicherungsfonds, und Spareinlagen sind deshalb im Falle eines Konkurses bei jeder Bank so gut geschützt wie beispielsweise bei einer Sparkasse.

Alternative Banken

Im Folgenden sind einige Banken aufgeführt, die sich auf kritische Kunden spezialisiert haben, die nicht nur nach Zinsen fragen:

• Die GLS Gemeinschaftsbank gibt es bereits seit 25 Jahren. Sie arbeitet nicht profitorientiert und finanziert etwa 1300 Projekte in Deutschland, 40 % davon lediglich kostendeckend verzinst. Darunter fallen z.B. Sozialzentren, Wohnprojekte, Suchthilfen, Biolandbau, Naturkosthandel, umweltgerechte Siedlungen und das Projekt »Stromnetz in Bürgerhand«, der Rückkauf des Stromnetzes in Schönau. Die Bank bietet alle üblichen Dienstleistungen (Sparkonten, Festgelder ...) an; die Verzinsung kann von den Kunden zwischen 0 und bankenüblich gewählt werden. Sie bietet Direktbeteiligungen z.B. an Windparks oder Fonds für Biobauernhöfe. [GLS Gemeinschaftsbank e.G., Postfach 10 08 29, 44708 Bochum, (02 34) 579 70, www.gemeinschaftsbank.de].

• Das Motto der 1988 gegründeten Ökobank lautet: »Kein Geld für Rüstung, Atomkraft und Apartheid«. Die Bank engagiert sich nicht nur für Ökologie, sondern auch für »Hilfe zur Selbsthilfe für MigrantInnen, Dritte-Welt-Projekte, Pflege- und Gesundheitseinrichtungen, Beschäftigungsinitiativen, neue Wohn- und Arbeitsformen ... Der Schutz der Menschen und ihre Befreiung aus gesellschaftlichen Zwängen sind ebenso wichtig wie der Schutz der Umwelt.«[213] Die Ökobank bietet alle üblichen Leistungen einer Bank an (Giro-, Spar-Festgeldkonten ...), dazu Direktbeteiligungen, z.B. an Windkraftanlagen, und ist u.a. mit dem ökologisch-sozial orientierten »Ökovisions«-Fonds am Markt, der verglichen mit zahlreichen anderen ethischen Fonds an die strengsten Aufnahmebedingungen gekoppelt ist. Die Bank fördert über zinsgünstige Darlehen (weshalb Kunden – wenn möglich – auf Zinsen verzichten sollten) Vorhaben wie z.B. Energiesparhäuser, Solaranlagen, biologischen Landbau, selbstverwaltete Betriebe und soziales Engagement. Aufgrund dreier geplatzter Kredite und gescheiterter Entschuldungsbemühungen konnte die Ökobank ihre Unabhängigkeit leider nicht wahren, sie ist nun eine – wenn auch weitgehend unabhängige – Niederlassung der GLS-Gemeinschaftsbank. [Ökobank, PF 16 06 51, 60069 Frankfurt, (069) 25 61 00, www.oekobank.de, info@oekobank.de].

• Die 1997 gegründete Nürnberger UmweltBank ist eine Aktiengesellschaft. Sie bietet bereits beim Girokonto Verzinsung; das Angebot umfaßt alle weiteren banküblichen Dienstleistungen und viele Direktanlagen. Kreditzinsen variieren mit dem ökologischen Nutzen der beabsichtigten Investitionen. [UmweltBank AG, Laufertorgraben 6, 90489 Nürnberg, (09 11) 530 81 23, www.umweltbank.de].

• In der Schweiz gibt es die Alternative Bank ABS, wobei man das »alternativ« im Namen verstanden wissen will als »alternativ zur herrschenden ökonomischen Logik«. Dementsprechend arbeitet die ABS ausschließlich nach dem Kostendeckungsprinzip und völlig transparent. Sie fördert demokratische Betriebe, Frauen- und Dritte-Welt-Projekte, menschen- und umweltgerechten Verkehr etc. Sie bietet alle banküblichen Dienstleistungen, jedoch keine Fonds (vgl. unten) und hofft auf den Zinsverzicht ihrer Kunden. [Leberngasse 17, CH-4601 Olten (062) 206 16 16, www.abs.ch].

Falls man in Erwägung zieht, Gelder über die angeführten Banken in ethische Investments zu stecken, bedenke man noch folgendes: Durch Fonds verringert sich der Anteil der Gelder, die auf Sparbüchern liegen und deshalb auf Bankenseite für Nichtaktiengesellschaften zur Verfügung stehen. Alle genannten Banken (die natürlich Einlagesicherungsfonds zum Schutz von Spareinlagen angehören) bieten Förderkonten an, auf denen Festgelder für Kredite mit ganz spezieller Ausrichtung verwendet werden. Wenn Sparer, die Geld nicht unbedingt renditeoptimal anlegen wollen, in Fonds investieren, so unterstützen sie wiederum zumindest teilweise unscharf definierte Projekte, darunter von multinationalen Konzernen. Auch im Ökovisions-Fonds der Ökobank sind z.B. Aktien von Canon, Hilti und IBM enthalten, da diese Unternehmen eine Vorreiterrolle hinsichtlich ökologischer oder sozialer Standards *in ihren Branchen* einnehmen.[214]

Auf dem Versicherungsmarkt sieht es ähnlich aus wie im Bankenbereich: Nur Bruchteile der Prämien fließen in ethisches Investment. Ausnahme ist der 1975 gegründete Versicherungsmakler »Versiko«, der klassische Versicherungsleistungen mit ökologischem Investment verbindet. Gemeinsam mit der Ökobank entwickelte er den Ökovision-Fonds und gründete 1995 das Rechts-Schutz-Institut, um über die Ursachen neuer rechstradikaler Strömungen aufzuklären. Seit 1999 ist Versiko an der Börse notiert. Der Versicherungsmakler bietet u. a. Haftpflicht-, Berufsunfähigkeits-, Kranken-, Unfall-, Lebens- und Rentenversicherungen. [versiko Finanzdienstleistungen, Fichtenstr. 42, 40233 Düsseldorf, (0211) 973 70, www.versiko.de]

Falls man Aktien »gewöhnlicher« Unternehmen hält, kann man seine Stimmrechte an den Dachverband Kritischer Aktionärinnen und Aktionäre übertragen. Die Formulare für eine Stimmrechtsübertragung bekommt man entweder bei der Depotbank (für Namensaktien) oder bei den Kritischen Aktionären (für Inhaberaktien). [Schlackstraße 16, 50737 Köln, www.kritischeaktionaere.de]

Obwohl die Kritischen Aktionäre über 1000 Aktionäre vertreten, ist ihr Stimmenanteil natürlich gering. Dennoch haben sie eine nicht zu unterschätzende Wirkung. Da sie auf den Hauptversammlungen unbequeme Fragen stellen und kritische Kommentare direkt in die Fernsehkameras und Diktiergeräte der stets reichlich präsenten Presse abgeben, wird von ihnen – im Verhältnis zu ihrem Aktienanteil – weit überdurchschnittlich berichtet. Ihre Anträge mögen zwar meist niedergestimmt werden, doch ist ihre Einmischung schon häufig Anstoß zu umwelt- und sozialverträglicherem Vorgehen von Unternehmen geworden. Multis müssen auf ihr Image achten; es zeigte sich in der Vergangenheit häufig, daß Konzerne sehr empfindlich reagieren, wenn sie auf ökologische oder soziale Fehlentwicklungen aufmerksam gemacht werden, an welchen sie nicht ganz unschuldig sind. So hat etwa Schering die Desinfektion von Mitarbeitern mit krebserregendem Formaldehyd gestoppt, nachdem dies auf einer Hauptversammlung öffentlich gemacht wurde.[215] Aus demselben Grund ist die Dresdner Bank aus der Finanzierung eines Staudammprojekts in Chile ausgestiegen. Die Deutsche Bank hingegen mußte mit Gerichtsbeschluß dazu gezwungen werden, einen Tagesordnungspunkt der kritischen Aktionäre aufzunehmen, der forderte, daß die Hauptversammlung auch über soziale und ökologische Ziele als Grundlage zukünftiger Unternehmenspolitik abstimmen soll. Im Gegensatz zu den kritischen Aktionären kümmert sich die »Schutzgemeinschaft der Kleinaktionäre« vorwiegend um »dividendenkonforme« Dinge wie eine gerechte Zuteilung von Aktien auch an Kleinaktionäre.[216]

Sich darum zu kümmern, was mit dem eigenen Geld geschieht, ist so notwendig, wie sich darum zu kümmern, woher die Produkte kommen, die man konsumiert. Auch hier handelt es sich für jeden Einzelnen nur um einen kleinen Schritt, der, millionenfach wiederholt, anonyme Konzerne zu radikalem Umdenken zwingen würde. Doch sind wir vom kritischen Aktionär leider ebenso weit entfernt wie vom kritischen Kunden – aber das müßte nicht so sein. Schließlich sind die oben genannten Ideen nicht neu und finden bereits heute tausendfache Unterstützung. Bereits heute existieren zahlreiche Organisationen, die versuchen, andere Wege als den üblichen zu beschreiten und publik zu machen.

Druck von unten

> »Der Mensch kämpft härter für seine Zinsen als für seine Rechte.«
> *Napoleon Bonaparte*[217]

In Seattle demonstrierten am 30.11.1999 Zehntausende gegen etwas, wovon selbst viele Demonstranten vor Ort noch nicht wußten, was »es« eigentlich genau ist: die WTO. Die Welthandelsorganisation verkörperte für die Demonstranten die Auswüchse des freien

Welthandels, wobei z.B. die Forderung »fairer statt freier Handel« erkennen ließ, daß es nicht um eine prinzipielle Ablehnung von Welthandel geht.[218] Zahllose Beispiele, daß mit Hilfe dieser Organisation Umwelt- und Sozialstandards abgebaut werden, stützen die Argumente der beteiligten Organisationen, die gegen das Treiben der Konzerne mobilisierten. Viele Länder des Südens monierten, daß EU, USA, Kanada und Japan sich unter »acht Augen« in ihrem Sinne einigen und ihren Willen den 131 weiteren WTO-Mitgliedern aufzwingen wollen. Der Protest stärkte den Abgesandten der »Dritten Welt« den Rücken und die Tagung wurde ergebnislos abgebrochen, nachdem man sich nicht einmal auf eine Tagesordnung für folgende Handelsrunden einigen konnte. Mittlerweile wird das Gebaren internationaler Organisationen von einer immer größeren Anzahl von Menschen genau beobachtet. Wenn internationale Organisationen wie IWF, Weltbank oder WTO irgendwo auf der Welt, z.B. in Washington oder Prag, tagen, werden sie von Massenprotesten und Gegenveranstaltungen begleitet, denen sie sich nicht entziehen können. Dies zeigte sich in aller Deutlichkeit im Juli 2001 auf dem G8-Treffen in Genua, als rund 200 000 Menschen gegen die neoliberale Politik der Industriestaaten auf die Straße gingen. Nachdem aufgrund gewalttätiger Ausschreitungen, vor allem auch auf seiten der Polizei, umfassende Medienöffentlichkeit hergestellt war, schlug dem friedlichen Teil der globalisierungskritischen Bewegung plötzlich eine Welle der Sympathie entgegen, die es dieser Bewegung ermöglichte, ihre Anliegen ausführlich vor einem großen Publikum darzustellen. Diese Aufmerksamkeit ging auch Monate nach dem Gipfeltreffen kaum zurück.

Zwei Entwicklungen unterstützen diese Entwicklung: das Internet und die zunehmende Bedeutung von Nichtregierungsorganisationen (NGO's). Ob erst das Internet eine effektive Vernetzung zwischen den NGO's und kritischen Informationsfluß zu den Bürgern ermöglichte oder ob die Zeichen der Zeit sich generell ändern, ist dabei einerlei. Jedenfalls scheint die Ohnmacht überwunden zu sein: Einige Klicks im Internet – und Aufbruchstimmung schlägt einem entgegen. Man findet zahllose Diskussionsforen über Probleme von Freihandel, deregulierten Finanzmärkten usw., über die Grenzen der wirtschaftlichen Globalisierung, zu Gerechtigkeit und Ökologie überall auf der Welt.

Daß das Internet kein realitätsfremder Raum sein muß, zeigte sich bereits bei den Protesten gegen das multinationale Abkommen über Investitionen (MAI). Das MAI war bislang die Speerspitze unternehmerischer Unverfrorenheit, wenn es darum geht, einseitig Unternehmensrecht über Landesrecht zu stellen.[219] Vom MAI, das die NGO Weed (vgl. unten) ein »Ermächtigungsgesetz für Multis« nannte, bekam die Bevölkerung im Vorfeld nur zufällig mit, als einem kanadischen Parlamentarier der Kragen platzte. Doch viel mehr als eine kleine Presseerklärung über ein äußerst komplexes Thema, dessen Tragweite in einem kurzen Text nicht darstellbar war, fand man vorerst nicht in den Medien. Doch der Widerstand organisierte sich – und das war das Neue – über das Internet. Dazu gründete sich in Deutschland das »Bündnis gegen MAI«, das die deutsche Fassung des Abkommens ins Internet stellte und zahllose Diskussionsrunden organisierte.[220] So fanden sich über die Inhalte des MAI, das unter Ausschluß der Öffentlichkeit verabschiedet werden sollte, schon nach kurzer Zeit viele Artikel in Zeitungen, die von »realen« Arbeitskreisen und NGO's in die »reale« Welt transferiert wurden. Schlußendlich scheiterte das MAI – zugegeben in überwiegendem Maße nicht aufgrund der Aktionen der NGO's, sondern handfester ökonomischer Interessen Frankreichs (bei einem Erfolg der Verhandlungen hätte Hollywood die französische Filmindustrie übernehmen dürfen müssen, was der französischen Regierung denn doch zu weit ging). Doch die Diskussion über weltwirtschaftliche Zusammenhänge im Internet war angestoßen, und die Vernetzung ging weiter. Ein Jahr später organisierten NGO's via Internet die Seattle-Proteste – es kamen 50 000. Man kann ohne zu zögern behaupten, daß das Internet basisnahe Organisationsformen stärkt.

Im Bereich Weltwirtschaft und Finanzen sind u.a. folgende Nichtregierungsorganisationen aktiv:

NGO's zu Weltwirtschaft und Finanzen

- **Attac** ist ein international tätiges Netzwerk, das in Deutschland im Frühjahr 2000 gegründet wurde und vor allem seit den IWF-Proteste in Genua im Sommer 2001 überwältigenden Zuspruch und Zulauf erhält – seine Mitgliederbasis verzehnfachte sich in nur fünf Monaten. Attac steht für »**A**ssociation pour une **T**axation des **T**ransactiones financières pour l'**A**ide aux **C**itoyens«, übersetzt etwa »Vereinigung zur Besteuerung von Finanztransaktionen im Interesse der BürgerInnen« – der Name steht im Zusammenhang mit der ursprünglichen Zielsetzung eine Devisenumsatzsteuer (Tobin-Steuer) durchzusetzen. Heute definiert sich das Bündnis wesentlich breiter: Attac wendet sich weltweit gegen neoliberale Globalisierung und stellt diesem Prozeß seine eigene Vision einer demokratisch gestalteten, sozial und ökologisch ausgestalteten Globalisierung entgegen. Attac hat keine starren Strukturen und es gibt keine verbindliche theoretische, weltanschauliche, religiöse oder ideologische Basis; lokale Gruppen und Initiativen (bereits im Januar 2002 über 70 Ortsgruppen) erhalten größtmögliche Autonomie, solange ihre Aktionen gewaltfrei und im Sinne der oben genannten Grundforderung sind sowie sich an den Grundforderungen von Attac orientieren, die da sind:

  – die Einführung einer Devisenumsatzsteuer, das Verbot von Hedge-Fonds und die Stabilisierung von Wechselkursen;

  – die Schließung von Steuerparadiesen und Offshore-Zentren;

  – eine strenge Banken- und Börsenaufsicht und eine stärkere Besteuerung von Kapitaleinkünften und hohen Vermögen;

  – eine demokratische Umgestaltung internationaler Finanzinstitutionen sowie eine umfassende Streichung von Auslandschulden der Entwicklungsländer;

  – keine Privatisierung von Basisdienstleistungen (z.B. im Gesundheitsbereich eine generelle Ablehnung von Privatversicherungen und der Privatisierung von Krankenhäusern).

Deutschlandweite Kampagnen laufen in den Bereichen Steuerflucht, Tobin-Tax, WTO und im Bereich Soziale Sicherungssysteme im Jahr 2002 zum Thema Gesundheitspolitik. [c/o Attac-Deutschland, Artilleriestr. 6, 27283 Verden, (0 42 31) 95 75 91. www.attac-netzwerk.de].

- **WEED** (»World Economic, Ecology and Development«; »Weltwirtschaft, Ökologie und Entwicklung«) Seit 1990 versucht WEED sich in die Nord-Süd-Politik Deutschlands einzumischen und Fehlentwicklungen publik zu machen. Themenschwerpunkte sind Verschuldungskrise, IWF- u. Weltbankpolitik, UN-Reform, Hermes-Bürgschaften und

Handelspolitik. Es werden Veranstaltungen zu den Themen organisiert, Kampagnen durchgeführt, Informationsbroschüren erarbeitet und politische Lobbyarbeit betrieben. Auf der Homepage von WEED findet man umfangreiches Informationsmaterial zu Weltfinanzmärkten, UNO sowie eine aktuelle Linksammlung. [WEED e. V., Bertha-von-Suttner-Platz 13, 53111 Bonn, (02 28) 76 61 30, www.weedbonn.org].

• **Germanwatch** »Germanwatch ist eine Nord-Süd-Initiative, die keine Entwicklungsprojekte im Süden fördert. Unser ›Projekt‹ ist es, den Norden zu entwickeln ...«, so Germanwatch über sich selbst. Die NGO versteht sich auch als Lobbyorganisation, steht für »Einmischung von unten« und bietet detaillierte Informationen zu entwicklungspolitischen, ökologischen und den internationalen Handel betreffenden Themen; es gibt ein Forum zu internationalen Finanzmärkten und eine eigene Zeitung (auch im Internet abrufbar) [Germanwatch e.V. Kaiserstr. 201, 53113 Bonn, (02 28) 60 49 20, www. germanwatch. org].

• **BUKO** (Bundeskongress Entwicklungspolitischer Aktionsgruppen). Der BUKO ist ein Bündnis von ca. 170 Dritte-Welt-Gruppen Deutschlands, das wie eine eigene NGO auftritt. Der BUKO diskutiert auch auf einer theoretischeren Ebene über die Mängel einer freien Marktwirtschaft, bietet Seminare an, beteiligt sich an Aktionen, gibt monatlich die Zeitschrift »Alaska« heraus u.v.a.m. [BUKO, Nernstweg 32-34, 22765 Hamburg, (040) 39 31 65, www.epo.de/buko/index.htm].

• **Erlaßjahr 2000.** Diese kirchennahe Initiative erinnert an das biblische Erlaßjahr, welches »in der damaligen Agrargesellschaft Schuldner und Gläubiger durch die Einrichtung periodischer Schuldenerlasse schützte«. Da alle Versuche zur Lösung der Schuldenkrise gescheitert seien, fordert die Kampagne, den Entwicklungsländern die Schulden zumindest soweit zu erlassen, daß der Schuldendienst nur 1-2 % der Exporteinnahmen ausmacht. [Erlaßjahr 2000, c/o Südwind e.V., Lindenstr. 58-60, 53721 Siegburg, (0 22 41) 59 12 26, www.erlassjahr 2000.de].

• **Kairos Europa** ist ein Netzwerk ökomenischer Initiativen mit den Arbeitsschwerpunkten gerechtes Weltfinanzsystem, lokale Alternativen, ethnische Minderheiten. [Kairos Europa e.B., Hegenichstr. 22, 69124 Heidelberg, (0 62 21) 71 26 10, www.kairoseuropa.org].

• **Urgewald** will »Ur«einwohner und Basisbewegungen unterstützen, »Ge«genmacht aufbauen statt Ohnmacht hinnehmen und »Wald«-schutz in Nord und Süd einfordern [Urgewald e.V., Von-Galen-Str. 4, 48336 Sassenberg, (0 25 83) 10 31, www.urgewald.de].

(Politische) Nichtregierungsorganisationen sind auf Mitgliedsbeiträge und Spenden angewiesen. Deshalb werden sie darauf achten, gute Arbeit zu leisten und möglichst nicht in Mißkredit zu kommen – ein Skandal könnte das Ende der Organisation bedeuten. Die geringen Mittel haben den Nachteil, daß kleine NGO's kaum durch Werbung auf sich aufmerksam machen können. Sie leben von ihren Aktivisten, Informationsständen, Flugblättern und Plakaten, und man wundert sich fast, daß sie überhaupt wahrgenommen werden. Auf die von NGO's angesprochenen Probleme scheint die Bevölkerung offenbar sehr sensibel zu reagieren. Dies liegt gerade auch an dem Mangel an kritischen Informationen zu Globalisierung und Finanzmärkten in den »großen« Medien.

Notwendige Reformen der Finanzmärkte

> »Es gibt weder eine Freiheit, ohne Führerschein Auto zu fahren oder ein Flugzeug zu fliegen, noch mit 100 Stundenkilometern durch Städte zu rasen, auch wenn gerade keine Fußgänger zu sehen sind.«
>
> *Jörg Huffschmid, Wirtschaftswissenschaftler an der Universität Bremen*[221]

In einem Alternativen-Kapitel wird man notgedrungen Dinge lesen, die bereits bekannt sind. Man kommt nicht umhin, sich zu wiederholen.[222] Natürlich kann man in einem populärwissenschaftlichen Sachbuch kein abgeschlossenes Konzept zur Umgestaltung der Finanzmärkte erwarten. Ein Kapitel über Alternativen kann nur eine Sammlung von Reformvorschlägen sein, wie sie in der aktuellen Debatte mehr oder weniger häufig auftauchen. Doch in ihrer Zusammenschau ergeben sie vielleicht ein neues Bild, wie die benannten Probleme angegangen werden könnten. Alternativen werden dabei stets unabhängig von ihrer kurzfristigen Realisierbarkeit diskutiert. Nach der Südostasienkrise schien alles möglich; doch da sich das Weltwirtschaftsklima schnell wieder beruhigte, wurden wirksame Reformen des internationalen Finanzsystems genauso wenig durchgeführt wie tiefgreifende Reformen des Finanzsystems innerhalb der Krisenländer.

Je nach Mut, momentanen Bedürfnissen und Zeithorizont ist die Durchführbarkeit von Projekten höchst unterschiedlich. Manche Reformelemente könnten von einzelnen Staaten im Alleingang umgesetzt werden, für viele ist internationale Kooperation jedoch unumgänglich.

Reregulierungen an den Börsen

Durch welche Maßnahmen läßt sich die Instabilität von Börsen eindämmen, ohne dabei den Marktmechanismus außer Kraft zu setzen? Aktienkurse werden immer Schwankungen unterworfen sein; das ist auch nicht weiter problematisch, schließlich entstehen die Preise durch prinzipiell unsichere Erwartungen in die Zukunft. Ausbrüche aus vernünftigen Sphären sollen jedoch vermieden werden.

Solange Unternehmen Gewinne erwirtschaften oder die Hoffnung besteht, daß sie es in naher Zukunft tun werden, werden Anleger immer bereit sein, für Aktien einen angemessenen Preis zu bezahlen. Deshalb ist es möglich, ohne die reale Wirtschaft allzu stark zu belasten, das Element der Spekulation auf kurzfristige Kurssteigerungen aus dem Börsenalltag zurückzudrängen. Angesichts der beschriebenen Instabilitäten an den Finanzmärkten ist dies auch nötig. Maßnahmen, welche die Spekulation mit Aktien erschweren und unlukrativer werden lassen, dürfen den Ersterwerb von Aktien bei einer Neuemission nicht belasten; denn sonst würde der eigentliche Sinn und Zweck von Aktien in Frage gestellt. Die Aufgabe liegt vielmehr darin, Finanzmärkte zu stabilisieren und zu entschleunigen. Dazu könnten folgende Instrumente beitragen:

1) Börsenumsatzssteuern
Vom Charakter her sind alle Steuern, die einen Umsatz von Finanztiteln besteuern, dazu geeignet, die Geschwindigkeit des Finanzsystems zu reduzieren. Da mit jedem Kauf oder Verkauf von Wertpapieren die Steuer fällig wird, ist häufiger Handel teuer, und Anleger werden Papiere nur kaufen, wenn sie sie wirklich für längere Zeit halten wollen. Damit hat die Börsenumsatzsteuer eine vergleichbare Wirkung wie die Tobin-Steuer auf den Devisenmärkten (vgl. unten). Eine umsatzabhängige Gebühr auf den Handel mit Aktien hat es auch in der Bundesrepublik schon gegeben: Bis zum Jahre 1990 war bei jedem Kauf oder Verkauf von Aktien eine Steuer von 0,25 % auf den Erlös der Transaktion fällig. Die Steuer wurde aus Angst vor einem Verlust der Konkurrenzfähigkeit abgeschafft, obwohl an der Börse in London ein Umsatzsteuersatz von 0,5 % erhoben wird und der Regierung jährliche Einnahmen von mehr als 7 Mrd. DM beschert. Natürlich besteht nun auch großer

Druck in England, diese Steuer abzuschaffen; doch allein schon die gegenwärtige unterschiedliche Besteuerung von Aktientransaktionen zeigt, daß für bestimmte steuerpolitische Reformen sehr wohl Handlungsspielräume bestehen.

Da die vorgeschlagene Steuer nicht auf die Emission, sondern nur auf den Handel mit Aktien erhoben wird, werden nicht die Investitionsvorhaben von Aktiengesellschaften besteuert, sondern lediglich der Handel der Aktien an den Börsen nach abgeschlossener Neuemission. Die Wiedereinführung der Börsenumsatzsteuer könnte Einnahmen in Höhe von jährlich bis zu 25 Mrd. DM erbringen.[225] Ähnlich könnten auch Umsatzsteuern auf Derivate eingeführt werden.

2) Spekulationssteuern

Spekulationssteuern sind, wenn sie zeitlich befristet sind, ebenso wie Umsatzsteuern geeignet, die Häufigkeit des Handels mit Wertpapieren zu vermindern. Neben einer Entschleunigung der Finanzmärkte führt eine ernst gemeinte Spekulationssteuer zu geschätzten Steuermehreinnahmen von rund 4 Mrd. DM.[224] Durch Spekulationssteuern werden Kursgewinne, die der Anleger bei dem Verkauf von Wertpapieren erzielt (»Veräußerungsgewinne«) innerhalb einer Frist mit einer Steuer belegt. Nach dem Regierungswechsel wurde 1998 die Spekulationsfrist von einem halben auf ein Jahr verlängert, um Anleger zu motivieren, Aktien länger zu halten. Doch wird diese Gesetzesänderung von der börsenfreundlichen Regierung inzwischen wohl als Ausrutscher gewertet und deshalb wieder korrigiert: Ab 2001 muß generell nur noch die Hälfte erzielter Kursgewinne versteuert werden. Das ist völlig uneinsichtig, schließlich handelt es sich um gewöhnliche Gewinneinkünfte. Doch aufgrund des heiligen Bankgeheimnisses haben Kleinanleger sowieso kaum etwas zu befürchten, wenn sie sich über ihr Aktiendepot ausschweigen.

Im Gegensatz zu Gewinnen, die beim Verkauf von Aktienpaketen erzielt werden, mußten Dividendeneinnahmen seit jeher als gewöhnliche Gewinneinkünfte versteuert werden.[225] Durch eine

Spekulationsfrist, und damit eine Nichtbesteuerung von Kursgewinnen nach Ablauf einer bestimmten Zeit, wird diese Art der Gewinnerzielung »billiger« als Dividendengewinne – dadurch wird dem Charakter der Aktie als spekulativer Kapitalanlage Vorschub geleistet. Einerseits wird die steuerliche Besserstellung von Kursgewinnen durch die Steuerreform des Jahres 2000 noch erweitert, andererseits kommen Besserverdiener weitaus besser als Geringverdiener davon: »Grob gesagt, gehört zu den Verlierern, wer weniger als 75000 Mark brutto verdient.«[226]

Kommt man zu der Einsicht, daß Aktien eine langfristige Beteiligung an einem Unternehmen darstellen, so darf die Dividendenausschüttung gegenüber einer Wertsteigerung steuerlich nicht benachteiligt werden. Deshalb ist eine vollständige Aufhebung der Spekulationsfrist zu fordern bzw. ihre Ausdehnung auf ein Vielfaches des jetzigen Zeitraums sowie die Überarbeitung des Bankgeheimnisses (wie sie nach dem 11. September 2001 angegangen wurde, nur mit anderer Zielsetzung), um die Angaben von Aktionären überhaupt kontrollieren zu können.[227]

3) Erweiterte Inflationsberechnung

Zur Inflationsberechnung benutzt man einen typischen Warenkorb und untersucht die Preisentwicklung der Waren. Im allgemeinen gehören diesem Warenkorb weder Aktien noch Immobilien an, weshalb bei stark steigenden Preisen in diesen Segmenten die Inflationsrate nicht steigt. Wie bereits erwähnt, werden in England zur Vermeidung von spekulativ überhöhten Immobilienpreisen diese in den Warenkorb mit einbezogen, mit der Folge, daß bei einer Überhitzung des Immobilienmarktes das Inflationsniveau und in der Folge das Zinsniveau steigen – und andere Geldanlagen an Attraktivität gewinnen. Werden Aktien von breiten Bevölkerungskreisen genutzt, so sollten Preisveränderungen in diesem Bereich wie in dem gewöhnlicher Güter eine Auswirkung auf die Inflationsrate haben.

Weiterhin seien folgende nicht marktkonforme, etwas gröbere Spekulationsbremsen erwähnt:

4) Zeitvariable Aktienzuteilung

Mit diesem Instrument könnte kurzfristiger Kursspekulation an der Börse der Garaus gemacht werden. Um zu betonen, daß es sich bei der Aktienanlage um eine langfristige Investition handelt, sollten Aktien nur noch zeitverzögert ge- und verkauft werden können; die Zuteilung erfolgt etwa nach einem Zufallsmechanismus zwischen sofort und erst in 2 Wochen. Dadurch würde man Aktien nur noch nach langfristigen Anlagegesichtspunkten kaufen und nicht nach kurzfristigen Kursausschlägen. Auch ein solcher Mechanismus würde die Emission von Aktien – und damit den eigentlichen Zweck von Aktien für Unternehmen – nicht behindern.

5) Mindesthaltezeit

Wenn man festlegt, daß ein bestimmtes Wertpapier höchstens einmal pro Tag/Woche gehandelt werden darf, wäre die Praxis von Daytradern, innerhalb weniger Minuten Wertpapiere zu kaufen und wieder zu verkaufen, nicht mehr möglich. Die Börsenumsatzsteuer hat einen vergleichbaren Effekt; eine dynamische Sperrfrist auf den Handel mit Wertpapieren könnte jedoch ebenfalls irrationale Kurseinbrüche und Höhenflüge reduzieren.

Derivate – die großen Unbekannten im Finanzmarktgetriebe

Da Derivate ebenso als Absicherung realer Geschäfte wie zu Spekulationszwecken verwendet werden, ist bei der Eingrenzung von Derivatgeschäften viel Fingerspitzengefühl vonnöten. Noch der risikofreudigste Spekulant kann auf diesen Märkten argumentieren, er sichere Geschäfte ab, die sonst unterbleiben würden, da es ansonsten niemand wagt, die Risiken zu tragen. Doch allein die in Kapitel 1 genannten explodierenden Umsätze auf diesen Märkten gerade in jüngster Zeit widerlegen die These eindringlich, jedes Derivat hätte einen »guten« Zweck.

Größere Katastrophen wurden von Derivaten bislang nicht verursacht. Pleiten wie die der Barings-Bank, die aufgrund mangelhafter Kontrolle von Bankangestellten verursacht wurde, sind zwar tragisch, können aber überall auftreten. Nur weil ein Wertpapierhändler mit Derivaten spekuliert und dabei 1,4 Mrd. US-Dollar Verlust macht, ist dies nicht mehr und nicht weniger gefährlich als Spekulation mit Immobilien; mit jedem vergebenen Kredit »spekuliert« eine Bank darauf, ihn wieder zurückbezahlt zu bekommen.

Der in Kapitel 1 geschilderte Beinahezusammenbruch des Hedge-Fonds LTCM deutet jedoch auf ein Gefährdungspotential hin, das durch Derivate verstärkt wird. Durch Derivate werden Risiken zerlegt und neu zusammengesetzt. Ändern sich die Risiken in einem Teilbereich der Wirtschaft, übertragen sich diese Änderungen auf alle anderen Bereiche. Ähnlich den Aktienmärkten, die sich weltweit gegenseitig stärken oder schwächen, beeinflussen jetzt Zinsrisiken z.B. die Wechselkurse oder Kreditausfallsrisiken die Aktienkurse noch viel direkter, als dies bereits ohne Derivate der Fall ist. Dadurch wird das Netz gegenseitiger Wechselwirkungen wesentlich dichter. Das System *kann* dadurch stabiler werden, jedoch nur, solange es ausschließlich von »geplanten« Krisen heimgesucht wird. (Wenn die gesamte Bevölkerung gegen zahllose Übel des Lebens versichert ist, wird das persönliche Risiko immer kleiner – solange kein Krieg ausbricht oder mitten in München ein Vulkan).

Was man aus dem Beinahezusammenbruch des LTCM-Hedge-Fonds lernen sollte, ist, daß die neue Unübersichtlichkeit zu globalen Fehleinschätzungen führt, die Krisen erst zu Systemrisiken werden läßt. Beim LTCM übersahen Finanzexperten von Hedge-Fonds mögliche Liquiditätsengpässe, wenn viele Fonds gleichzeitig Verluste machen, und schon führte die Krise eines wirtschaftlich wenig bedeutenden Landes zu einer Finanzkrise, in der binnen weniger Stunden die amerikanische Notenbank (FED) im Verbund mit zahlreichen anderen Banken Milliardenbeträge für ein Privatunternehmen bereitstellt, um Schlimmeres zu verhindern. Wie bereits angemerkt, war der Beinahezusammenbruch des LTCM der bislang einzige kritische Vorfall in dieser Hinsicht, doch die meisten »Innovationen« der Menschheit hatten ihre Phase der Unschuld.

Aufgrund des hohen Prozentsatzes reiner Spekulation, der Undurchschaubarkeit des Derivatedickichts und der Verzahnung unterschiedlichster Risikosphären, die es immer mehr verhindern, daß Krisen begrenzt bleiben, sollte auch den Derivatemärkten ein enges Korsett übergestülpt werden:

1) Zulassungspflicht für neue Derivate
Da täglich neue und immer noch komplexere Derivate auf den Markt kommen, sollte eine Zulassungspflicht für Finanzinnovationen eingeführt werden. Damit würde auch die Geschwindigkeit auf den Märkten begrenzt – diesmal nicht beim Umsatz, sondern bei der Produktinnovation. Es sollten Kriterien entwickelt werden, wie rein spekulative Derivate von vornherein aussortiert werden können.

2) Verbote rein spekulativer und hochriskanter Geschäftspraktiken
Es gibt Derivate, bei denen klar ersichtlich ist, daß sie nur der Spekulation dienen. So sind z.B. der Versicherungswirtschaft bestimmte Geschäfte im Interesse der Versicherungsnehmer untersagt, darunter Leerverkäufe, also Aktienverkäufe in der Zukunft, wobei die Aktien zum Zeitpunkt des Vertragsabschlusses noch gar nicht im Besitz des Verkäufers sind. Dieser hofft darauf, die Aktien zwischen Vertragsabschluß und Übergabe der Aktien möglichst billig erstehen zu können – das Motiv ist hier reine Spekulation. Ebenso sind die beliebten Wetten auf die zukünftige Entwicklung des DAX keine Sicherungsgeschäfte und somit unnötig – sie könnten ebenfalls unterbunden werden.[228]

3) Kontrolle von OTC-Geschäften
Wie bereits im einleitenden Kapitel beschrieben, werden die meisten Derivate nicht an den Börsen gehandelt, sondern sind für Kunden maßgeschneiderte Produkte, die Banken direkt, also »over the counter« (OTC) verkaufen. Eine Kontrolle der OTC-Geschäfte,

die den Löwenanteil aller Derivate ausmachen, findet so gut wie nicht statt.

4) Meldepflicht für Derivate
Ein wesentliches Problem ist, daß Derivate nicht in den Jahresbilanzen der mit ihnen Handel treibenden Unternehmen auftauchen, da die Kosten erst zu einem späteren Zeitpunkt entstehen, und dann auch nur in einigen Fällen. Zu fordern ist eine Meldepflicht von Derivaten, das ausführliche mengenmäßige Ausweisen offener Positionen zusätzlich zu Jahresbilanzen (nicht nur von Banken, sondern auch von allen anderen Unternehmen; drei Viertel aller Konzerne betreiben gewinnorientierte Geschäfte mit Derivaten).

5) Hebel reduzieren
Wesentlich für die Attraktivität und Ausgangspunkt vieler Gefahren von Derivaten ist ihre große Hebelwirkung, denn häufig kann man auch ein Vielfaches seines Einsatzes verlieren, und nicht nur gewinnen. Die Sicherheitsleistungen (margins) für Derivate betragen im Durchschnitt nur ca. 10 %; eine Erhöhung würde die »Hebel« enorm verkürzen.[229] Damit würden Derivate weniger attraktiv für spekulative Zwecke und wieder überwiegend Verwendung finden, wenn sie notwendig sind.

Natürlich wäre es auch auf einem transparenten Derivatemarkt möglich, Umsatz-, Spekulations- und Gewinnsteuern zu erheben. Doch zuvor müssen die Akteure auf den Märkten zu transparentem Arbeiten gezwungen werden.

Macht der Konzerne oder des Marktes?

> »Es sind also nicht die sogenannten Mißbräuche wirtschaftlicher Macht zu bekämpfen, sondern wirtschaftliche Macht selbst.«
> *Walter Eucken*[230]

In der Aufzählung zu Beginn dieses Kapitels bin ich zweimal direkt auf die Probleme eingegangen, die durch die Fusionswelle entstehen: Multinationale Konzerne können Marktmechanismen verändern und Staaten ihren Willen aufzwingen. In Illusion 8 (unter »Fusionen: Chancen und Gefahren«) wurden eindringliche Beispiele für wirtschaftliche Macht aufgeführt. Es ist eine banale Tatsache und wird doch immer wieder geleugnet, daß die Macht und der Einfluß von Unternehmen desto größer wird, je größer diese selbst sind. Wenn es stimmt, daß Unternehmen von den Finanzmärkten kontrolliert werden, so wird dadurch Macht von einer nicht demokratisch kontrollierten Instanz zu einer anderen verschoben. Darüber hinaus werden Unternehmen durch den Zwang, maximale Verzinsung auf Anlagekapital zu erwirtschaften, noch viel mehr dazu gezwungen, ihre Machtposition auszuspielen.

Während der Nazi-Herrschaft entstand in der oppositionellen »Freiburger Schule« unter der Leitung des Wirtschaftswissenschaftlers Walter Eucken (1892–1950) die als »Ordoliberalismus« bezeichnete Lehrmeinung. Ein wichtiger Aspekt war die Minimierung wirtschaftlicher Macht, da nur dann der Leistungswettbewerb optimal funktionieren kann. Ludwig Erhard hielt Eucken (1892–1950) für den »maßgebenden Verfechter der Marktwirtschaft«. Was er damit meint, wird in folgendem Zitat Euckens deutlich: »Der IG-Farbenkonzern oder die großen Kohlensyndikate haben sich ohne weiteres in die deutsche Zentral-Verwaltungswirtschaft des Krieges eingefügt, und zwischen amerikanischen Trusts und russischen zentralen Planstellen besteht nur ein kleiner Unterschied. ‚Kapitalismus' und ‚Sozialismus' bekämpfen sich in der Doktrin; de facto gehen sie ineinander über.«[231] So forderte Eucken direkt nach dem

Krieg: »Konzerne, Trusts und monopolistische Einzelunternehmen sind zu entflechten oder aufzulösen, soweit nicht technische oder volkswirtschaftliche Sachverhalte eine solche Entflechtung oder Auflösung unmöglich machen«, wobei die wenigen Ausnahmen einem staatlichen »Monopolamt« zu unterstellen seien.[232] Unternehmen müssen solange schrumpfen, bis sie nicht mehr in der Lage sind, wirtschaftliche Macht auszuüben. Denn: »Da Marktmacht immer auch politische Macht ist, kann sie in einer freien Gesellschaft auf keinen Fall legitim sein.«[233]

Eucken legt dar, daß der Staat zwar einerseits versucht, Kartelle zu verbieten, andererseits jedoch durch die vorhandene Wirtschaftsordnung Konzentrationsprozesse fördert. Dazu zählt er z.B. die Besteuerungspraxis, das Patentrecht, das Haftungsrecht und das Aktienrecht. Er schlägt tiefgreifende Reformen vor, die die Rechte der (Klein-)Aktionäre stärken und fordert beispielsweise, daß Aktiengesellschaften keine Anteile von anderen Aktiengesellschaften halten dürfen. Für Eucken ist Wachstum von Unternehmen nur legitim, wenn es aus eigener Kraft am Markt erfolgt – Großfusionen lehnt er ab. Er fordert zwar keine Höchstgrenzen für die Zahl der Arbeitsplätze in einem Konzern oder für den Konzernumsatz, da die Erfordernisse in den verschiedenen Bereichen der Wirtschaft sehr unterschiedlich sein können – doch existieren seiner Meinung nach »auch Grenzen des Unternehmenswachstums, die nicht überschritten werden dürfen, wenn Demokratie und Rechtsstaat funktionieren sollen«.[234]

Notwendige Schritte zur Begrenzung wirtschaftlicher Macht

Angesichts der realen Verhältnisse klingen obige Vorschläge mehr oder weniger utopisch. Die Zahl der Konzerne mit Umsätzen, die dem BIP mittlerer Industriestaaten entsprechen, steigt scheinbar unaufhaltsam. Selbst in Bereichen der Wirtschaft, in denen Marktmechanismen funktionieren, ist eine Begrenzung von Marktmacht und Unternehmenskonzentration notwendig. Denn ein Zusammenhang zwischen Größe und politischer Einflußnahme läßt sich nicht leugnen.

In der gegenwärtigen Diskussion gibt es zahlreiche Vorschläge, wie zumindest den gröbsten Auswirkungen der zunehmenden Machtkonzentration beizukommen wäre:

1) Abschaffung des Depotstimmrechts
Weil Aktionäre ihre Stimmrechte an ihre Depotbanken übertragen, bestimmen die Banken über 63 % der Unternehmensanteile in Deutschland (vgl. Illusion 5). Ähnlich sollten auch die Stimmrechte der Aktienfonds nur von den Fondsbesitzern ausgeübt werden dürfen.[235] Dadurch würde die Macht institutioneller Anleger nachhaltig beschnitten; gleichzeitig wären Anleger gezwungen, sich zumindest ein Stück weit wie Unternehmer zu verhalten. Sie müßten auf Aktionärsversammlungen Entscheidungen treffen.

2) Verringerung der Zahl der Aufsichtsmandate einer Person
Durch die Praxis, daß ein und dieselbe Person oder ein und dasselbe Unternehmen in miteinander konkurrierenden Unternehmen Kontrollaufgaben übernehmen, werden mögliche Unternehmensfusionen besonders effektiv ausgelotet (vgl. Illusion 8).[236] Deshalb muß auch die Möglichkeit ausgeschlossen werden, daß ein Unternehmen Aufsichtsratsposten in einem Konkurrenzunternehmen besetzt bzw. daß Banken Aufsichtsräte in miteinander konkurrierenden Unternehmen halten. Die schärfste Formulierung dieser Stoßrichtung wurde bereits weiter oben gegeben: Aktiengesellschaften dürfen keine Beteiligungen an Aktiengesellschaften halten. Damit könnten Unternehmen nur noch friedlich verschmelzen, feindliche Übernahmen wären ausgeschlossen.

3) Verringerung der Macht der Banken
Eine Möglichkeit wäre, Banken höchstens Fünf-Prozent-Beteiligungen an anderen Unternehmen zu erlauben.[237]

4) Steueroasen austrocknen und Steuerflucht stoppen
In Verbindung mit einer zumindest EU-weiten Mindeststeuer auf Gewinne von ca. 30 % könnte so der ruinöse Steuersenkungswettbewerb zwischen den Staaten eingedämmt werden – Grundbedingung für die zukünftige Handlungsfähigkeit eines jeden Sozialstaates.

5) Schärfere Fusionskontrolle
Bei der Fusion zweier Unternehmen müssen diese viele Formalien einhalten, die Hürden können jedoch erhöht werden. Zum Beispiel ließe sich vorschreiben, daß die Aktionäre eines Übernahmekandidaten mit hohen Bargeldsummen entschädigt werden müssen – womit ein reiner Aktientausch unmöglich wäre.

6) Schaffung eines Weltkartellamtes
Der nationale Rahmen zur Kontrolle von Fusionen ist internationalen Elefantenhochzeiten nicht angemessen. Zwar ist internationale Zusammenarbeit zwischen den nationalen Kartellämtern üblich, doch sind auf diese Weise allein in Europa 300 bilaterale Verträge zwischen nationalen Kartellbehörden nötig. Darüber hinaus wird eine internationale Kontrolle von Fusionen immer Lücken aufweisen, beispielsweise wenn sich Konzerne zusammenschließen und ihren (formalen) Hauptsitz in Länder verlegen, die keine bilateralen Kartellverpflichtungen eingegangen sind. Deshalb sollte sich zumindest ein Kern von Industriestaaten auf eine transnationale Behörde einigen, die eine internationale Wettbewerbsordnung schafft und gemeinsam übermächtigen Konzernen »den Rechtsschutz verweigert«.[238]

7) Die Interessen der Beschäftigten bei Großfusionen stärken
Wenn Teile des Personals in andere Unternehmenszweige ausgegliedert werden, sollten Rechte von Betriebsräten weiterhin bestehen bleiben.[239]

8) Förderung kleiner und mittelständischer Unternehmen

Konzerne haben im allgemeinen Größenvorteile und können schon allein deshalb billiger produzieren und benachteiligen damit Kleinunternehmen.[240] »Konzerne sind gegen jedes Monopol, das sie nicht selbst ausüben« – sie haben einen natürlichen Hang zu Größe, der schon dann staatlich gefördert wird, wenn die Steuern für Klein- und Großbetriebe gleich sind. Chancengleichheit bedeutet eben nicht, daß für alle derselbe Steuersatz gilt, sondern daß sich in einem fairen Konkurrenzprozeß der Beste durchsetzt. Deshalb müssen Steuersätze progressiv ausgeprägt sein, um Kleinbetriebe nicht zu benachteiligen. Geboten wäre es, sie im Vergleich zu Großunternehmen sogar zu bevorzugen.

9) Rechtsanspruch auf Ausschüttung des Cashflow

Diese extreme Forderung stellt eine »Entmachtungssteuer« dar und bedeutet, daß ein Aktionär jährlich den gesamten Unternehmensgewinn plus der verdienten Abschreibungen ausbezahlt erhält. Dadurch liegt investiertes Kapital nur für die in der Vergangenheit getätigten Investitionen bei einem Konzern, für neue Investitionen muß der Konzern stets neues Kapital einwerben.[243] Diese Forderung soll vor allem verdeutlichen, daß der Automatismus zur Kapitalkonzentration und zu unbegrenztem Konzernwachstum durchbrochen werden könnte, wenn der Wille dazu vorhanden wäre. Natürlich würde eine solche Praxis 20 % der Wirtschaft (gemessen am Umsatz der Aktiengesellschaften) destabilisieren; außerdem würden die Unternehmen aufgrund des dauernden Zwanges, neue Aktien zu emittieren, noch weit mehr auf ihren Börsenkurs achten müssen. Ein solcher Mechanismus würde die Unternehmensform »Aktiengesellschaft« letztlich für den Unternehmer unattraktiver machen und sie somit zurückdrängen.

Wechselkurse: Spekulation verhindern

In Illusion 11 sollte deutlich geworden sein, daß sowohl feste als auch flexible Wechselkursmechanismen zu Verwerfungen führen.
- Feste Wechselkurse werden zu selten korrigiert, um ausländisches Kapital nicht zu verscheuchen. Dies geht solange gut, bis dauerhafte Leistungsbilanzdefizite Spekulanten anlocken.
- Flexible Wechselkurse können sich weit und für lange Zeit von ökonomisch vernünftigen Kursen entfernen.

Ziel muß es sein, Wechselkurse zu erreichen, die ökonomische Kräfteverhältnisse widerspiegeln: Die Leistungsbilanzen der Länder müssen sich mittelfristig ausgleichen.[242] Dazu ist es nötig, zwei Wege gleichzeitig zu beschreiten. Zunächst muß die internationale Kooperation verstärkt werden. Politische Entscheidungsträger müssen sich über vernünftige Wechselkurse verständigen. Dies hat es in der Vergangenheit auch nach dem Zusammenbruch des Systems von Bretton Woods gegeben (so 1985 im Plaza-Abkommen zur Abwertung des US-Dollars und 1987 im Louvre-Abkommen, als sogar Wechselkurszielzonen ausgearbeitet wurden),[243] doch war die Zusammenarbeit nur von kurzer Dauer. Neue Kooperationen sollten ihren Ausgang von den führenden Währungsräumen – Dollar, Yen und Euro – nehmen. Der Beginn solcher Kooperationen könnten z.B. gemeinsame Devisenmarktinterventionen sein – wie gegen Ende des Jahres 2000 zu Gunsten des Euro geschehen –, um politisch gewünschte Wechselkurse durchzusetzen. Wechselkurse sind viel zu wichtig, als daß sie den Launen des Marktes überlassen werden dürfen.

Dauerhafte Zusammenarbeit, etwa in einer Weltwährungsbehörde,[244] die Wechselkurse nach umfangreichen Beratungen mit ihren Mitgliedsländern festsetzt und diese in kurzen Abständen anpaßt, hat allerdings eine weitere Voraussetzung. In Illusion 3 wurde dargestellt, daß Finanzmärkte nicht »informationseffizient« sind – es läßt sich somit auch logisch begründen, warum ökonomisch vernünftige Wechselkurse am Markt selten sind, solange

1 % der Devisenumsätze genügen, um den gesamten internationalen Handel zu finanzieren. Deshalb – und weil politisch gewünschte Wechselkurse bei geringerem Devisenhandel einfacher durchsetzbar sind – müssen die davon unabhängigen spekulativen Kapitalbewegungen stark reduziert werden.

Gegen kurzfristige Wechselkursspekulation wirkt die nach dem amerikanischen Nobelpreisträger James Tobin benannte Tobin-Steuer. Die Verfechter deregulierter Finanzmärkte wenden sich vehement gegen die Einführung dieser Steuer: Als die Entwicklungsabteilung der UNO, die UNDP, die Möglichkeiten der Tobin-Steuer untersuchen wollte, drohte die USA mit der Streichung ihrer Beiträge. Die Tobin-Steuer ist eine marktkonforme Umsatzsteuer zur Stabilisierung der Finanzmärkte. Jeder Umtausch einer Währung in eine andere wird mit einer geringen Steuer, z.B. von 0,5 % belegt. Staaten besteuern alles mögliche; es ist nicht einsichtig, warum Devisentransaktionen von einer Umsatzsteuer ausgenommen werden sollen. Es gibt weitere gute Gründe, die Tobin-Steuer einzuführen:

1. Devisenspekulanten nutzen winzige Wechselkursänderungen aus (z.B. von 0,01 % in einer Stunde, vgl. Kapitel 1). Derartige Geschäfte werden durch die Tobin-Steuer völlig unrentabel und unterbleiben. Für reale Handelsgeschäfte ist eine solche Steuer eher unerheblich.
2. Derzeit finden bei 80 % aller Devisentransaktionen Kauf und Verkauf der Währung innerhalb einer Woche statt, meist noch am selben Tag.[245] Die Verringerung des Handelsumfangs führt zu einer Verringerung der Zitterbewegung der Devisenkurse und zu geringeren Abweichungen von ökonomisch motivierten Kursen, da Händler nicht mehr auf jede beliebige Information reagieren werden und der Handelsumfang mit Devisen zu einem größeren Teil von realem Handel herrühren wird.
3. Eine Verringerung der Zinssätze in einem Land hat zur Folge, daß Anleger ihr Geld in Länder mit tendenziell höherem Zinsniveau umschichten – und somit die Zinspolitik der Zentralbank

durchkreuzen. Durch eine Steuer auf den Devisentausch werden Umschichtungen unterbleiben bzw. finden erst bei sehr viel höheren Zinsänderungen statt. Dadurch können Länder ihre Zinsen unabhängiger von den Zinsen anderer Länder verändern und ihre Konjunktur durch niedrigere bzw. höhere Zinsen ankurbeln oder dämpfen.
4. Die Steuer führt – global durchgesetzt – zu Einnahmen von bis zu 720 Mrd. US-Dollar weltweit, selbst wenn man die durch die Steuer reduzierten Devisentransaktionen berücksichtigt.[246]

Die hohe Attraktivität von Devisenspekulationen – und ganz allgemein die Neigung, Kapital nur kurzfristig anzulegen – rührt von einem entscheidenden Mißverhältnis her: Zinssätze und Wechselkurse ändern sich wesentlich schneller als das Lohnniveau oder Güterpreise. Eine Änderung des Zinsniveaus führt nicht unmittelbar zu einer Änderung der Gewinnsituation eines Unternehmens oder der Löhne. Deshalb neigen Investoren dazu, ihr Kapital nur kurzfristig anzulegen, um auf Zinssignale oder Wechselkursänderungen sofort reagieren zu können; denn langfristig gebundenes Kapital kann sich nicht ständig nach der Anlagemöglichkeit mit der höchsten Rendite »umsehen«: Die Rendite könnte schon kurze Zeit nach einer Investition in einem anderen Wirtschaftsbereich oder einem anderen Land höher sein. Die Tobin-Steuer ist ein höchst effizientes Mittel, um die Finanzmärkte zu entschleunigen und längerfristige Investitionen zumindest wieder ein Stück weit rentabler erscheinen zu lassen.

Gegen eine *langfristige* spekulative Verfälschung der Kurse und spekulative Attacken, die Wechselkurssysteme zerstören können, helfen z.B.:
- Kapitalverkehrskontrollen: Dies meint, daß Devisentransaktionen genehmigt werden müssen und verboten werden können, wenn mit ihnen beispielsweise keine Handelsgeschäfte oder Investitionsvorhaben verbunden sind.
- Bardepotpflicht: In Chile mußten ausländische Anleger jahre-

lang 20 % ihrer Investitionssumme für ein Jahr bei der Nationalbank hinterlegen. Bei vorzeitigem Kapitalentzug wären schmerzliche Verluste die Folge gewesen. Also wird kurzfristig mobiles Kapital, welches für Devisenspekulationen nötig ist, direkt ausgesperrt; in Chile beobachtete man sogar geringere Schwankungen der Wechselkurse. Auf Druck der Industrie wurde diese Regelung wieder aufgehoben, obwohl sie den jahrelangen hohen Wachstumsraten keinen Abbruch tat.
- Kreditbeschränkungen: Bei einer vermuteten Attacke gegen eine Währung kann die Vergabe von Großkrediten kontrolliert bzw. im äußersten Notfall sogar verboten werden, wenn der Kredit nicht nachweislich für Investitionen verwendet wird.

Exkurs: George Soros und das EWS

Die Probleme von Wechselkurssystemen, die einerseits fixiert sind, andererseits aber bei Fehlentwicklungen Anpassungen ermöglichen sollen, erkennt man beispielhaft an der Spekulation gegen das britische Pfund im Jahr 1992. Die Wechselkurse waren in Europa durch das Europäische Währungssystem (EWS) bis auf eine Schwankungsbreite von 0,5 % aneinandergekoppelt – es herrschte ein System nahezu fixierter Wechselkurse. Zur Finanzierung der Wiedervereinigung erhöhte die Bundesregierung die Staatsausgaben durch Kreditaufnahme. Das Zinsniveau stieg stark an, unterstützt noch durch die Hochzinspolitik der Zentralbank, die damit dem Preisauftrieb entgegenwirken wollte. Dadurch floß sehr viel Geld aus anderen Ländern nach Deutschland. Obwohl viele Länder des EWS in einer wirtschaftlichen Rezession steckten, die Wachstumsraten niedrig und trotz der hohen Importe Deutschlands sogar die Handelsbilanzen defizitär waren, waren sie dazu gezwungen, das Zinsniveau zu erhöhen, wenn sie die Wechselkurse konstant halten wollten.

George Soros erkannte die fatale Schieflage des EWS. Er bekundete öffentlich, daß er die britische Währung für überbewertet hielt und löste damit Währungsspekulationen gegen das Britische Pfund in enormem Umfang aus. Dazu nahmen die Spekulanten in Großbritannien Kredite in Pfund auf und tauschten sie dort in D-Mark um. Diese besorgten sich die dortigen Banken auf dem internationalen Devisenmarkt, der im Regelfall aus Tausenden von Banken besteht. Die geforderten Milliardenbeträge lieferte aber zu dem garantierten Wechselkurs nur noch die Britische Zentralbank, andere Geschäftsbanken hielten sich zurück oder spekulierten mit. Doch die Devisenreserven der Britischen Zentralbank waren begrenzt. Gleichzeitig weigerte sich die deutsche Zentralbank, der britischen D-Mark zu Verfügung zu stellen, da sie Inflationsgefahren sah und die Geldmenge nicht weiter ausdehnen wollte.

Irgendwann mußte die Zentralbank aufgeben, und die Geschäftsbanken mußten sich D-Mark von anderen Banken kaufen, die D-Mark-Reserven hielten. Doch diese verlangten dafür weitaus mehr; schließlich konnten sie ihre billig gekauften D-Mark-Bestände so teuer weiterverkaufen und machten Gewinne. So wurde die D-Mark teurer und George Soros bei der Rückzahlung seiner Kredite eine Milliarde US-Dollar reicher. Großbritannien konnte seine aufgrund der Abwertung nun billigeren Produkte wieder auf dem Weltmarkt verkaufen und kam aus der Rezession heraus.[247]

Das EWS wurde »gerettet«, indem man die Schwankungsbreite der Wechselkurse auf 2,25 % ausweitete. Dieses System entsprach eher flexiblen Wechselkursen. Die D-Mark wertete stark auf und, verstärkt durch die Hochzinspolitik der Zentralbank, glitt Deutschland in die Rezession ab.

Fazit

Währungssysteme mit starren Wechselkursen werden zu selten angepaßt und führen zu ökonomischen Ungleichgewichten. Durch eine Einheitswährung wie den Euro werden sie sogar noch verstärkt, im Beispiel hätte sich die Rezession in England noch weiter verstärkt (vgl. Illusion 11).

Weltweite Krisen – Weltweite Kooperation

> »Der Nationalstaat stirbt ab, das ist bei der Katastrophengeschichte,
> die anderthalb Jahrhunderte mit ihm verknüpft waren, nicht bedauernswert;
> was an seine Stelle tritt, ist jedoch nicht besonders ermutigend.«
> *Oskar Negt in der »Frankfurter Rundschau«, 4.7.1998*

Will man Standards für das globale Finanzsystem durchsetzen und die mit seiner jetzigen Gestalt verbundenen Gefahren reduzieren, so sollten auch die Kontrollinstanzen so global wie möglich sein. Internationale Verträge, die Angleichung bestehenden Rechts und eine Kooperation von nationalen Aufsichtsbehörden können zwar ebenfalls Kontrollfunktionen auf Märkten ausüben. Doch erst mit bestimmten Machtbefugnissen ausgestattete transnationale Organisationen (wie die Welthandelsorganisation WTO oder die EU) sind in der Lage, effizient Druck auf Staaten auszuüben, um sie zum Einlenken auf einen internationalen Kurs zu bewegen. Vor allem die WTO zeugt davon, daß internationale Organisationen von nationalen Staaten aufgebaut werden können, wenn die Staaten von ihrem Sinn überzeugt sind, und daß Staaten in der Vergangenheit wiederholt bereit waren, Teile ihrer Souveränität abzutreten, um internationalen Organisationen Durchsetzungskraft zu verleihen.

Das Finanzsystem weist viele grundlegende Instabilitäten auf. Permanente Veränderungen auf den Finanzmärkten führen zu immer neuen Problemlagen, die immer in Krisen münden werden und nicht prinzipiell vermeidbar sind. Um deren Häufigkeit zu reduzieren und im Fall des Falles handeln zu können, benötigt man schlagkräftige internationale Organisationen. Diese sind auch im Bereich der globalen Finanzmärkte vorhanden, doch sind sie ihren Aufgaben offensichtlich (noch) nicht gewachsen – die Krisen während der 90er Jahre hätten weit weniger dramatisch verlaufen können. Im Zentrum der Aufmerksamkeit stehen die drei Organisationen IWF, BIZ und Weltbank, die im Folgenden kurz beschrieben werden:

- Der Internationale Weltwährungsfond IWF (engl. IMF: »International Monetary Fund«) wurde 1944 in Bretton Woods gegründet. 1998 gehörten ihm 181 Mitgliedsländer an; er beschäftigt 2200 Mitarbeiter; 24 Direktoren treffen sich vier Mal pro Woche, um die Weltlage zu erörtern. Das erklärte Ziel des IWF ist es, bei der Überbrückung kurzfristiger Zahlungsbilanzschwierigkeiten auszuhelfen und den Welthandel zu fördern. Dies soll durch
  ◊ die strikte Überwachung der Wechselkurspolitik der Mitgliedsländer,
  ◊ Deregulierungen im internationalen Zahlungsverkehr und durch
  ◊ die Sicherung der Zahlungsfähigkeit der Länder erreicht werden.[248]
  Die benötigten Mittel (1998 285 Mrd. US-Dollar) erhält der IWF von seinen Mitgliedsländern, am meisten von den USA (18,2 %) und von Deutschland (6,2 %). Über die Vergabepraxis entscheiden die Mitgliedsländer entsprechend dem Anteil ihrer Einlagen. Daraus erklärt sich bereits, daß die USA im IWF faktisch bestimmen können, wann wem und unter welchen Bedingungen geholfen wird. In gleichmäßigen Abständen, vor allem unmittelbar nach dem Ausbruch größerer Finanzkrisen, wird am internationalen Währungsfonds harte Kritik geübt, da die Art und Weise, wie er seine Ziele zu erreichen sucht, Ländern mitunter mehr schadet als nutzt (vgl. unten).
- Die Weltbank wurde zeitgleich mit dem System von Bretton Woods 1944 ins Leben gerufen. Ihr richtiger Name ist »Internationale Bank für Wiederaufbau und Entwicklung«; sie hat die Aufgabe, das wirtschaftliche Wachstum in Entwicklungsländern zu fördern. Dazu vergibt sie Kredite zu etwas günstigeren Bedingungen als gewöhnliche Banken und an die ärmsten Länder auch zinslose Darlehen. Während der Südostasienkrise wurde die Weltbank auf Bestreben der USA dazu benutzt, um kurzfristiges Krisenmanagement in Korea zu leisten; Korea bekam

1998 mehr Mittel (5 Mrd. US-Dollar) als ganz Afrika südlich der Sahara (2,9 Mrd. US-Dollar). Die eigentlichen Aufgaben der Weltbank werden im Bereich langfristiger begleitender Kreditfinanzierung von Entwicklungshilfeprojekten gesehen, die privatwirtschaftlich rentabel sind, jedoch hohe Risiken in sich bergen. Der Gewinn der Bank soll ebenfalls Entwicklungsländern (z.B. durch Entschuldungsmaßnahmen) zugute kommen. Doch über die Erfolge der Bank gehen die Meinungen auseinander: Ein von der Weltbank selbst herausgegebener Prüfbericht kommt zu dem Ergebnis, daß von 28 für die Weltbank besonders relevanten Ländern 40 % mit weiterhin sinkenden Pro-Kopf-Einkommen zu kämpfen haben.[249]

- Die in Basel ansässige Bank für internationalen Zahlungsausgleich (BIZ) wurde bereits 1930 gegründet und ist damit die älteste internationale Finanzorganisation. Ursprünglich war sie dafür gedacht, die deutschen Reparationszahlungen zu erleichtern. Die BIZ ist eine Aktiengesellschaft; Gesellschafter sind etwa 50 Zentralbanken, doch unterstützt die Bank fast alle Zentralbanken bei ihrer Devisenreservepolitik. Die BIZ ist Sammelstelle für Finanzmarktdaten, organisiert den Meinungs- und Informationsaustausch zwischen den Zentralbanken und bemüht sich darum, die Stabilität der Finanzmärkte durch »das Erkennen potentieller mittelfristiger Schwachstellen« zu erhöhen.[250] Die USA hat auf die BIZ keinen dominierenden Einfluß – im Gegensatz zu den beiden anderen hier beschriebenen Organisationen. Allerdings hat die Bank für internationalen Zahlungsausgleich überwiegend nur beratenden Charakter.

Bei der BIZ ist seit 1975 ebenfalls der »Baseler Ausschuß für Bankenaufsicht« angesiedelt, der Empfehlungen über Kredit- und Risikomanagement sowie über Eigenkapitalquoten für Banken erarbeitet. Diese Empfehlungen werden von vielen Ländern übernommen, unter anderem weil Weltbank und IWF sie als Kriterien für einen stabilen Finanzmarkt anerkennen.

Diesen drei zentralen, für die Finanzmärkte zuständigen internationalen Organisationen stehen noch weitere zur Seite. So hat die OECD einen eigenen Ausschuß für Finanzmarktfragen gegründet (CFM), die G8-Tagungen mischen sich stets mit eigenen Forderungen in die Diskussion um eine stabile Finanzmarktarchitektur ein, und auch WTO und große Zentralbanken unterhalten Heerscharen von Experten.

Wie nötig weitreichende Reformen dieser Organisationen sind, zeigen die beschriebenen Finanzmarktkrisen zur Genüge. Dabei spielt insbesondere der Internationale Währungsfonds eine entscheidende Rolle.

Die Rolle des IWF auf den Weltfinanzmärkten

> »Ich habe Geschichten über Teammitarbeiter gehört, die große Teile eines Länderberichts unverändert in einen anderen übernommen haben. Es wäre nicht aufgefallen, wenn die »Suchen und Ersetzen«-Funktion im Wordprozessor richtig funktioniert hätte und die ursprünglichen Ländernamen nicht an manchen Stellen stehen geblieben wären.«
> *Joseph Stiglitz, zwischen 1997 und 2000 Chefökonom und Vizepräsident der Weltbank, über Hilfsprogramme des IWF*[251]

Der IWF befindet sich zwischen den Fronten: Seine Auflösung forderten nicht nur die Demonstranten vor den Toren der IWF-Jahrestagung im Frühjahr 2000 in Washington sowie im Herbst desselben Jahres in Prag, sondern auch konservative amerikanische Politiker. Den einen ist er Funktionsgarant für das ausbeuterische kapitalistische System, den anderen erscheint er als Störenfried des freien Marktmechanismus.

Der IWF verwechselte in der Vergangenheit kurzfristige mit langfristigen Maßnahmen. Meist tritt er als Feuerwehr auf, um an einem Krisenherd zu löschen, doch bei genauerer Betrachtung sieht man, daß die getroffenen Maßnahmen das Feuer noch schüren. Beispielsweise mag für die langfristige Stabilisierung einer

Währung zeitweise ein hohes Zinsniveau nötig sein, doch kurzfristig kann es geboten sein, ein Land durch Zinssenkungen erst einmal aus der Krise herauszuführen. Auch der Sachverständigenrat der Bundesregierung hält im Jahresgutachten 1998/1999 Zins- und Steuererhöhung sowie Senkung der Staatsausgaben während der Südostasienkrise für »bedenklich«, denn die Ursache der Krise war nicht eine falsche Zinspolitik und die Schulden der Länder gingen keinesfalls auf den Staat zurück.[252]

Die Rezepte des IWF

Der IWF vergibt Überbrückungskredite an Länder, die in Zahlungsschwierigkeiten geraten, er ist Retter in der Not. Da ist vorgezeichnet, daß er auf seine Mitgliedsländer nur Druck ausüben kann, wenn diese dringend Kredite benötigen. Krisenvermeidung ist nicht die Stärke des IWF – wenn er eingreift, stecken die Volkswirtschaften schon tief im Schlamassel. Am häufigsten war in den vergangenen Jahren vom IWF die Rede, wenn die Währungen von Ländern rapide an Wert verloren. Dies gilt es zu beachten, wenn man die Bedingungen bewertet, die der IWF im Falle von Kreditvergaben an Krisenländer einfordert. Grundmaxime des IWF ist es, daß das Krisenland möglichst rasch einen Leistungsbilanzüberschuß erwirtschaftet, denn nur dann kann es die gewährten Kredite wieder zurückzahlen und seine Schuldenlast verringern. Dazu sollen die Empfängerländer (nahezu pauschal – die Besonderheiten jedes Landes interessierten jahrzehntelang kaum) folgendermaßen vorgehen:

1. Die Empfängerländer müssen den Außenwert ihrer Währungen stabilisieren. Die Stabilität der Währung kann nur wiederhergestellt werden, wenn das Vertrauen der Anleger und Banken in eine stabile Finanzpolitik zurückkehrt. Als Mittel setzt der IWF auf Zinserhöhungen im Land und auf Geldverknappung, um (selbst nach Währungsabwertungen, die Importprodukte um viele 10 % verteuerten) die heimische Inflationsrate so gering wie möglich zu halten. Dies bremst die bereits kriselnde heimische Konjunktur weiter ab.

2. Die Empfängerländer müssen ihre Haushaltsdefizite verringern. Damit soll das Vertrauen der Investoren zurückgewonnen sowie die Schuldenquote verringert werden. Erreicht werden kann es durch staatliche Ausgabenkürzungen sowie durch Steuererhöhungen, weswegen die staatliche oder/und die private Nachfrage nach Gütern

schrumpft, und so die Konjunktur des Landes während der Krise noch weiter abgeschwächt wird. So wurde Thailand ermuntert, nach der Finanzkrise 1997 seine Mehrwertsteuer von sieben auf zehn Prozent zu erhöhen.

3. Unrentable Banken und Staatsbetriebe sollen geschlossen werden. Dies ist wieder schlecht für die Konjunktur – Massenentlassungen in Krisenzeiten belasten Nachfrage und Stimmung noch weiter.

4. Staatsbetriebe sollen privatisiert werden und der Staat soll sich aus dem Wirtschaftsleben mehr und mehr zurückziehen.

5. Deregulierungsmaßnahmen sollen die Marktkräfte entfesseln.

6. Durch eine Grenzöffnung für den Handel und die Ermöglichung ausländischer Firmenbeteiligungen einerseits, sowie durch den Abbau von Devisenkontrollen und Kapitalverkehrsbeschränkungen andererseits soll die Wirtschaft des Landes stärker in die Weltwirtschaft integriert werden, was über Konkurrenz und Innovation dem Land ein höheres Wachstum ermöglichen soll.

Was ist der Erfolg dieses »Rezeptes«? Selbst die konservative Denkfabrik »Heritage Foundation« kommt zu dem Schluß, daß von 89 seit 1965 vom IWF geförderten Ländern es heute über der Hälfte nicht besser und 32 Ländern sogar schlechter geht. Doch der ehemalige Generaldirektor des IWF, Michel Camdessus, ist überzeugt: »Ich bedaure unsere Maßnahmen nicht. Unsere Empfehlungen waren richtig, sie wurden nur schlecht umgesetzt.«[253] Doch auch die Krise in Mexiko scheint nicht durch IWF-Programme, sondern durch die nach der Krise und der Währungsabwertung stark steigenden Exporte in die USA und Kanada überwunden worden zu sein. Möglicherweise litt Thailand während der Südostasienkrise gerade deshalb so schwer, weil es sich an die IWF-Programme hielt – im Gegensatz zu Malaysia oder Südkorea.[254]

Die Kreditvergabebedingungen des IWF sind im Prinzip leicht zu ändern, doch gibt es eine Reihe von Problemen, die dem Finanzsystem und deshalb auch dem IWF immanent sind und sich nicht einfach durch Änderung der Kreditvergabekriterien lösen lassen.

◆ Die Problemlösungsstrategie des IWF ist immer von nachsorgendem Charakter: Wie bei der Feuerwehr muß das Feuer erst ausgebrochen sein, ehe er ausrückt, um es zu löschen. Dies läßt sich an allen vergangenen Finanzmarktkrisen ablesen: ob in Mexiko, Südostasien, Rußland oder Brasilien, erst wenn bereits bedrohliche Schieflagen der Länder eingetreten sind, kann der IWF einschreiten. Die neueren Versuche präventiver Krisenhilfe (wie die Hilfskredite an Brasilien im Vorfeld einer Zahlungskrise im Frühjahr 1999) mögen ihre (wenigstens teilweise) Wirksamkeit dem Wiedererkennen bereits bekannter Krisenverläufe verdanken – letzthin wird die Welt jedoch von jeder neuen Krise auch aufs Neue überrascht.

- Als während der Mexikokrise Präsident Clinton gemeinsam mit dem IWF im Winter 1994/95 dem Land einen milliardenschweren Rettungskredit gewährte, wurden so die Gefahren riskanter Investitionen auf die Allgemeinheit abgewälzt, während die Gewinne der Anleger in private Taschen flossen: Spekulanten, aber auch viele US-amerikanische Bürger, die privat auf ihre Rente mit Hilfe von Aktienfonds vorsorgen, wurden »freigekauft«. Andererseits: Hätte der IWF die Liquidität mexikanischer Banken nicht erhalten, so hätte die Krise die mexikanische Bevölkerung noch viel härter getroffen, als es ohnehin schon der Fall war. Zu großen Krisen kann es immer kommen; deshalb ist der IWF auch um der Bevölkerung willen zum Handeln verdammt und muß notfalls die Anleger freikaufen. Doch wenn die Anleger bereits wissen können, daß sie im Falle eines Falles freigekauft werden, so vermindert sich ihr Risikobewußtsein – sie werden gewillt sein, noch höhere Risiken einzugehen, um höhere Profite zu erwirtschaften.
- Der ehemalige Vorsitzende des IWF, Michel Camdessus, argumentiert, daß nach dem Erkennen von Schieflagen durch zu frühes Alarmschlagen Krisen wie in Südostasien möglicherweise erst entstehen oder verstärkt werden können. Deshalb ist der IWF eher vorsichtig mit der Veröffentlichung kritischer Daten. Hieran läßt sich der den Finanzmärkten ureigenste Zwang zum Optimismus trefflich studieren.

Der IWF war lange Zeit keiner Kritik zugänglich, kam diese nun von konservativen oder von demokratischen amerikanischen Politikern oder sogar von renommierten Wirtschaftswissenschaflern. Er lernte nicht einmal aus seinen eigenen Studien; zuletzt kam er zu dem Ergebnis, daß 12 von 16 Ländern aufgrund von IWF-Programmen ihre Ausgaben für die Grundschulerziehung kürzten. Nach der Südostasienkrise wurde zwar weltweit massive Kritik an der Politik des IWF laut, die Korrekturen an den pauschalisierenden, zum Teil falschen Rezepten forderte. Doch als es wirtschaftlich wieder aufwärts ging, verflog der Wille zu Reformen schnell.

Unter dem neuen IWF-Präsidenten Horst Köhler zeichnen sich einige Veränderungen ab. So gibt es Gespräche mit Nichtregierungsorganisationen, und es werden Seminare für NGO's angeboten, in denen dargestellt wird, wie der IWF Länderbewertungen erstellt.[255] Die Rhetorik wird besser, doch ob Taten folgen, erscheint angesichts der Dominanz Amerikas in den Entscheidungsgremien des IWF höchst zweifelhaft.

Um den IWF zu einer Organisation zu machen, die auch von Kritikern deregulierter Finanzmärkte akzeptiert werden kann, sind folgende Reformen nötig:
- ◆ Entwicklungs- und Schwellenländer müssen deutlich stärker an den Entscheidungen des IWF beteiligt werden. Zwar mag es auf den ersten Blick einsichtig erscheinen, daß ein Kapitalgeber in dem Umfang, wie er Kapital bereitstellt, auch über dessen Verwendung entscheiden will, doch bedeutet dieses Prinzip, angewandt in weltweiten Organisationen, letztlich nichts anderes als Imperialismus: Industriestaaten zwingen Entwicklungsländern ihre Vorstellungen auf – da sie logischerweise kapitalstärker sind und deshalb mehr Stimmrechte auf sich vereinen. Die Industrieländer müssen sich mit dem Gedanken anfreunden, daß andere über ihre Gelder mitentscheiden. Im Gegenzug müssen sich die Entwicklungsländer daran gewöhnen, daß der Verbleib von Krediten genau kontrolliert wird.

- Im Krisenfall müssen Überbrückungskredite unbürokratisch und unabhängig von der Ausrichtung nationaler Wirtschaftspolitik v.a. an kleine und mittelständische Unternehmen vergeben werden.
- Der IWF muß transparent arbeiten. Sämtliche gesammelten Daten und Bewertungen müssen, ordentlich aufgearbeitet, sofort und für alle zugänglich im Internet veröffentlicht werden. Nur so läßt sich vermeiden, daß Krisen aufgrund der plötzlichen Verbreitung kritischer Daten ausgelöst bzw. verschärft werden.
- Die verzerrte Risikoabwägung, die durch den Freikauf von Investoren seitens des IWF bei Krisen entsteht, muß vermieden werden. Dazu kann man die Gewinne aus privatwirtschaftlichen Investitionen besteuern; diese Steuereinnahmen fließen in einen Krisensicherungsfonds. Dies wird dazu führen, daß Anleger die verbleibenden Risiken ihrer (aufgrund der Steuer weniger profitablen) Investments genauer überprüfen.
- Eine weitere Möglichkeit, Anleger zu vorsichtigerem Handeln zu zwingen, besteht darin, private Investoren an Verlusten im Krisenfall direkt zu beteiligen (sog. »bail-in«). Dazu könnte der IWF im Krisenfall *Insolvenzverfahren* durchführen. Gesteht man überschuldeten und krisengeschüttelten Ländern das Recht auf Zahlungseinstellung zu (wie es für Unternehmen üblich und auch im amerikanischen Insolvenzrecht für Gemeinden möglich ist), so werden Anleger vorsichtiger handeln. Auch die Bundesbank kommt zu dem Schluß, daß »ein Schuldnerland unter außergewöhnlichen Umständen ... dazu gezwungen sein kann, die Bedienung seiner internationalen Staatsschulden zu suspendieren und eventuell sogar Kapitalverkehrsbeschränkungen einzuführen.«[256] Länder würden wertvolle Zeit gewinnen, um ihre Wirtschaft zu stabilisieren; ein unabhängiges Schiedsgericht könnte hälftig von den Gläubigerstaaten und dem betroffenen Staat gewählt werden. Die Kontrahenten einigen sich auf einen von beiden Seiten akzeptierten Vorsitzenden – als Zünglein an der Waage. Das Gremium beschließt, wie viele private Kredite abgeschrieben werden müssen, und achtet darauf, »daß ein

Minimum an Menschenwürde für die Bevölkerung gewährleistet bleibt – eine Forderung, die in jedem nationalen Insolvenzrecht selbstverständlich ist.«[257] Solche Insolvenzverfahren sind auch für Entwicklungsländer anzuwenden, die überschuldet sind. Als Maßstab hierfür kann gelten, daß solche Länder Schulden in einer Höhe von mehr als 150 % ihrer Exporterlöse haben.

Es gibt viel zu tun ...

»Die Abwärtsspirale könnte nur durch eine ... Politik gebremst werden, die auf die Erweiterung politischer Handlungsmöglichkeiten, den Aufbau neuer Kapazitäten oberhalb und unterhalb der nationalen Ebene abzielt.«
Jürgen Habermas, in der »tageszeitung«, 18.6.1999

Der IWF ist nur eine internationale Organisation unter vielen. Will man die deregulierten Finanzmärkte unter Kontrolle bringen, so müßte ihre Zahl sogar noch ansteigen. Nun haben wir uns daran gewöhnt, staatliche Organisationen reflexhaft abzulehnen, da sie schwerfällig und ineffizient sind. Doch folgende *überspitzte* Überlegung kann helfen, die Akzeptanz mächtiger transnationaler Organisationen zu erhöhen: Wenn Innovation effizient ist, zuviel Innovation aber schädlich, dann muß die Weltwirtschaft ineffizienter werden.[258] Wenn Geschwindigkeit dazu führt, daß ganze Volkswirtschaften und im Gefolge die Weltfinanzmärkte destabilisiert werden, dann muß das Tempo herausgenommen werden. In diesem Sinne sind Bürokratien die »effizienteste« Erfindung aller Zeiten: Wir brauchen große, schwerfällige und mächtige internationale Organisationen, weil sie langsam und ineffizient sind. Jede Verlangsamung der Geschwindigkeit führt zu der Möglichkeit, gründlicher nachzudenken. Übereilte Entwicklungen werden verhindert, Stabilität gefördert. Ein bürokratischer Wasserkopf verhindert unüberlegte Entwicklungen (mitunter gerade weil andere dann nochmals darüber nachdenken), auch wenn dies manchmal nervt.

- Die *Weltbank* muß aufgewertet und umgebaut werden. Will die Weltbank ihrer Aufgabe als Entwicklungsbank gerecht werden, so ist es eminent wichtig, daß die Dominanz vor allem von Amerika, aber auch der anderen Industriestaaten vollständig abgebaut wird und Entscheidungsstrukturen zugunsten der Entwicklungsländer geschaffen werden. Wenn 100 Entwicklungsländer über die Vergabe von knappen Geldern (die *natürlich* mehrheitlich aus den Industriestaaten kommen, vgl. oben) diskutieren, wird dabei genauso Sinnvolles *und* Sinnloses herauskommen wie bei bevormundenden Entscheidungen von Funktionären aus den Industriestaaten. Auch die Entwicklungsländer werden sich gegenseitig kontrollieren, wenn es um die Vergabe knapper Mittel geht. Die Einnahmen der Weltbank werden in dem Maße steigen können, wie die Bevölkerung der Industriestaaten Entwicklungshilfe wertschätzt. Obwohl die Entwicklungsländer ihre Schulden bereits mehrfach zurückgezahlt haben, sind sie aufgrund von Zins- und Zinseszinseffekten so hoch verschuldet wie nie zuvor. Viele Länder können nicht einmal mehr ihre Zinszahlungen leisten. Die Weltbank hat auch die Aufgabe, deren Entschuldung zu ermöglichen:
    ◊ Sie versucht Kreditzinsen auf Null zu drücken (indem sie z.B. die Zinszahlungen von (Entwicklungs-)Krediten aus der Privatwirtschaft übernimmt) und vergibt zinslose Kredite. Dafür kontrolliert sie den Verbleib von Geldern penibel und transparent.
    ◊ Sie treibt Gelder ein, die sie ausschließlich für die Streichung von Schulden der Entwicklungsländer nutzt. Dazu könnte u. a. das Aufkommen aus der Tobin-Steuer verwendet werden. Länder, die bereits Zinsen in Höhe ihrer Auslandsschulden bezahlt haben, werden entschuldet.
- Die Weltbank sollte weiterhin die Vergabe von Mikrokrediten (vgl. Kasten) unterstützen bzw. den Aufbau von Banken betreiben, die diese vergeben.

Mikrokredite

1983 gründete Muhammad Yunus die Grameen-Bank in Bangladesch, die Kleinstkredite (im Durchschnitt 160 US-Dollar) vergibt und eine Rückzahlungsquote von ca. 97 % erreicht.[259] Die Kredite werden zu 94 % an Frauen vergeben, die in Bangladesch engagierter als Männer versuchen, aus der Armut herauszukommen. Außerdem wird so versucht, patriarchalische Strukturen zu durchbrechen. Ende 1997 waren 20 % der Bevölkerung Nutznießer des Grameen-Projektes. Die hohe Rückzahlungsquote kommt dort vor allem durch extrem hohen sozialen Druck zustande, doch auch in anderen Ländern werden sehr positive Erfahrungen gesammelt. Mittlerweile haben sich Kleinstkredite weltweit (z.B. in Indonesien oder den Ghettos von Chicago) etabliert, auch die Weltbank unterstützt solche Projekte. Leider werden sie häufig als Argument dafür genannt, Entwicklungshilfe völlig zu privatisieren. Kleinstkredite können aber weder Infrastruktur noch soziale Absicherung schaffen – doch tragen sie dazu bei, das Armutsniveau dauerhaft zu heben. Auch in Institutionen, die auf Kleinstkredite spezialisierte Banken in Entwicklungsländern unterstützen, kann man investieren. Dazu gehört beispielsweise die Oikocredit Ökomenische Entwicklungsgenossenschaft.[260]

- Ein *Weltwährungsamt* würde die Aufgabe der Stabilisierung von Wechselkursen übernehmen. Kurzfristig läßt sich eine solche Institution nicht realisieren, da die Interessen der USA von denen der anderen Länder zu stark abweichen. Dies hängt damit zusammen, daß der US-Dollar Weltreservewährung ist. Die USA kann Geldscheine drucken und dafür im Ausland Waren kaufen, *ohne* daß sie auch Waren in derselben Größenordnung exportieren muß, da sich das Ausland in US-Dollars verschuldet. Nur deshalb führt ein seit vielen Jahren herrschendes Leistungsbilanzdefizit (im Jahr 2000 von etwa 300 Mrd. US-Dollar, also so hoch wie das BIP von Belgien) nicht zu Währungsabwertungen. Die USA haben Interesse an einer überbewerteten Währung, da so genügend ausländisches Kapital ins Land fließt, um das Leistungsbilanzdefizit zu finanzieren. Wechselkurskooperationen müssen somit von allen anderen Ländern ausgehen.
- Die einzige nicht von den USA dominierte globale Institution ist

die BIZ. Sie hilft auch heute schon Zentralbanken bei ihren Devisengeschäften, doch kann sie nicht die Zähne zeigen. Dazu fehlen ihr eigene Machtbefugnisse gegenüber den Zentralbanken, denen sie gehört. Schon in der Vergangenheit wurde der Rat der BIZ gesucht und befolgt. Wenn Zentralbanken gewisse Kompetenzen direkt an die BIZ abgeben würden, so könnte diese mit einem Schlag mit den Devisenreserven vieler Industriestaaten operieren. Dann entstünde eine mächtige, »dezentrale« Zentralbank, die – unter der Voraussetzung reduzierter Devisenumsätze – Wechselkurse steuern könnte. Bereits heute sollte die BIZ die Schaffung regionaler Währungssysteme unterstützen. In derartigen, dem Europäischen Währungssystem EWS vergleichbaren Verbänden kommt Zielzonen eine hohe Attraktivität zu, da sie den regionalen Handel erleichtern. Je mehr Länder sich zu regionalen Wechselkurssystemen zusammenschließen, desto übersichtlicher wird letztlich eine Verkopplung der weltweiten Währungen sein. Zusätzlich müßte der Reservestatus des US-Dollar untergraben werden, etwa durch Schaffung eines weltweiten Kunstgeldes, das nur für internationale Buchungszwecke verwendet wird. Dies existiert bereits heute in Form der sog. »Sonderziehungsrechte« (SZR), die jedoch aufgrund der Dominanz des US-Dollars kaum eine Rolle spielen. Mit Hilfe eines solchen Buchgeldes könnte der Wettbewerb zwischen den Währungen deutlich vermindert werden; Voraussetzung dafür ist, daß sich die Auffassung durchsetzt, daß stabile Währungen ein gemeinschaftliches Gut und Währungen keine Spekulationsobjekte sind.[261]

Fazit

Keiner der hier gemachten Vorschläge ist bis ins Detail ausgearbeitet oder bis ins Letzte durchdacht. Es sind u. a. Vorschläge, wie sie in der Diskussion häufig auftauchen, die mitunter von Nobelpreisträgern der Wirtschaftswissenschaften vorgetragen werden (James Tobin) oder auf hoch geachtete, jedoch fast vergessene Nationalökonomen zurückgreifen (Walter Eucken). Deutlich sollte geworden sein, daß das momentane Entwicklungsmodell weder sonderlich gut ist noch daß es weiterverfolgt werden *muß*. Konkrete Veränderungen sind auf allen Ebenen möglich:

♦ Druck von unten kann jeder persönlich leisten. Einfacher aber wichtiger Schritt ist die Frage: »Was geschieht mit meinem Geld«, die zu verantwortungsbewußten Investitionen in langfristige, nachvollziehbare und ethisch einwandfreie Bereiche führen kann.

♦ Druck von unten geht ebenfalls von politischen Nichtregierungsorganisationen aus. Die Unterstützung ausgewählter NGO's stärkt deren Lobbyarbeit, z.B. für einen Umbau der Finanzmärkte oder für fairen Handel mit Entwicklungsländern. Die Präsenz von NGO's bei Tagungen internationaler Organisationen ist immens wichtig – hiervon kann entscheidender Druck für deren Reform ausgehen.

♦ Zwischen den Handlungsmöglichkeiten des Einzelnen auf der einen und dem Umbau internationaler Organisationen auf der anderen Seite finden sich zahllose Institutionen, die im politischen Entscheidungsprozeß dazu ermuntert werden müssen, den Finanzmärkten einen Rahmen zu setzen. Auf europäischer, aber sogar auf nationaler Ebene würden vielen Regulierungen keine Weltmarktzwänge entgegenstehen.

Es ist eine Frage des politischen Willens, ob wir den Finanzmärkten ein stabiles Korsett geben oder uns weiterhin ihren Zwängen ausliefern. NGO's, an denen jeder mitwirken kann, können auf allen Ebenen auf den politischen Entscheidungsprozeß einwirken. Die vorgestellten politischen NGO's haben an der Seite von Parteien und Gewerkschaften das Spektrum politischer Gruppen stark erweitert, in denen man seine Meinung artikulieren und Durchsetzungsstrategien finden kann. So bleibt zu hoffen, daß immer mehr Menschen zu der Einsicht gelangen, daß Entwicklungen nicht schicksalhaft über uns kommen und andere Entwicklungspfade manchmal näher liegen als zunächst vermutet.

Schluß

> »Mag man den Menschen für noch so egoistisch halten, es liegen doch offenbar gewisse Prinzipien in seiner Natur, die ihn dazu bestimmen, an dem Schicksal anderer Anteil zu nehmen, und die ihm selbst die Glückseligkeit dieser anderen zum Bedürfnis machen, obgleich er keinen anderen Vorteil daraus zieht, als Zeuge davon zu sein.«
>
> *Adam Smith, »Theorie der ethischen Gefühle«, 1759*

Die reine Marktwirtschaft scheitert am Wesen des Menschen. Die Planwirtschaft scheitert am Wesen des Menschen. Fixierte Wechselkurse scheitern. Flexible Wechselkurse führen zu Verwerfungen. Zu viel Sozialstaat lähmt die Eigeninitiative, zu wenig Sozialstaat spaltet die Gesellschaft. Zu viele Regeln machen unzufrieden. Zu wenige Regeln machen unzufrieden. Zu viel Staat ist schlecht. Zu wenig Staat ist schlecht. Doch den Mittelweg zu bestimmen und zu beschreiben, kostet Kraft und Zeit.

In einer Aktienkultur werden wir diesen Mittelweg dauerhaft verlassen. In den vergangenen Kapiteln wurde beschrieben, daß eine Aktienkultur nicht ins Schlaraffenland führt, sondern noch mehr Lebensbereiche des Menschen mit Kosten-Nutzen-Kalkülen infiziert, und den Stellenwert des freien Marktes noch weiter steigert. »Die atomisierten Individuen sollen wie Pawlowsche Hunde auf die Signale ›der Märkte‹ reagieren.«[262] Doch genau dann, wenn Menschen nicht ökonomisch handeln, also sinnlos Geld verprassen, den einmaligen Superjob kündigen und ein Jahr durch die Welt reisen, sich hoffnungslos betrinken und am nächsten Tag Kopfweh haben, sich irgendwelchen Glücksspielen hingeben oder einfach nur auf einer Wiese liegen und stundenlang Vögel zählen, dann sind sie zufrieden. Gerade »uneffektives« Verhalten macht uns am meisten Freude: »Sinnlose« Geschenke, Kinder großziehen, vor sich hinträumen oder stundenlange Gartenarbeit ist sicher nicht effizient nach Kostengesichtspunkten – soll es auch gar nicht sein. So eine Aufzählung klingt völlig absurd in einem Wirtschaftssachbuch.

Nirgendwo ist die Börse so wichtig, fokussiert sich der Blick der Gesellschaft derart auf »money making« wie in den USA. Dort ist die Aktienkultur viel weiter entwickelt als in Deutschland. Herrscht dort der Garten Eden? Für 143 000 Dollarmillionäre vermutlich schon.[263] »Jeder hat dort Aktien«, ist hierzulande verbreitete Meinung; Tatsache ist, daß die Hälfte aller amerikanischen Haushalte Aktien halten – warum haben die andere Hälfte der aktienvernarrten Amerikaner keine Aktien? Und warum halten die Aktionäre nur wenige Aktien? – 86 % der Börsengewinne kommen 1 % der Haushalte zugute.[264] Daß das Wirtschaftswunder der 90er Jahre in den USA einseitig wohlhabendere Schichten bevorzugt, ist bekannt, doch jegliche weitergehende Kritik am jüngsten amerikanischen Aufschwung wird als Neid oder Ignoranz abgetan. Die Auseinandersetzung mit Statistiken stört offenbar die »unendliche Freundschaft«, die seit den Terroranschlägen des 11. September 2001 mit den USA zu herrschen hat. Doch unter der glitzernden Oberfläche findet sich ein System, welches außer der Produktion von Gütern nicht viel zu bieten hat. »Im New Yorker Stadtteil Harlem geborene männliche Schwarze haben eine geringere Lebenserwartung als Gleichaltrige, die im ländlichen Bangladesch herangewachsen sind.«[265] Was geschieht mit einer Gesellschaft, in der sich schon 44 Millionen Menschen weder eine staatliche noch eine private Krankenversicherung leisten können? Was heißt es, wenn trotz einer Arbeitslosenquote von 5 % 2 % aller Männer im arbeitsfähigen Alter im Gefängnis sitzen und die Armutsquote (ca. 17 000 Dollar/Jahr für einen Vier-Personen-Haushalt) bei 16,5 % liegt?[266] Eine niedrige Arbeitslosenquote ist natürlich erstrebenswert – der ehemalige amerikanische Arbeitsminister Robert Reich schreibt zum amerikanischen Jobwunder: »Sklaverei ist schließlich [auch] ein Vollbeschäftigungssystem. Die langfristige Herausforderung heißt, mehr *gute* Arbeitsplätze zu schaffen.«[267] Wie fern stehen die USA der Sklaverei heute? Dazu Reich: »Die Sklavenhaltung ist nach Amerika zurückgekehrt. Vor ein paar Wochen entdeckten Ermittler des Arbeitsministeriums in El Monte, Kalifornien, eine Gruppe thailändischer Einwanderer in einer regelrechten Sklavenwerkstatt eingesperrt. Der Besitzer hatte das Gelände mit Stacheldraht eingezäunt und drohte jeden umzubringen, der zu fliehen versuchte. ... Das ist nur der neueste einer langen Liste von Greueln.«[268]

Die durch die Medien verbreiteten hohen amerikanischen Wachstumsraten spiegeln falsche Tatsachen vor, da die amerikanische Bevölkerung stark wächst. So sind die Pro-Kopf-Wachstumsraten auch gar nicht so hoch: Zwischen 1991 und 1999 lagen sie im Durchschnitt bei 2,3 %, in Deutschland bei 2,0 % – werden wir abgehängt? Das Wirtschaftswachstum der USA gewinnt allein durch die Rolle des US-Dollar als Weltreservewährung um bis zu 0,5 % an Fahrt. Obendrein verhilft nur ein statistischer Trick dem amerikanischen Pro-Kopf-Wachstum dazu, höher als das deutsche zu sein: Aufgrund einer Änderung der Inflationsmessung verringerte sich die Preissteigerung um einen vollen Prozentpunkt – wodurch natürlich das reale Wachstum rechnerisch um einen Prozentpunkt größer wurde.[269] Auch das Wachstum der Informationstechnologie ist nichts Besonderes – es ist so hoch wie in Deutschland. Die durchschnittliche Jahresarbeitszeit beträgt 1966 Stunden pro Jahr – somit müssen Amerikaner fast ein Viertel mehr arbeiten als Deutsche; verfügen die Amerikaner über so rückschrittliche Technologien, daß sie das *müssen*? (Deutsche Krankenhausärzte sind noch »rückschrittlicher«, sie müssen eher 60 als 50 Stunden pro Woche arbeiten.) Die Mittelschicht konnte ihr Einkommen nur aufgrund von Mehrarbeit erhalten. Auch in anderen Bereichen scheint das Land rückständig: »Das Ausbeutungswunder«[270] USA erlaubt etwa in der Landwirtschaft oder in privaten Haushalten Beschäftigten nicht einmal gewerkschaftliche Organisationen, obwohl die Vereinigten Staaten als Mitglied der Weltarbeitsorganisation ILO dazu verpflichtet wären, die auch von ihnen mit ausgearbeiteten Grundsätze der Vereinigungsfreiheit im eigenen Land umzusetzen. Damit steht die Freiheit der Menschen im Land der Freiheit auf tönernen Füßen, obwohl es eine *formale* Chancengleichheit gibt: Jeder *darf* wie Bill Gates reichster Mann der Welt werden – es ist niemandem verboten. Doch die Wahrscheinlichkeit, einen Sechser im Lotto zu haben, ist zwanzigmal größer – der Traum von der »finanziellen Freiheit« wird für die meisten Menschen immer einer bleiben. Das Bewußtsein davon ist unter europäischen Sozialpolitikern durchaus noch vorhanden: Was wenige schaffen, werden nicht alle können.

Vergleicht man den wirtschaftlichen Konkurrenzprozeß mit einem Tausendmeterlauf, sind einige interessante Schlußfolgerungen möglich: Zu Beginn des Wettkampfs stehen alle in ihren Startblöcken, am Ziel werden sie zu verschiedenen Zeiten ankommen. Doch da es in der Marktwirtschaft kein »Start« und kein »Ziel« gibt, neigt die Marktwirtschaft zur Vergrößerung von Unterschieden. Die in der vorherigen Runde langsameren, weniger flexiblen oder weniger begabten Läufer (wofür sie nicht einmal etwas können) starten nun von weiter hinten. Natürlich hat sich der eine oder andere übernommen und fällt zurück, manch ein Spätzünder lernt und holt auf, doch tendenziell neigt der Konkurrenzkampf zu immer größeren Unterschieden, je länger er dauert.

Wie lassen sich die Läufer in einem Tausendmeterlauf am besten motivieren, wenn sie wissen, daß sie unterschiedlich schnell sind? Der real existierende Sozialismus befahl den Läufern, gleich schnell zu laufen – das scheiterte. Besser ist es, den Besseren mehr abzuverlangen und ihnen ein »Handicap« aufzuerlegen. Jedem Schachspieler ist bekannt, wie sehr man plötzlich motiviert ist, wenn man ohne Dame gegen einen schwächeren Gegner spielt. Wenn man sich wieder anstrengen muß, um zu gewinnen, kitzelt man noch die letzten Reserven aus sich heraus. Die Langsamen dürfen vor die Startlinie, die Schnellen gehen einige Schritte zurück. Im Ergebnis werden alle besser sein.

Was bedeutet dies für eine Marktwirtschaft? Die Motivation eines jeden ist um so größer, je mehr er das Gefühl hat, gewinnen zu *können*. Jeder wird sich anstrengen, wenn er »*Verwirklichungschancen*«[271] sieht. Wenn er spürt, daß ihm *faire* Chancengleichheit eingeräumt wird: Gleiche Startbedingungen, gleiche Ausbildung, gleiche Möglichkeit, eine Existenz zu gründen, gleicher Rechtsschutz, gleiche Möglichkeit der Gesundheitsvorsorge und -versorgung, gleiche Zugangsmöglichkeiten zu Information, z.B. im Internet. Dies gibt es nur, wenn ein Gemeinwohl existiert, welches akzeptiert, daß die Schnelleren nicht langsamer treten, sondern einen Teil abtreten müssen. Dann kämen alle zügiger voran. Doch das wird in der Aktienkultur, wie sie sich derzeit entwickelt, immer weniger akzeptiert werden.

Danksagung

Uwe Klann war es, der die entscheidenden Impulse zu diesem Buch gab. Der ausgezeichnete Denker und mit unerschöpflichem Wissen ausgestattete Volkswirt entdeckte noch die kleinste logische Unstimmigkeit. Ich verdanke ihm unzählige Ideen und Bemerkungen. Weiterhin sei den Korrekturlesern und Grafikberatern an dieser Stelle herzlichster Dank ausgesprochen – Kritik war stets hilfreich: Alexander Kalbeck, Corina Martin, Eva Zametzer, Gerald Grobbel, Gerald Boxberger, Gustav Obermair, Michael Bilharz, Monika Eigenstätter, Moritz Alshuth, Stefan Dobiasch und Tobias Graf. Und »mit einem Hauch von Ewigkeit«: Doc Sunshine Luzia Mittermaier, die den grauen Recherche- und Schreiballtag erhellte.

Literaturverzeichnis

Elmar Altvater, Birgit Mahnkopf: *Grenzen der Globalisierung*, Münster 1997.

Hans Christoph Binswanger: *Die Glaubensgemeinschaft der Ökonomen*, München 1998.

Karl Erich Born: *Die deutsche Bankenkrise 1931*, München 1967.

Gerald Boxberger, Harald Klimenta: *Die 10 Globalisierungslügen*, München 1998.

Hans Büttner, Peter Hampe (Hrsg.): *Tutzinger Schriften zur Politik, Bd. 4: Die Globalisierung der Finanzmärkte*, Mainz 1997.

Helmut Creutz: *Das Geldsyndrom*, Berlin 1997.

Diether Döring: *Das System der gesetzlichen Rentenversicherung. Eine sozialpolitische Einführung*, Frankfurt 1980.

Herbert Ehrenberg: *Raus aus der Krise*, Bonn 1999.

Ulrike Fokken: *Die Welt AG*, München 1999.

Günter Hannich: *Sprengstoff Geld*, Rieden 1999.

Heinz-Dieter Hardes, Gerd-Jan Krol, Fritz Rahmeyer, Alfons Schmid: *Volkswirtschaftslehre*, Tübingen 1993.

Kurt Hübner: *Der Globalisierungskomplex*, Berlin 1998.

Jörg Huffschmid: *Politische Ökonomie der Finanzmärkte*, Hamburg 1999.

Institut der Deutschen Wirtschaft (IW): *Zahlen zur wirtschaftlichen Entwicklung der Bundesrepublik Deutschland*, Köln 2000.

Harold James: *Rambouillet, 15. November 1975 – die Globalisierung der Wirtschaft*, München 1997.

Kairos Europa e.V. u. WEED e.V.: *Kapital braucht Kontrolle*, Heidelberg 2000.

Hubert Kiesewetter: *Industrielle Revolution in Deutschland 1815–1914*, Frankfurt 1989.

Uwe Klann: *Das handelspolitische Instrument des Antidumping*, Baden-Baden 1997.

André Kostolany: *Die Kunst über Geld nachzudenken*, München 2000.

Paul Krugman: *Die große Rezession*, Frankfurt 1998.

Paul Krugman: *Der Mythos vom globalen Wirtschaftskrieg*, Frankfurt 1999.

Paul Krugman: *Schmalspur-Ökonomie*, Frankfurt 2000.

H. Lampert: *Lehrbuch der Sozialpolitik*, 4. Aufl., Berlin 1996.

Bernard A. Lietaer: *Das Geld der Zukunft*, Pößneck 1999.

Charles Mackay: *Zeichen und Wunder*, Frankfurt 1992.

Hans-Peter Martin, Harald Schumann: *Die Globalisierungsfalle*, Reinbek 1996.

László Mérö: *Die Logik der Unvernunft – Spieltheorie und die Psychologie des Handelns*, Reinbek 2000.

H. Mottek, W. Becker, A. Schröter: *Wirtschaftsgeschichte Deutschlands*, Berlin 1974.

Andreas Nölting: *Die neue Supermacht Börse*, Reinbek 2000.

Michael North: *Das Geld und seine Geschichte*, München 1994.

Walter Oswald, »Die liberale Revolution, Ideen für eine andere Moderne«, in: Gerd Iben (Hrsg.), *Demokratie und Ethik wohin*, Münster 1997.

Hermannus Pfeiffer: *Die Zähmung des Geldes*, Reinbek 2000.

John Rawls, *Eine Theorie der Gerechtigkeit*, Frankfurt 1988.

John Rawls: *Politischer Liberalismus*, Frankfurt 1998.

Robert Reich: *Goodbye, Mr. President – Aus dem Tagebuch eines Clinton-Ministers*, München 1998.

Robert von Rimscha: *Die flexible Gesellschaft*, München 2000.

Paul Samuelson, William Nordhaus: *Volkswirtschaftslehre*, 15. Auflage, Wien 1998.

August Sartorius von Waltershausen: *Deutsche Wirtschaftsgeschichte*, Jena 1920.

Peter Schaal: *Geldtheorie und Geldpolitik*, München 1998.

Bodo Schäfer: *Der Weg zur finanziellen Freiheit*, 16. Auflage, Frankfurt 2000.

Amartya Sen: *Ökonomie für den Menschen*, München 2000.

Richard Sennett: *Der flexible Mensch*, Berlin 1998.

Robert J. Shiller: *Irrationaler Überschwang*, Frankfurt 2000.

Adam Smith: *Der Wohlstand der Nationen – eine Untersuchung seiner Natur und seiner Ursachen*, München 1993, zuerst 1759.

George Soros: *Die Krise des globalen Kapitalismus*, Berlin 1998.

Rolf Walter: *Wirtschaftsgeschichte*, Köln 1995.

Peter Warburton: *Die Schuldenmaschine*, Stuttgart 1999.

Horst u. Stefan Weissenfeld: *Im Rausch der Spekulation*, Rosenheim, 1999.

Anmerkungen

Anmerkungen zur Einleitung

1 Mackay, S. 362.
2 vgl. *Die Zeit*, 15.8.97, Mackay, S. 334 f.
3 Von den Unternehmen mit mehr als 10 Mrd. Euro Aktienkapitalisierung fehlen nur Dt. Allianz, Dt. Telekom und Münchner Rückversicherung. Angegeben sind die höchsten Marktkapitalisierungen zwischen 10/99 und 10/00, nach *Handelsblatt*, 17.10.2000.
4 Mackay, S. 251.
5 Ebd., S. 292.
6 Ebd., S. 303.
7 Ebd., S. 312.
8 Zahlen nach Jürgen Matthes: »Das deutsche Corporate-Governance-System«, Hrsg.: Institut der deutschen Wirtschaft Köln, in: *Beiträge zur Wirtschaft- und Sozialpolitik*, Nr. 259.
9 FAZ, 1.8.2000; taz, 18.12.2000. Zahlen für 2000 geschätzt.

Anmerkungen zu »Aufbau der Finanzmärkte«

10 Nach: Jörg Huffschmid, »Z.«, Nr. 31/1997.
11 Nach: Samuelson/Nordhaus, S. 557.
12 Es wurde ebenfalls eine konstante Umlaufgeschwindigkeit des Geldes angenommen. Bei Vollauslastung der Produktionskapazitäten der Industrie wächst das Produktionspotential entsprechend dem realen Wirtschaftswachstum. Da der Auslastungsgrad jedoch mit den Konjunkturzyklen variiert, mittelt man darüber und legt das Geldmengenwachstum entsprechend dem *Potentialwachstum* fest.
13 Bei steigenden Einkommen steigt der Anteil an Geld, welcher nicht in den Banken, sondern im Geldbeutel oder zu Hause gehalten wird, überproportional an, weshalb die Umlaufgeschwindigkeit des Geldes sinkt. Auch dieser Effekt muß einbezogen werden und bedeutet ein weitere notwendige Erhöhung des Geldmengenwachstums über die beiden oben genannten Punkte hinaus. Ausführlich zu diesem Abschnitt: Schaal, S. 267ff.
14 M1 bezeichnet genaugenommen Sichteinlagen und die *umlaufende* Bargeldmenge, also Bargeld abzüglich der Bargeldbestände der Banken. M2 umfaßt M1 und zusätzlich Termineinlagen bei Banken, M3 umfaßt M2 und alle Spargutaben mit gesetzlicher Kündigungsfrist bis zu drei Monaten.
15 H. Creutz, S. 50.
16 Der Reservesatz sei $(1-q)*100\%$ und die Spareinlage sei a. Dann gilt $a*(1+q+q^2+q^3+...)=a/(1-q)$ für $q<1$ (geometrische Reihe).

17 Wenn die Gewinne unterschiedlicher Geschäftsbereiche unabhängig voneinander stark schwanken, so ist die Summe der Schwankungen kleiner. Ähnlich gilt z.B. sogar bei der Windenergie: Obwohl die Stromproduktion eines Windrades stark schwankt, mitteln sich die Schwankungen heraus, wenn man die Kraftwerke koppelt und einen Windpark oder ganzes Bundesland gemittelt betrachtet.

18 In den USA sank der Anteil der Bankkredite an der Unternehmensfinanzierung zwischen 1975 und 1995 von 45 % auf 26 %. Nach: *Kairos*, S. 17.

19 Pfeiffer, S. 55.

20 taz, 6.2.98, taz, 26.3.99.

21 *Die Zeit*, 31.5.2000.

22 Vgl. u.a.: *Aktuell 2002*, Dortmund, 2000.

23 In größeren Aktiengesellschaften verfügen auch Arbeitnehmervertreter über Aufsichtsratssitze, in Aktiengesellschaften mit mehr als 2000 Beschäftigten sogar über die Hälfte der Sitze. In Patt-Situationen besitzt der von den Anteilseignern gewählte Aufsichtsratsvorsitzende zwei Stimmen.

24 Walter, S. 105.

25 *Die Zeit*, 2.3.2000.

26 *Die Zeit*, 12.7.1999.

27 ebd.

28 Vgl. dazu z.B.: Fredmund Malik in *VDI-Nachrichten*, 27.10.2000.

29 *Financial Times Deutschland*, 27.9.2000.

30 Zit. nach Weissenfeld, S. 353.

31 Dabei wurde natürlich so weit wie möglich vermieden, das Gold wirklich zu transportieren. Eine britische Bank konnte z.B. einen Wechsel ausstellen, der eine Goldgutschrift zum Inhalt hatte. Wenn der Wechsel von einer amerikanischen Bank akzeptiert wird, die Schulden in England zu begleichen hatte, konnten die Positionen glattgestellt werden – zwei gegenläufige Wechsel heben sich auf.

32 In den GATT-Vereinbarungen zum internationalen Freihandel waren für solche Fälle auch vorübergehende Einfuhrbeschränkungen erlaubt.

33 Zu den Vorteilen der Leitwährung US-Dollar: »Indem die Vereinigten Staaten die übrige Welt dazu brachten, Dollar zu halten, tauschten sie ihr Papier gegen die Güter und Dienstleistungen anderer Länder.« H. James, S. 120 u. S. 143.

34 Vgl. Huffschmid 1999, S. 45ff.

35 hwwa-Wirtschaftsdienst, Nr. 2/99.

36 *The Economist*, 8.7.2000, S. 90ff.

37 *BIS Quarterly Review*, August 2000; Regular OTC Derivatives Market Statistics, BIS, Press release, 13.11.2000; www.bis.org.

38 Nichtbörsengehandelte Futures werden auch als *Forwards* bezeichnet, Börsengehandelte Geschäfte als *Kontrakte*.

39 Soros, S. 238.

40 Warburton, S. 160.

41 Warburton, S. 162.

42 Warburton, S. 122.

43 *Die Zeit*, 11.3.1999; Weissenfeld, S. 594; taz, 18.12.1993; private

Mitteilungen von Dr. Uwe Klann.
44 NZZ, 5.10.1998; H. Pfeiffer, S. 44.
45 *Die Zeit*, 1.10.1998. Die beiden Nobelpreisträger, Scholes und Miller, erhielten ihn für die Entwicklung einer Methode zur Berechnung der Preise von Optionsscheinen und beschäftigen sich mit Risikoanalyse.
46 SZ, 1.10.1998.
47 NZZ, 5.10.1998.
48 Krugman 1998, S. 177.
49 SZ, 5.10.98.
50 Nach Warburton, S. 164.

Anmerkungen zu »Die 12 Aktien-Irrtümer«

51 Weissenfeld, S. 325.
52 Zahlen aus: Krugman 1999, S. 93; *Die Zeit*, 2.3.2000; *Financial Times Deutschland*, 1.3.2000.
53 *Financial Times Deutschland*, 8.3.2000.
54 *Financial Times Deutschland*, 8.3.2000 und 27.9.2000; *Die Zeit*, 9.3.2000 und 4.6.1998.
55 Anleger haben neben Aktien üblicherweise auch andere Wertpapiere in ihrem »Portfolio«, der Gesamtheit der verschiedenen Anlagen, in die ein Anleger investiert hat, also z.B. Aktien plus Lebensversicherung plus Sparbuch plus Staatsschuldverschreibungen.
56 Für Unternehmen, die noch nie Gewinn erwirtschafteten oder stark expandieren, hat man keine einfachen Kriterien an der Hand, hier müssen vernünftige (vgl. unten) Schätzungen über den zukünftigen Gewinn zu Grunde gelegt werden.
57 *Wirtschaftswoche* 6.7.2000. Ergebnisse einer Studie des Aktienanalysten James O'Shaugnessy in den USA.
58 Vgl. hierzu: *Financial Times Deutschland*, 20.10.2000.
59 *Der Spiegel*, Nr. 22/1998; *Aktuell 2000*, S. 86; *manager magazin* 3/2000.
60 *Financial Times Deutschland*, 5.4.2000.
61 Vgl. Shiller, S. 22. Der Autor wird in Illusion 2 vorgestellt.
62 Pfeiffer, S. 177.
63 Eine lesbare Einführung hierzu: Schaal.
64 Die Aktie ist ein Besitztitel. Mit der Aktie hat man bereits ein Gut erworben.
65 Alle Staaten der OECD. *Der Spiegel*, Nr. 22/1998.
66 Solange der Anteil der Gewinnausschüttung an die Aktionäre am Gesamtgewinn des Unternehmens konstant bleibt und es nicht zu Neuemissionen kommt.
67 *Der Spiegel*, Nr. 22/1998.
68 In den USA; in Deutschland sind es weniger. Die meisten ausgewiesenen Zahlen sind höher, da z.B. der Bau von Plastikgehäusen für Computer mitgezählt wird, obwohl dies eigentlich keine Tätigkeit innerhalb der IT-Branche ist. Vgl. *The Economist* 15/1999. *Die Zeit* vom 24.2.2000 weist den Anteil der Informations- und Telekommunikationswirtschaft am BIP

1999 für die USA mit 7,3 % und für Deutschland mit 5,3 % aus.
69 Deutlich wird dies, wenn man sich eine kleine Firma vorstellt. Ihr Umsatz kann nur steigen, wenn ihre Produkte besser bezahlt werden, in der Firma effizienter *oder* mehr gearbeitet wird (durch Ausdehnung der Arbeitszeit oder Neueinstellungen). Auch das gesamte Bruttoinlandsprodukt kann nur auf diese Weise steigen, wobei höhere Preise auf *alle* Güter lediglich Inflation bedeuten und keine Wirkung auf das Wachstum haben.
70 In den vergangenen Jahren war diese Größe nahezu konstant!
71 *Financial Times Deutschland*, 17.3.2000.
72 In diesem Sinne steigern Daytrader die Effizienz des Marktes, vgl. Illusion 3.
73 Samuelson / Nordhaus, S. 583.
74 Nikolaus Piper in: SZ, 7.10.2000.
75 Bernhard Jünemann: »Börsenfieber – Die Macht der Gefühle an den Kapitalmärkten«, in: *Politische Studien*, Heft 372, Juli/August 2000. Vgl. auch: Shiller.
76 FAZ, 18.12.2000; Shiller, S. 162.
77 Das Phänomen wird in der Psychologie als »Verfügbarkeitsheuristik« bezeichnet. Shiller, S. 168f.
78 Der Börsenguru André Kostolany behauptet stets, das Gegenteil zu tun wie »die Masse«. Doch er handelt nicht anders und steigt nur etwas früher aus, des öfteren mit Erfolg. Vgl.: Kostolany, S. 161ff; Shiller, S. 175ff.
79 Shiller, S. 161.
80 Wolfgang Filc, »Mehr Wirtschaftswachstum durch gestaltete Finanzmärkte – Nationaler Verhaltenskodex und internationale Kooperation«, in: *Politik und Gesellschaft* 01/1998. Selbst wenn viele Anleger nicht rational handeln, könnten die Aktienmärkte effizient sein. Doch auch dieses Argument widerlegt Shiller ausführlich, indem er die extrem hohen Schwankungen der Aktienkurse mit den geringen Schwankungen des Dividendenbarwerts vergleicht: »Wenn sich Kursbewegungen durch in der Zukunft ausgeschüttete Dividenden erklären, wie die Effizienztheorie grundsätzlich impliziert, dürfte es keine volatilen Kurse ohne nachfolgende volatile Dividenden geben«. Shiller, S. 211.
81 Zit. nach Samuelson / Nordhaus, S. 583.
82 *Der Spiegel*, Nr. 37/1998.
83 Zit. nach www.nemwax.de
84 *Die Zeit*, 12.10.2000, SZ, 14.10.2000.
85 Mackay, S. 298.
86 Kostolany, S. 193 u. S. 194.
87 Zit. nach *Der Spiegel*, Nr.42, 2000.
88 Bei Amazon gibt es mittlerweile starke Bestrebungen, die Arbeitsbedingungen und die miserable Entlohnung mit Hilfe gewerkschaftlicher Organisation zu verbessern. Wie ein konservativ geführter, »ewiggestriger« Konzern wehrt sich Amazon.com dagegen mit Händen und Füßen. taz, 1.12.2000.
89 *Der Spiegel*, Nr. 42/2000.

90 ebd.
91 Vorsicht Begriffswirrwarr! Synonym zum Begriff »Anleihe« verwendet man auch die Begriffe »Rentenpapier«, »Obligation« oder »Schuldverschreibung«.
92 *The Economist*, 25.9.99, Survey: The World Economy, S. 16.
93 Mackay, S. 342.
94 Kostolany, S. 33.
95 *Der Spiegel*, Nr. 30/1999.
96 Shiller, S. 56.
97 SZ, 11.8.1999. Die erwähnte Studie untersuchte 4094 Transaktionen in einer Daytrading-Firma in den USA. Daytrader mit Gewinnen hatten diese meist nur mit Hilfe eines einzigen glücklichen Geschäfts getätigt.
98 Samuelson / Nordhaus, S. 582.
99 Der Naturwissenschaftler würde sagen: »Das Signal wird immer verrauschter« bzw. »das Signal geht im Rauschen unter«. *Handelsblatt*, 19.5.1999.
100 Blätter für deutsche und internationale Politik, Nr. 3/2000, S. 362.
101 Schäfer, S. 210.
102 Shiller, S. 46.
103 Angelehnt an die sieben »konstituierenden Prinzipien« einer stabilen Wettbewerbsordnung von Walter Eucken. Vgl. z.B.: Hardes.
104 Hans Christoph Binswanger, »Machtfreie Marktwirtschaft und das vergessene Erbe des Liberalismus«, in: Walter Oswald, *Ein neuer Gesellschftsvertrag für Österreich und Europa, Entwurf für das neue Grundsatzprogramm der Grünen*, Wien 1998.
105 *Die Zeit*, 11.3.1999.
106 Zit. nach: *Der Spiegel*, Nr. 43/2000, S. 128.
107 Shiller, S. 170.
108 Für eine Beispielrechnung vergleiche z.B. *Handelsblatt*, 13.8.1999. Um eine Preisvorstellung zu erhalten: In dem Beispiel des *Handelsblatts* sichert ein Anleger die Hälfte seines Depots ab. Dazu muß er ca. 10 % des Aktienwerts in Optionsscheine investieren, die seinen Verlust bei fallenden Kursen begrenzen; doch muß der Aktienkurs um über 10 % steigen, will der Anleger noch Kursgewinne realisieren.
109 *Der Spiegel*, Nr. 22/1998.
110 Krugman 1999, S. 132.
111 Shiller, S. 101ff.
112 SZ, 11.10.2000.
113 Ch. Mackay, S. 292
114 isw Grafikdienst Nr. 8.
115 *Der Spiegel*, Nr. 42/1998.
116 *The Economist*, 25.9.99, Survey: The World Economy, S. 16; taz, 29.2.2000.
117 Immobilienpreise steigen aufgrund von Immobilienspekulation manchmal ebenfalls stark an. Deshalb ist die Inflationsrate, welche sich unter Einbeziehung der Immobilienpreise ergibt, mitunter recht hoch.
118 »Stock prices have reached a permanent and high plateau«, *The Economist*, 25.9.99, Survey: The World Economy, S. 15.
119 *Der Spiegel*, Nr. 12/1999.
120 Zit. nach: *Die Zeit*, 10.12.1998
121 Waltershausen, S. 262.

122 Ebd., S. 264.
123 Nach der Krise normalisierte sich die Entwicklung wieder: 1876 wurden nur noch 42 AG's gegründet. Nach: Walter, S. 105.
124 Waltershausen, S. 271.
125 Mottek, S. 159.
126 Waltershausen, S. 265. Im selben Text spricht der Autor vom Börsenboom als »Orgien der wirtschaftlichen Willkür«.
127 R. Walter, S.107; Kiesewetter, S. 85.
128 K. Born, S. 33 ff.
129 taz, 21.10.1987.
130 ebd.
131 Der DAX wird erst seit 1988 ermittelt, die Werte von 1987 sind nachträglich errechnet worden.
132 Shiller, S. 113.
133 taz, 21.10.1987, Weissenfeld, S. 328.
134 taz, 18.10.1997.
135 taz, 23.10.1987. Hintergedanke dieser Argumentation ist die Auffassung, daß bei steigenden Steuersätzen die Leistungsbereitschaft der Bevölkerung und deshalb das Wirtschaftswachstum abnimmt, die Steuerhinterziehung hingegen zunimmt. Selbst Reagan nahestehende Ökonomen »brachen angesichts der ... Aussage in Hohngelächter aus«; Samuelson/Nordhaus, S. 712.
136 Weissenfeld, S. 385.
137 taz, 14.8.1990.
138 Krugman 1999, S. 25ff, S. 103f, S.109ff.
139 Zu dem Einwand, daß Japan keine abgeschlossene Volkswirtschaft ist und bei höherer Inflation ihre Vermögen ins Ausland transferieren würde, vgl. Krugman 1999, a.a.O.
140 Weissenfeld, S. 22.
141 isw sozial-ökologische Wirtschaftsforschung, Report Nr. 32. Dort finden sich auch Verweise auf weiterführende Literatur.
142 isw sozial-ökologische Wirtschaftsforschung, Wirtschaftsinfo extra Nr. 25, S. 17.
143 *Die Zeit*, 23.3.2000.
144 Nölting, S. 77ff.
145 isw Grafikdienst, Nr. 8.
146 *Handelsblatt*, 10.5.1999; *Der Spiegel*, Nr. 21/1999.
147 *Der Spiegel*, Nr. 21/1999.
148 Dies widerspricht an sich dem Sinn des Bankenwesens und ist im angelsächsischen Raum in diesem Umfang auch nicht erlaubt.
149 Die meisten großen Investmentfonds sind mehrheitlich in Bankbesitz; Zahlen: Deutsche Bundesbank, Wertpapierdepots 1995, in: isw-Report Nr. 32, S. 17; isw-Report Nr. 31, S. 18.
150 taz, 17.9.1998, taz, 16.9.1998, taz, 7.2.1997, taz, 13.1.1997, taz, 6.1.1996.
151 taz, 18.2.1999.
152 *manager magazin* Nr. 3/2000, S. 96.
153 Tobias Nickel in: *Blätter für deutsche und internationale Politik*, 3/2000, S. 364.
154 taz, 18.1.2000.
155 manager magazin, Nr. 3/2000.
156 *Der Spiegel*, 46/1999, *Die Zeit*, 18.11.1999, FR, 14.1.2000.
157 taz, 11.1.2000, *Die Zeit*, 13.1.2000.
158 Von einem Oligopol spricht

man, wenn einige wenige Unternehmen ein Marktsegment beherrschen.
159 *manager magazin*, Nr. 3/2000, S. 86.
160 Vgl. Boxberger/Klimenta, S. 13.
161 *Der Spiegel*, 24.3.1997.
162 Pfeiffer, S. 66 u. S. 73.
163 Es ist ein auf dem Wesen der Banken beruhendes, völlig unvermeidbares Risiko, daß Banken *immer* kurz vor der Zahlungsunfähigkeit stehen. Erst die Übernahme von Risiken durch die Allgemeinheit (bzw. ein Bestandsschutz durch den Staat) stabilisiert dieses System, doch führt es zwingend zu einer verzerrten Risikowahrnehmung im Bankenbereich (»moral hazard«, vgl. Illusion 5).
164 Beispiel aus *The Economist*, 4/1999. Goldman Sachs erhielt von Vodafone ein Honorar von 200 Mio. DM.
165 Dr. Uwe Klann, persönliche Mitteilungen.
166 SZ, 11.5.1999.
167 Oswald, S. 167ff.; zit. nach *Handelsblatt*, 15.10.1999.
168 *Financial Times Deutschland*, 8.3.2000.
169 Beide Zitate: Krugman 2000, S. 69f.
170 *Die Zeit*, 30.3.2000, aus isw-Grafikdienst Nr. 8, S. 32.
171 Krugman 2000, S. 67.
172 Zitate nach FR, 24.9.98, in: isw Grafikdienst Nr. 7, S. 8 und Memorandum 1998, S. 109.
173 Vgl. z.B.: WSI Mitteilungen 10/1997 und 11/1999, DIW Wochenberichte 29/1996, 50/1996, 31/1997, 30/1998, 30/1999 und vom 19.5.2000, isw-report Nr. 32.
174 Durch Zinsen und Dividenden wirkt die Vermögensverteilung auf die Einkommensverteilung zurück und beeinflußt sie ebenfalls. Es entsteht eine komplexe Dynamik, die nicht stabil ist, sondern diejenigen bevorzugt, die hohe Vermögenseinkommen beziehen. DIW-Wochenbericht 30/1999.
175 isw-report Nr. 32, S. 14, Daten von der EVS 1993 und Schätzungen, Memorandum 1998, S. 125.
176 »Nettogeldvermögen« meint die Differenz aus Schulden und Guthaben. Isw-report Nr. 32, Daten vom Statistischen Bundesamt.
177 Rawls, S. 104. Rawls setzt natürlich voraus, daß eine Verbesserung der am wenigsten Begünstigten (z.B. der Sozialhilfeempfänger) automatisch auch zu einer Verbesserung der Situation der etwas Bessergestellten (z.B. der Arbeitslosen) und dies wiederum automatisch zur Verbesserung bei einfachen Hilfsarbeitern usw. führt, d.h. die Gesellschaftsschichten miteinander verkettet sind.
178 z.B.: www.sachverstaendigenrat-wirtschaft.de, lange Reihen zur Wirtschaftsentwicklung in Deutschland. Dies gilt auch, wenn man die Vergleichszeiträume den Konjunkturzyklen anpaßt.
179 Dies meint sämtliches gewerbliches Eigentum (Fabriken, Maschinen etc.), nicht nur Besitztitel in Form von Aktien; isw

Report Nr. 32, S. 15. Grundlage der genannten Zahlen ist die Einkommens- und Verbrauchsstichprobe von 1993, korrigiert um die nicht ausgewiesenen Vermögensanteile. Vgl. auch: Bert Rürup, Jürgen Dornbach, *Investive Lohnanteile, Vermögensbildung in Arbeitnehmerhand*, Paderborn, 1993.
180 Z.B. bei Infineon in Regensburg.
181 Zit. nach Döring, S. 124. Vgl. auch Ehrenberg, S. 212.
182 Betriebsrenten fallen in Deutschland wenig ins Gewicht (5 % aller Alterseinkommen) und sind entweder Umlageverfahren (Frankreich) oder kapitalgedeckt (Deutschland, Großbritannien, etc. ...). Vgl. FAZ, 2.12.2000.
183 Inflationsbereinigt (vgl. Text). Nominal übersprang der Dow-Jones-Index die 1000er Marke bereits 1982. Zwischen 1960 und 2000 betrug die Inflationsrate 600 %. Shiller, S. 54f., S. 132f.
184 Eine logarithmische Skalierung, die die Spitze zum Jahr 2000 hin optisch verringern würde, ist nicht zu rechtfertigen, da die Gewinne nicht exponentiell steigen.
185 Die Argumentation läuft auf die in der Volkswirtschaftslehre bekannte Mackenroth-These hinaus.
186 Prognos-Gutachten zur Entwicklung des Beitragssatzes, in: *Die Woche*, 19.6.1998. In 40 Jahren steigt der Beitrag um 7 Prozentpunkte oder um 35 %.
187 Lampert geht davon aus, daß im Jahr 2040 auf 10 Erwerbstätige 9 Rentner kommen. Lampert, S. 262.
188 In einer geschlossenen Volkswirtschaft; die Erde als Ganzes ist eine solche, einzelne Länder können sich für einen gewissen Zeitraum Kapital ausleihen, um Investitionen zu finanzieren.
189 Die Differenz des Wirtschaftwachstums zwischen USA und der EU erklärt sich durch höhere Zuwanderung und höheren Konsum in den USA.
190 Zahlen von 1997; IW-Zahlen, RZ 150.
191 Lampert, S. 264.
192 FR, 7.5.99.
193 isw-spezial Nr. 11, S. 6.
194 DIW Wochenbericht 19/99; *Le Monde Diplomatique* 3/99.
195 *Die Zeit*, 10.9.1998.
196 *Die Zeit*, 11.2.1999.
197 Zit. nach Pfeiffer, S. 23.
198 Die Anbindung der Währungen an den US-Dollar oder andere stabile Währungen ist häufig auch ein Mittel zur Inflationsbekämpfung.
199 Zit. nach Hannich, S. 61.
200 FAZ, 8.7.1997.
201 Sennett, S. 57.
202 Krugman 1999, S. 194. 1997 lag die Investitionsquote Singapurs sogar bei 50 %!
203 In obiger Aufzählung mag der Begriff »Heimat« stören. Die Abgrenzung zu rechtskonservativen Positionen besteht in einem umfassenden Recht auf Selbstbestimmung. Wer »flexibel« im Sinne von »anpassungsfähig« ist, soll nicht daran gehindert werden, sich ständig

neuen Herausforderungen zu stellen; doch wer nicht will, soll weder müssen noch dafür verachtet werden! Es ist ein erbärmliches, schauerliches Spiel, welches traditions»bewußte« konservative Parteien in Deutschland liefern: Einerseits lassen sie keine Möglichkeit aus, »die Wirtschaft« zu rühmen und von den Chancen einer globalen Ökonomie mit flexiblen Arbeitskräften zu sprechen, andererseits werden Wahlkämpfe geführt, die auf mangelnde Programmierer im Land mit »Kinder statt Inder«-Plakaten reagieren.

204 Untertitel des Buches *Der flexible Mensch* von Richard Sennett.
205 Edward Luttwak, in: *Die Zeit*, 9.12.1999.
206 *Mitbestimmung*, Magazin der Hans Böckler Stiftung, Nr. 8/98.
207 Oskar Negt, Soziologe, in der *Frankfurter Rundschau* am 4.7.1998.

Anmerkungen zu »Raus aus dem Finanzmarktdiktat«

208 *Lettre International*, Nr. 1/1997.
209 Riccardo Petrella in: *Frankfurter Rundschau*, 26.11.1998.
210 Günter Grass im Gespräch mit Pierre Bourdieu, *Die Zeit*, 2.12.1999.
211 Vgl.: punkt.um 6/2000, S. 8; punkt.um 7-8/2000, S. 10; punkt.um, 11/2000, S. 8f; (www.punkt-um.net); *Kairos*, S. 58; taz, 14.12.2000;
212 Vgl. www.ethik.com/llinie.htm, www.alterra.de und www.oekoinvest.de/start.htm.
213 Zitat von der Homepage der Ökobank.
214 Alle Angaben sind zwar gut geprüft, Haftung verbietet sich jedoch wie bei allen »Beratern«. Selbst zu recherchieren ist der beste Weg, um Vertrauen in Banken zu gewinnen, die nicht Abermillionen in Werbefeldzüge investieren können und deshalb kaum bekannt sind.
215 taz, 4.3.2000.
216 taz, 16.4.1998; taz 11.4.2000.
217 Zit. nach Weissenfeld 1999.
218 taz, 6.12.1999.
219 Zu den Details vgl. z.B. Boxberger/Klimenta, S. 58.
220 Z.B. in www.mai.flora.org.
221 Aus: Jörg Huffschmid, *Politische Ökonomie der Finanzmärkte*, Hamburg, 1999.
222 Dazu Günter Grass: »Ich sehe mich als Bürger gezwungen, eine Generalvorschrift des Schriftstellers: ,Bitte keine Wiederholungen!' zu brechen. In der Politik muß man fast wie ein Papagei eine These, die sich bewährt hat, wiederholen ...«. *Die Zeit*, 2.12.1999.
223 *Kairos*, S. 51.
224 HB, 8.5.2000.
225 Abzüglich einer Steuergutschrift, die Aktionäre von den Aktiengesellschaften aufgrund bereits bezahlter Gewinnsteuern erhalten.
226 Geschäftsführer des Deutschen Aktieninstituts, Rüdiger von Rosen; in: taz, 7.8.2000.
227 Vgl. auch: isw Grafikdienst Nr. 8, 9/2000.

228 *Kairos*, S. 53.
229 Huffschmid, S. 195.
230 *Die Zeit*, 6.11.1992.
231 Zitate aus: *Die Zeit*, 6.11.1992.
232 Nach: Walter Oswald, »Machtfreie Marktwirtschaft«, Kommune 9/1996.
233 Walter Oswald in »Ein neuer Gesellschaftsvertrag für Österreich und Europa, Entwurf für das neue Grundsatzprogramm der Grünen«, Wien 1998.
234 Zit. von Walter Oswald, in: »Machtfreie Marktwirtschaft«, *Kommune* 9/1996.
235 Das Problem, daß ein Fonds Aktien von vielen Unternehmen enthält, läßt sich lösen. Man bräuchte nur die gesetzlichen Rahmenbedingungen dafür zu schaffen, daß eine Fondsgesellschaft die Stimmrechte unter den Zeichnern der Fonds aufteilen muß, die dann Stimmrechte in der Höhe ihrer persönlichen Fondsanteile bei der ihnen zugewiesenen oder von ihnen gewünschten Aktiengesellschaft wahrnehmen.
236 Managerseilschaften, die ebenfalls geeignet sind, Fusionsbestrebungen entstehen zu lassen, sind schwerlich in den Griff bekommen.
237 taz, 22.3.2000.
238 Dieter Wolf, Präsident des Bundeskartellamts, in: Handelsblatt, 10.5.1999.
239 taz, 22.3.2000.
240 Natürlich führt eine Vergrößerung von Produktionsmitteln mitunter auch zu Effizienzsteigerungen. Auf diese muß man verzichten, sobald Unternehmen politische Macht erhalten – oder die Unternehmen kontrollieren.
241 Oswald, S. 213; *Kommune* 9/1996.
242 Keinesfalls dürfen Entwicklungsländer Handelsbilanzdefizite aufweisen. Entwicklungshilfe bedeutet auch, daß wir ihnen ihre Produkte abkaufen und die Länder tendenziell Überschüsse erwirtschaften sollten.
243 James, S. 215.
244 Vgl. z.B. Huffschmid, S. 196.
245 *Le Monde Diplomatique*, Nr. 2/1997.
246 *Blätter für deutsche und internationale Politik*, Nr. 8/1995, S. 1007.
247 Der Gewinn auf George Soros Konto entstand aus dem »Nichts«. Er wurde »geschöpft«. Man könnte argumentieren, daß die Bevölkerung aufgrund der Gewinne von Soros einen Kaufkraftverlust von einer Milliarde US-Dollar hat, wenn sie sich mit ausländischen Waren eindecken will. Rechnet man die Exportförderung durch die Abwertung dagegen, kann man diese Tat von Soros durchaus als moralisch einwandfrei bezeichnen.
248 Nachdem Mitte der 70er Jahre das System fixierter Wechselkurse von BrettonWoods auseinandergebrochen ist, ist es seit 1978 jedem Mitgliedsland selbst überlassen, sich sein Wechselkurssystem auszusuchen. Hardes, S. 53; *Die Zeit*, 3.9.98; isw-wirtschaftsinfo Nr. 27.
249 taz, 19.4.2000.
250 BIZ, Jahresbericht 2000, S. 176.

251 *Die Zeit*, 19.4.2000.
252 FAZ, 1.2.1999.
253 In: *Les Echos*, 14.9.98; zit. nach *Le Monde Diplomatique* Nr. 10/98.
254 *Die Zeit*, 19.4.2000.
255 *The Economist*, 23.9.2000, S. 97.
256 Deutsche Bank, Monatsbericht Dezember 1999, zit. nach *Kairos*, S. 54.
257 *Kairos*, S. 55.
258 Der Effizienzbegriff ist Unsinn: Wenn der gegenwärtige Versuch, Effizienz zu erreichen, die Grundlagen eines effizienten Wirtschaftens zerstört, dann muß man Effizienz verringern, um Effizienz zu erreichen. Pers. Mitteilung von Dr. Uwe Klann.
259 *Le Monde Diplomatique*, 12/1997, Le Monde Diplomatique, 16.4.1999, taz, 3.2.1997.
260 Deutsche Förderkreise der Oikocredit, Adenauerallee 37, 53113 Bonn, 0228-2679861. www.oikocredit.org.
261 *Kairos*, S. 56; zur Wechselkursproblematik ausführlich bei Huffschmid.

Anmerkungen zum »Schluß«

262 Kommentar von Robert Kurz, in: taz, 19.8.2000.
263 *Die Zeit*, 9.12.1999.
264 ebd.
265 Jonathan C. Lewis, Präsident der Academy for International Health Studies in Kalifornien, in: *Die Zeit*, 10.2.2000.
266 FR, 20.3.1999; *Die Woche*, 10.11.2000.
267 Reich, S. 24. Hervorhebung im Original.
268 Reich, S. 385.
269 Prof. Ullrich Heilemann, Vizepräsident des Rheinisch-Westfälischen Instituts für Wirtschaftsforschung (RWI) in: *Die Zeit* 4.5.2000.
270 Überschrift in der taz, 31.8.2000.
271 Senn, z.B. S. 36.